U0083356

古代歷史文化_{研究}輯刊

三二編

王明蓀 主編

第23冊

以翰墨為佛事
——南宋書家張即之研究

嚴崑晉 著

國家圖書館出版品預行編目資料

以翰墨為佛事——南宋書家張即之研究／嚴崑晉 著 -- 初版
-- 新北市：花木蘭文化事業有限公司，2024〔民 113〕
目 6+254 面；19×26 公分
（古代歷史文化研究輯刊 三二編；第 23 冊）
ISBN 978-626-344-886-5（精裝）
1.CST：（宋）張即之 2.CST：書法家 3.CST：傳記
4.CST：書法美學 5.CST：佛經
618   113009491

ISBN-978-626-344-886-5

9 786263 448865

古代歷史文化研究輯刊
三二編　第二三冊　　　　　ISBN：978-626-344-886-5

以翰墨為佛事
——南宋書家張即之研究

作　　者　嚴崑晉
主　　編　王明蓀
總 編 輯　杜潔祥
副總編輯　楊嘉樂
編輯主任　許郁翎
編　　輯　潘玟靜、蔡正宣　美術編輯　陳逸婷
出　　版　花木蘭文化事業有限公司
發 行 人　高小娟
聯絡地址　235 新北市中和區中安街七二號十三樓
　　　　　電話：02-2923-1455／傳真：02-2923-1452
網　　址　http://www.huamulan.tw 信箱 service@huamulans.com
印　　刷　普羅文化出版廣告事業
初　　版　2024 年 9 月
定　　價　三二編 28 冊（精裝）新台幣 84,000 元　　　版權所有 · 請勿翻印

以翰墨為佛事
——南宋書家張即之研究

嚴崑晉　著

作者簡介

嚴崑晉，臺灣省臺南市人，崑山工專電機科畢業，退伍後於東元電機中壢廠任職。後轉換跑道，先後畢業於輔仁大學中文系、台南大學國語文學系碩士班、高雄師範大學國文系博士班。於輔大求學期間，拜國學、書畫大師王靜芝教授為師，學習書藝。王師辭世後，轉師事鹿港書家施隆民教授至今。碩論論題為《以翰墨為佛事——南宋書家張即之研究》，博論論題為《弘一法師人格與書法研究》。

提　　要

　　南宋書家張即之承父恩蔭授官，然於五十一歲提早致仕，里居三十年，自適園池之樂。面對南宋末年如此動盪腐敗的世局，既無能為力又不願同流合污，藉由多次書寫屈原〈九歌〉與杜甫詩，將心中孤悶、憂國憂世的心情，寄託於翰墨之中。又由於對佛法虔誠的信仰，一生書寫大量佛教經典，以翰墨為佛事，以寫經為日課，作為對佛法的修持，期望藉由寫經能使自己執情不作，迥脫根塵。南宋書家張即之承傳張孝祥家學，又取法唐宋諸賢而自成一家，其筆力剛強、斬釘截鐵、粗細互作、古拙雋逸等書藝特色，使其享譽當世，即使敵對的金國，亦重購其字蹟。尤其寫經之作更勝出於隋唐人寫經，開啟獨具個人藝術風格的新頁。由於其以楷書為創作的主要表現型式，有別於以行草書為主體的北宋四大家，故能獨樹一幟，承接唐楷重法度的書風，在有宋一代書壇上具有重大的意義。張即之書蹟於後代，隨著書壇主流對象不同而有兩極化的評價，然後世仍有不少學宗其書者，其書蹟亦因禪僧流傳至日本，而為日本書壇所寶愛。

誌　謝

　　筆者接觸張即之書蹟是在施隆民教授居所學字之時，因先師王靜芝教授
仙逝緣故，筆者在資歷較深的同學引薦之下才有機緣跟施教授學書。最早學張
即之書法是依從施老師之意從《李伯嘉墓誌銘》入手，書過幾遍之後才臨寫智
積院本《金剛經》，從此深愛張即之書法。筆者觀看老師的書法風格亦是融鑄
張即之書風於其中，可見老師已將其書藝特色熟稔於心故能得心應手，揮灑自
如。不過，筆者對張即之的認識亦僅停留在喜愛其書蹟而反覆臨寫，至於其人
其事以及在書法史上的地位全然無知。直到讀研究所，在黃宗義教授的課程當
中學得書蹟的鑑定方法，及懂得如何對書家進行研究，才開始對張即之的書
蹟、相關論文及史籍中的資料進行蒐集閱讀，對張即之這位書家有比較整體的
認識。不過，由於筆者的學力不足，總以為張即之書家研究無法架構成一篇碩
論，故而在提交研究計畫時是以府城書法發展為研究論題。經過一年時間的琢
磨，才發現此論題之整體架構無法在碩士修學年限完成，幸賴黃教授寬宏大量
允許學生臨時改換題目，自今年三月起開始撰寫，終趕在年底之前寫就這篇論
文。其次要感謝王琅教授於明代思想課中指導文本研究法，於修課期間以此研
究法於南論發表論文，獲益匪淺，進而於此次書家研究運用此法撰寫時，更加
得心應手。再者感謝導師蔡玲婉教授的關心，尤其是臨時換題目導致修學年限
延長之時。筆者曾修習導師詩學課程，對研究抱著嚴謹態度治學，成為筆者所
欲達到的目標。

　　在這篇論文中有一筆考證資料是必須得到才能證明學者之疏漏，筆者經
濟匱乏而十分苦惱，幸賴友人郭佑誠為我親自到大陸上海圖書館找到這筆資
料，又不收取任何費用，如此恩情實讓人銘感肺腑，無以為報，故在此記上一

筆，以表感激之情。此外，筆者在修學期間，尤其是在撰寫論文之際，有同學成龍、郁涵、文卿相伴，給彼此加油打氣，讓人倍感友情溫暖，得以熬過辛苦撰文的日子。

最後，要感謝我弟弟這三年半來為我支付學雜費及生活費用，在我無任何收入之下得以完成學業，不使我為錢的問題而心生煩惱以致中輟。有這樣的兄弟，真是多世修來的福報，不是三言兩語可道盡由衷感激之意。願我能早日成就，得以回報這一路走來提攜扶持我的諸善知識，亦有能力得以幫助需要幫助的人。

目　次

第一章　緒　論

第一節　研究動機

　　筆者臨寫張即之書蹟經年而有一定的喜愛程度，其以抄寫佛經為修行日
課，留下大量寫經作品，對佛教信仰可謂是虔誠精進，令人讚嘆。而其大字之
作如《杜甫詩七律二首》，氣勢磅礡，筆力剛強，每番臨寫得以宣洩胸中鬱悶
而倍感暢快。面對浩翰如林的歷代書家，筆者願奉張即之為楷模，效法其以寫
經為日課的修行精神，不炫技逞能以圖虛名。然而，在目前書法史中提到南宋
書壇往往評價欠佳，多視其在整體書法發展史上是最無光采的一環。而早在元
明兩代，張即之的書藝即已備受抨擊；到了現代依舊，如曹寶麟在《中國書法
史·宋遼金卷》中說：

> 張氏的書法特點或說缺點，可用「拘謹小巧」概括。他的點畫質量
> 很高，起止交待得乾淨俐落。筆觸總體上是短小的，即使鈎捺也是
> 意到便戛然而止。然而其筆短卻未必能收到意長的效果。這主要由
> 幾個方面的原因所造成。第一，他所抄的佛經如《金剛般若波羅蜜
> 經》、《佛遺教經》等和所寫墓志如《李衎墓志銘》等，都喜用界格。
> 雖然這是為求整齊莊嚴而不得不如此，但張即之卻真正地被那方框
> 框死，他的結構只是單一的方正，至多只略趨扁形，因此這程式化
> 嚴重地阻斷了意象的蕭散，使其迹近于經生書胥所為。第二，他的
> 結字過分地乞靈於粗細的對比。雖然這也是從老米那兒學來的伎倆，
> 但米芾手段極多，他可以把十八般兵器耍得使人眼花撩亂，不像張

即之讓人一眼識破而無可逃遁。《書史會要》評張即之「特善大字，為世所重」。他的大字，今存《待漏院記》和《杜甫七律二首》，覺得其毛病與其佛經等小字基本相同，也都是自囿于樊籠而不能展拓。

那麼張即之終身為模式所累可以論定了。〔註1〕

此番話語，抨擊力道不亞於元人。張即之書法果真如此不堪？書家書藝書風的評價大多受當代書法主流思潮的影響，往往帶來正負兩極化的評價，這在元代與清代書論家對張即之書法的評價最為明顯；然而曹氏的批評，或因其本屬意於米芾書風而有此偏頗的批評，拜讀其著作，宋代整體書家除米芾之外，恐怕無人能出其右，如是之書法斷代史對書家的評價是否客觀周全則有待商榷。

書家的研究除了其書藝本身的討論之外，是否還有其他面向可作為研究的切入點？若專注於書藝書蹟的研究，是否能真實的認識書家其人？黃啟江〈南宋書家張即之的方外遊〉一文中提出不同的思考面向：

一般而言，張即之早已被「定位」為南宋著名的書法家，而他確實也是個實至名歸、名副其實的書法家，所以這個「書法家」的稱號及標籤是不能輕易更改的。不過，一旦他被「定位」，人們對他的認識就受到了侷限，而認定他就是個職業書家，只有他的書法藝術最值得注意及研究，而其他似無關緊要。所以張即之之名，多半僅見於《書史會要》及《秘殿珠林》一類的藝術史書籍。……筆者認為若是能擺脫從單一的角度或「定位」去查考張即之的生平事跡，超越一般藝術史的研究範疇，就可以對張即之有更深一層之認識。譬如說，凡對張即之書法稍有認識之人，應都會注意到他留下了不少手寫佛經，……張即之既抄寫了不少佛經，若非對佛教有相當程度之信仰，當不致用功如此之勤，所以他與佛教的關係，或者說他的佛教居士的身份與角色，應可見於與佛教或禪僧相關的史料和文集中。這些資料，當也是研究張即之藝術作品所不可不留意的。〔註2〕

〔註1〕 曹寶麟：《中國書法史・宋遼金卷》（南京：江蘇教育出版社，2009年），頁331～332。本文於論述過程中，對於重複引用的文獻資料，不再註明出版地與日期，只註明所引用之作者、書名與頁次。

〔註2〕 黃啟江：〈南宋書家張即之的方外遊〉，《漢學研究》第26卷第四期，2008年12月，頁134。該文後來收錄於2010年黃氏出版的新書《一味禪與江湖詩：南宋文學僧與禪文化的蛻變》（臺北：臺灣商務印書館，2010年）中的第九章，頁596～638。

黃啟江從張即之為佛教居士身份作研究的切入點，無異是為書家研究開啟了
另一扇大門，得以對書家研究有較多面向的探討，尤其是張即之的文集已經佚
失，而現今對張即之的研究也停留在書藝書蹟方面，可說是有一定的侷限性。

　　目前研究張即之書法之學者多集中在書蹟真偽鑒定與書藝賞析這兩個
面向，筆者認為再加上黃氏從其為佛教徒身份的角度所作的研究，對於張即
之書家研究應可進行統整性之研究，將學者們對其研究的論文一一進行勘驗
會通，以期能建構出一位較為完整的書家，盡量不偏於某一面向，亦不存有
預設立場，能較為客觀公正的評價一位書家，而這也正是本文的研究動機。

第二節　文獻探討

　　張即之書家研究目前尚無碩、博士論文，亦無專書出版，雖然石頭出版
社曾於民國八十四年（2005）出版陳根民《書藝珍品賞析25‧兩宋系列‧張
即之》，但三十二頁的內容包括書蹟圖版，僅能簡略的著墨於藝術風格之賞
析，因僅側重一面故不得稱為專書。對於張即之書家的研究，國內外學者多
以期刊論文發表，其次見於書法鑑賞類叢書中的某一章節。因此，此節文獻
探討概分為期刊論文與書法鑑賞叢書類專文，依國內學者、大陸學者、國外
學者及發表時間之順序探討：

一、期刊論文

（一）傅申研究論文

　　張即之書法研究以傅申先生為最早，在民國六十五年（1976）時發表〈張
即之和他的中楷〉一文，刊載於《故宮季刊》第十卷第四期。接著又於民國七
十二年（1983）發表〈張即之和他的中楷（補篇）〉，刊載於《故宮學術季刊》
第一卷第二期；民國七十四年（1985）發表〈真偽白居易與張即之〉，刊載於
《故宮文物月刊》第三卷第二期；後來，這幾篇論文皆收錄於民國八十五年
（1996）所出版的《書史與書蹟——傅申書法論文集（一）》〔註3〕一書中。
最近，又於民國九十九年（2010）由故宮博物院所舉辦的《文藝紹興——南宋
藝術與文化學術研討會》中，發表〈張即之及其大字〉〔註4〕，收錄在此次研

〔註3〕傅申：《書史與書蹟——傅申書法論文集》（臺北：國立歷史博物館，1996年）。
〔註4〕傅申：〈張即之及其大字〉，《文藝紹興——南宋藝術與文化學術研討會》（臺北：
　　　國立故宮博物院，2010年），頁272。

討會的論文集中。由此可見，傅申先生對於書家張即之的研究可謂不遺餘力，持續的有成果發表。

　　傅申先生的研究著重於書蹟真偽性的鑒定，舉凡張即之的傳世書蹟，傅申先生都親眼見過而詳加鑒賞，每一篇論文的發表可說是對張即之書蹟的鑒定報告。經由傅申鑒定過的書蹟，經筆者統計其書蹟名目真偽如下：

　　1.〈李伯嘉墓誌銘〉
　　　　（1）日本京都藤井有鄰館藏本（真蹟）
　　　　（2）臺北故宮博物院藏本（偽本）
　　2.〈佛遺教經〉
　　　　（1）北京故宮博物院藏本（真蹟）
　　　　（2）日本東京中村不折氏藏本（偽本）
　　3.〈金剛經〉
　　　　（1）美國普林斯頓大學美術館藏本（真蹟）
　　　　（2）日本京都智積院藏本（真蹟）
　　　　（3）臺北故宮博物院圖書文獻處（真蹟）
　　　　（4）郁逢慶著錄本
　　　　（5）〈金剛經〉刻石
　　4.〈楞嚴經〉片段（真蹟，偽託為白居易書蹟）
　　5.〈觀無量壽佛經〉（林伯壽藏，真蹟）
　　6.〈華嚴經〉第十九卷（安徽省博物館藏本，未經手考辨）
　　7.〈華嚴經〉第六十四卷（日本東京高島菊次郎槐安居藏本，未經手考辨）
　　8.七律三首（三希堂法帖，未經手考辨）
　　9.〈杜甫七律二首卷〉
　　　　（1）遼寧省博物館藏本（真蹟）
　　　　（2）上海博物館藏本（偽本）
　　　　（3）大風堂舊藏本（偽本）
　　10.〈待漏院記〉（上海博物館藏，真蹟）
　　11.〈雙松圖歌〉（北京故宮博物院藏，真蹟）
　　12.〈杜詩斷簡〉段（皆為真蹟）
　　　　（1）美國麻州 Barnet,Burto 夫婦藏本
　　　　（2）京都圓光寺藏本

（3）京都智積院本

13.〈蘇軾赤壁賦斷簡〉（未經手考辨）

14. 大字榜書：日本京都東福寺所藏額字：「方丈」、「首座」、「知客」、「三應」、「書記」、「浴司」、「東西藏」、「旃檀林」、「解空室」。

從以上的鑑定書蹟名目可以證明，傅申先生的論文以考辨張即之傳世書蹟之真偽性為主，所鑑定的書蹟雖然還有幾件未曾經手考辨，如〈華嚴經〉其他卷數及拍賣品等等，但已論及絕大多數，而且都是重要的傳世書蹟。然而，對於張即之未傳世書蹟、身家背景、書學承傳、書藝特色及對後世的影響，雖於行文之中偶而略帶一筆，但未能進行專章論述，故無具體之成果。然其對傳世書蹟真偽性之考辨，已為後續研究者提供考辨真偽的依據，除非掌握新的證據，則傅申先生對張即之書蹟的鑑定結果，有其不可動搖的權威性。本文在書蹟的考證上多仰賴於傅申先生的鑑定報告，遇有疑義之處，將提出所搜集的資料以論證之。

（二）施隆民〈張即之及其書藝〉

施隆民教授於民國八十九年（2000）發表〈張即之及其書藝〉〔註5〕一文，概述張即之生平傳略、師承與書藝特徵，其中以所歸納之三點書藝特徵：「斬釘截鐵，結構謹嚴」、「結構謹嚴，布局寬綽」、「黑白相生，舉重若輕」等，發前人所未見，有其獨到之處，亦是其習書之心得。筆者自王師靜芝先生仙逝之後，即跟隨施老師習書，對張即之書蹟的多次習臨，也是在施老師的指導之下有深刻的體認與進步。因此在本文中對張即之書藝特色的論述，當承師說並輔以書蹟題跋語而予以補充說明。

（三）朱紹甫〈南宋張即之書《度人經》重複字變化淺析〉

研究生朱紹甫於今年在《中華書道》所發表〈南宋張即之書《度人經》重複字變化淺析〉〔註6〕一文，其研究動機是為辯駁陳根民先生在評析張即之書蹟《度人經》時，認為經文中重複字一成不變，如機械般的單調無味，於是撰寫此文，例舉字例，詳加辯駁。筆者與朱氏之見相同，亦認為陳氏之見無當，且未詳加論證，空口泛言，實非學術研究者應有之態度。今見此文發表，感遇知音，十分歡喜。

〔註5〕施隆民：《張即之及其書藝》，北市師院語文學刊第四期抽印本，1996年6月。
〔註6〕朱紹甫：〈南宋張即之書《度人經》重複字變化淺析〉，《中華書道》72期（臺北：中華書道學會，2011年），頁42～58。

由於此篇論文有其特殊的研究動機，故行文如此，自不在話下。若要將《度人經》的研究納入為張即之書蹟的一部分，筆者以為應當先從考辨此件書蹟的真偽性著手，畢竟這是一件無有紀年無署款的傳世書蹟。

然而，目前未有學者專家提出這件書蹟的鑑定報告，其真偽性無法確定。筆者認為此件書蹟應當不是真蹟，最主要的原因是筆性過圓、過尖銳而略顯輕浮，缺少如顏體古拙之質感、米書沉著之刷勁與姿態，與智積院本《金剛經》、七十二歲所寫之《佛遺教經》相去甚遠。但是目前筆者尚未能蒐集足夠之證據，也無緣親睹此件書蹟，故在本文中亦未能對此書蹟進行考辨，因此此件書蹟尚保有研究空間，可專文論述考證。

（四）凌竟歐〈拔戟蘇黃米蔡外，寫經規矱接唐人——南宋書法家張即之〉

大陸學者凌竟歐先生於民國八十四年（1995）發表〈拔戟蘇黃米蔡外，寫經規矱接唐人——南宋書法家張即之〉〔註7〕一文，從其標題以清人何紹基對張即之的評語可以得知，該篇文章對張即之書藝成就給予正面的肯定。不過只有兩頁多的內容，在論述上明顯薄弱，論據不足，對於張即之的身家背景亦有明顯謬誤之處，但能立論於何紹基的觀點說明張即之在南宋書壇上的重要，亦為研究者提供一正面的思維角度。

（五）黃啟江研究論文

美國華人學者黃啟江先生以佛學為其研究領域，對張即之書家的研究自然傾重於佛學方面，而在〈論宋代士人的手寫佛經〉〔註8〕一章中專節介紹張即之的手寫佛經，以此說明張即之寫這些佛經的因緣時節，及與四明佛寺禪僧間的來往關係，但行文概略，遠不及其在民國九十七年（2008）所發表〈南宋書家張即之的方外遊〉〔註9〕一文來得詳盡，後收錄於2010年所出版的新書《一味禪與江湖詩：南宋文學僧與禪文化的蛻變》中的第九章。

此文雖然對張即之的祖籍與出生地有所誤解，但其對張即之與禪僧之間來往情形的考察不遺餘力，尤其是考察出與張即之有三十年交情的笑翁妙堪

〔註7〕 凌竟歐：〈拔戟蘇黃米蔡外，寫經規矱接唐人——南宋書法家張即之〉，《東南文化》第二期總第108期（南京：《東南文化》雜誌社，1995年）。

〔註8〕 黃啟江：〈論宋代士人的手寫佛經〉，《泗州大聖與松雪道人——宋元社會菁英的佛教信仰與佛教文化》（臺北：臺灣學生書局，2009年），頁304。

〔註9〕 黃啟江：〈南宋書家張即之的方外遊〉，《一味禪與江湖詩：南宋文學僧與禪文化的蛻變》第九章，頁596～638。

與無文道燦師徒，而從無文道燦的文集《無文印》可以得知張即之的性情為人，以及與道燦間如父子般的情誼，讓人認識到張即之史籍所未記載的另一面。此外，黃氏更是遠赴日本訪察到禪僧物初大觀的語錄《物初賸語》，從中得到不少與張即之之間的書信來往，可以讓人了解張即之的學問淵博與豁達的氣度，亦證明張即之文集《樗寮集》確曾存在於世間。

黃氏的研究無異為書家研究開啟了另一扇嶄新的大門，可以補足一般書家研究專注於書蹟考辨的片面性，得以全面性的認識一位大書家。由於黃氏的資料彌足可貴，立論詳實，目前未有學者可以超越辨駁其說，因此在介紹張即之性情為人的章節之中，將整理其研究成果作為論述內容，如有進一步的文史資料發現，則在行文之間提出，而對於黃氏論述有疑義之處，亦將依據所找到的文獻予以釐清，使其論述不致於帶來誤解。

（六）Amy McNair, "Buddhist Literati and Literary Monks:Social and Religious Elements in the Critical Reception of Zhang Jizhi's Calligraphy"

外國學者 Amy McNair 於民國九十年（2001）所發表"Buddhist Literati and Literary Monks:Social and Religious Elements in the Critical Reception of Zhang Jizhi's Calligraphy"（〈佛教文人與學僧：張即之書法批評與接受中之社會與宗教元素〉）〔註10〕一文，說明張即之書法在南宋時代受文人與禪僧所喜愛的情形，即使是在當代亦有熱愛其書蹟者，尤其是日本佛寺更受歡迎，但在元代卻反而受到猛烈的批判，尤其是受到理學家鄭杓強烈的反彈。

Amy McNair 對這種現象提出其研究的心得，即根據其書學的傳承及其獨特手法所營造出的視覺戲劇性效果，說明張即之之所以成為南宋一位偉大書法家的原因；又因虔誠的佛教信仰及與禪僧間密切的交往，這兩種因素一方面觸怒儒家學者鄭杓，另一方面其書風違背元代崇尚王羲之書風思潮，致使張即之書風在元代受到強烈的抨擊，而變得一文不值。

此外，Amy McNair 亦指出，對張即之書蹟的欣賞角度，往往因觀看者身份的不同，而著重關切之點亦不同。最明顯的是禪僧對張即之書蹟的鑑賞，不是品評其書藝的高度深度，所評論的是經文內容。因為禪是不立文

〔註10〕Amy McNair, "Buddhist Literati and Literary Monks: Social and Religious Elements in the Critical Reception of Zhang Jizhi's Calligraphy"See Marsha Weidner., Culture Intersections in Later Chinese Buddhism（Honolulu: University of Hawai'I Press, 2001），pp.73-86.

字，但一位禪信仰者卻能藉由文字將禪藝術化，能平靜人的心靈，這是值得被珍愛的，故予以極高的肯定與讚賞。Amy McNair 在文中的一些觀點，筆者在論述張即之書風評價時，當適時的提出說明或補充，以期能正確的理解張即之書風的評價。

二、書法鑑賞叢書類專文

（一）張光賓〈跋宋張即之書金剛般若波羅密經〉

　　民國七十年（1981）元月，臺北故宮博物院出版一本張即之於寶祐元年七月十八日書寫的《金剛經》墨蹟本一冊，在此冊末後有張光賓先生撰寫的跋文：〈跋宋張即之書金剛般若波羅密經〉〔註11〕。然而，張光賓先生在文中提到，在郁逢慶《書畫題跋記》中亦著錄一本張即之於寶祐元年七月十八日所書寫的《金剛經》，而且署款文中說明書寫目的是為母薦福，不同於臺北故宮博物院出版的《金剛經》，在署款中只有「寶祐元年七月十八日」的紀年。於是由此引發出一個問題，即以張即之當時六十八歲的高齡，有可能在同一天內以楷書體書寫兩冊，且每冊都有五千餘字的《金剛經》嗎？能否做到似乎成為辨定這部書蹟真偽的關鍵。張光賓先生的意見成為鑑定真偽的參考之一，傅申先生在考辨這部書蹟之際也提出考證依據，這篇文獻於是成為考證真偽的重要參考資料，成為筆者在說明此部書蹟的真偽性時的考證依據。

（二）徐邦達《古書畫過眼要錄》

　　由故宮博物院編輯，紫禁城出版社於民國九十四年（2005）所出版的《徐邦達集》，共有十六冊，其中《古書畫過眼要錄》這部書是從第二冊直到第九冊。這八冊涵蓋自晉以迄於清的書法與繪畫的鑑定報告。這部書記錄書蹟的尺寸材質、鑒藏印記、歷代著錄、題跋，而且大多數的書蹟皆附上彩色圖版，在有需要說明之處則以按語的方式註明，可謂是學習書畫鑑定者必備的工具書。張即之的書蹟是在此套書的第四冊：《古書畫過眼要錄・晉隋唐五代宋書法：3》〔註12〕，所鑑定的書蹟計有十九件，其數量僅次於傅申先生所考證的書蹟。

〔註11〕　張光賓：〈跋宋張即之書金剛般若波羅密經〉，《張即之書金剛經》（臺北：故宮博物院，2001 年），頁 144。
〔註12〕　徐邦達著，故宮博物院編：《古書畫過眼要錄・晉隋唐五代宋書法：3》（北京：紫禁城出版社，2005 年）。

其次，在民國七十二年（1983）六月，徐邦達先生於《文物》期刊發表〈釋張即之書《報本庵記》被挖改之謎〉〔註13〕一文，繼黃啟江先生之後，具體詳細的指出張即之書《報本庵記》被挖改的情形，成為考證此書蹟的重要參考文獻。不過，由於所根據的是三希堂刻本，相對於今日彩色的墨蹟圖版，徐氏所指陳的被挖改位置已然不同，因此有再重新陳述的必要。

（三）陳根民〈張即之書藝摭談〉、《書藝珍品賞析 25・兩宋系列・張即之》

大陸學者陳根民先生兩篇關於張即之書藝研究的文章：〈張即之書藝摭談〉〔註14〕、《書藝珍品賞析 25・兩宋系列・張即之》〔註15〕，先後見於民國八十九年（2000）年五月及民國九十四年（2005）七月，分別由榮寶齋出版社與石頭出版社所出版。兩篇文章的論述內容大同小異，後者可謂是前者的進一步補充論述，圖版皆是彩色而更為精美。就目前大陸學者對張即之書家的研究，筆者尚未拜讀到超出陳氏研究之見者，致使方愛龍《南宋書法史》中相關張即之的章節，與《中國書法全集 40》書後關於張即之年譜的製作，方氏多引述陳氏之見，亦多採擷自陳氏的論據，可見陳氏是大陸方面研究張即之的權威。然而，由於陳氏簡略的概述張即之實非歷陽人，並以方志文獻證明其出生於浙江鄞縣，卻未註明資料出處，筆者在國內亦未尋獲此筆方志文獻，不得不對此說感到懷疑，也因此促成筆者對張即之身世有專節的考證。

（四）方愛龍《南宋書法史》

方愛龍《南宋書法史》第三章「南宋晚期書法」第一節「南宋書壇殿軍張即之的書法」〔註16〕，專文論述張即之書法。此文大抵以陳根民先生的研究為基礎而有所補充，如仕宦經歷、性情為人、書學淵源與取法等等。在書蹟鑑定方面以徐邦達先生為依據而具系統的逐條簡介，又補充幾筆徐氏所未見之傳世書蹟。大抵大陸學者對張即之的研究目前以方愛龍先生為集大成

〔註13〕徐邦達：〈釋張即之書《報本庵記》被挖改之謎〉，《文物》第 6 期總 325 號（北京：文物出版社，1983 年），頁 75、86。

〔註14〕陳根民：〈張即之書藝摭談〉，《中國書法全集 40　宋遼金　趙構　陸游　朱熹　范成大　張即之》，（北京：榮寶齋出版社，2000 年），頁 45～50。

〔註15〕陳根民：《書藝珍品賞析 25・兩宋系列・張即之》（臺北：石頭出版有限公司，2005 年）。

〔註16〕方愛龍：《南宋書法史》第三章「南宋晚期書法」第一節「南宋書壇殿軍張即之的書法」（上海：上海古籍出版社，2009 年），頁 211～231。

者，較為全面而有條理。不過，在這篇文章中較為嚴重的錯誤是，方氏對於史籍上未詳著錄紀年之仕宦經歷，明確寫上紀年，但卻未註明其根據的文獻資料。最明顯的謬誤是方氏先是根據陳根民先生未註明出處來源的論據，明文寫道於「嘉泰四年銓中兩浙轉運司進士舉」，接著又說「開禧元年中毛自知榜進士」，然而方氏於《中國書法全集 40》末後編製的〈張即之年譜〉〔註17〕中，卻標明於「開禧二年應禮部試，登科」；如此一來，張即之一共在三個不同的時間點登科進士，實令人不解。筆者為釐清張即之於何年中舉進士，專立一節從宋代官制著手考察，但尚未能十足把握的說明張即之於何年中舉，可見會有此謬誤產生，實與文獻資料不足有關。

第三節　研究方法

　　本文的研究方法以文本（原典）研究法為主。所謂的文本即指傳統文獻，就張即之書家研究而言，筆者蒐集的文本主要有幾個面向：一是方志、鄉鎮縣志，側重在《選舉志》、《職官志》、《人物志》、《寺觀古蹟》、《祠祀志》等，著重於其生平、出生地、仕宦經歷相關資料之蒐集，以期能補史料之不足。其次是傳世書蹟中的題跋文，從其撰文者的相關文集論著考察出處來源，並以此為基點進而搜查於文集論著中相關於書家的論說。第三是學者所引用片段的傳統文獻，一一找出其出處及全文，以檢驗是否有誤讀、斷章取義的現象。第四是自宋以迄於清重要書論家的著作，從中考察是否有相關於張即之的評論。第五是將《中國書畫全書》中所有關於張即之的原典，一一從《四庫全書》中找出，以檢驗是否在斷句上或因編輯上帶來謬誤。以上大抵是筆者研究張即之文獻資料的來源。

　　章節的安排，除了在文獻探討之際，有明確需立專章專節予以論證之外，大抵是以文獻資料的內容而作規畫。除第一章緒論外，第二章著重在張即之《宋史》本傳的考證，釐清學者研究所存在的問題，並補充史籍所未載之事實。第三章彙整學者專家意見以介紹張即之傳世書蹟，並依文獻所載將其未傳世書蹟一一羅列，以全面掌握張即之書蹟。第四章著重於張即之書法成就，從其書學淵源、書藝特色、評價與影響等面向進行探討。綜合以上三大章，

〔註17〕方愛龍：〈張即之年譜〉，《中國書法全集 40 宋遼金 趙構 陸游 朱熹 范成大 張即之》，頁 298～305。

期能全面性的研究書家而不偏重於某一面向。至於必須遠赴國外才能搜集得到的文獻資料，礙於筆者經濟能力與語言上的障礙，文中對於這方面的論述則以轉述學者意見為主，期能達到客觀與尊重原作者的目的。

　　由於書家的研究必定涉及書蹟真偽性的考證，基於筆者目前學力及鑑賞能力之不足，在這方面的考證以國內外專家學者之鑑定意見為主，對於有疑義之處，當提出可資佐證之論據，陳述一己之見以作為參考，而對於尚未蒐得論據之書蹟的真偽性辨別，則持保留態度，提出可能性的懷疑推測，未敢遽下斷語。

　　在書蹟賞析、特色與評價方面，則以整理題跋語及書論家之意見為主，輔以當代學者的研究成果，期能統整各家意見，有條理的歸納出具代表性看法，作為學術研究的參考。

　　此外，由於本文須對張即之的身家背景、仕宦經歷進行考證，考證的資料來源儘可能的從方志、史傳、文人詩文集蒐集相關的文史資料，以這些文獻為基礎進行論證，然亦不免有失之謬誤之處，有待學者專家不吝賜教。

第二章　張即之生平考證

南宋書家張即之的生平事蹟，在《宋史》卷四四五中有張即之列傳：

張即之字溫夫，參知政事孝伯之子。以父恩授承務郎，銓中兩浙轉運司進士舉，歷監平江府糧料院。丁父憂，服除，監臨安府樓店務。丁母憂，服除，監臨安府龍山稅、寧國府城下酒麴務，簽書荊門軍判官廳公事，烏程丞，特差簽書江陰軍判官廳公事，提領戶部犒賞酒庫所幹辦公事，添差兩浙轉運司主管文字，行在檢點贍軍激賞酒庫所主管文字，監尚書六部門，淮南東路提舉常平司主管文字，添差通判揚州，改鎮江，又改嘉興，將作監簿，軍器監丞，司農寺丞，知嘉興未赴，以言者罷。丐祠，主管雲臺觀。引年告老，特授直秘閣，致仕。

寶祐四年（1256），制置使余晦入蜀，以讒劾閬州守王惟忠。於是削惟忠五官，沒入其資，下詔獄鍛鍊誣伏，坐棄市。惟忠臨刑，謂其友陳大方曰：「吾死當上愬于天。」七揮刃不殊，血逆流。即之雖閒居，移書言於淮東制置使賈似道恤其遺孤。又使從孫士倩娶惟忠孤女。未幾，似道入相，中書舍人常挺亦以為言，景定元年（1260），給還首領，以禮改葬，復金壇田，多即之倡議云。即之以能書聞天下，金人尤寶其翰墨。

惟忠字肖尊，慶元之鄞人，嘉定十三年（1208）進士。[註1]

〔註1〕〔元〕脫脫：《宋史》卷四百四十五《列傳第二百四‧文苑七》（北京：中華書局點校本，1975～1981 年），頁 13145。

在《宋史》本傳中，對於張即之的介紹大致上有五個要點：一是張即之字溫夫，是參知政事張孝伯之子；二是敘述張即之的仕宦經歷；三是張即之致仕之後的一樁義行；四是提到張即之擅書，連敵對的金國亦寶愛其字。最後補記一點，對王惟忠作一簡介。由此可見，正史對張即之的介紹十分扼要簡略，誠如明人王世貞所說：「《宋史》不為孝伯立傳，《即之傳》第云：『參政孝伯子』，又不載邑里，可謂挂漏。」〔註2〕這是《宋史》即之本傳的缺漏之一。

其次是《宋史》本傳對張即之的仕宦經歷完全無紀年，可說是官職名的堆疊。於是無從得知《宋史》本傳的敘述，是否是依照時間順序而寫定。其次是這些官名所擔任的職務有何重要性？似乎不了解宋代官制則無從理解。此外，對張即之致仕後只記載一件義行，如此要認識張即之的性情與為人處世，可說是十分有限。因此，在這一章中將以《宋史》本傳為考證對象，以補正史之不足。

第一節　祖籍、出生地與世系家族

此節著重於考察張即之祖籍、出生地並由之衍生出與張氏一族間的關係，大抵依目前學者的考證為基礎，進一步蒐集文獻資料，期能釐清因文獻不足所帶來的疑惑，進而能補正史之不足。

一、祖籍安徽省歷陽縣

張即之及其父親張孝伯是何處人？《宋史》並未記載，而在大多數文獻如《南宋館閣錄》〔註3〕、《萬姓統譜》〔註4〕、《歷陽典錄》〔註5〕、《宋宰輔編年錄》〔註6〕、《書史會要》〔註7〕等等，稱他們為「歷陽人」、「和州人」。《輿

〔註2〕　〔明〕王世貞：《弇州四部稿》卷一百三十，《景印文淵閣四庫全書·集部218～223·別集類》（臺北：臺灣商務印書館，1983年），頁16。

〔註3〕　〔宋〕陳騤：《南宋館閣續錄》卷九「張孝伯」，《宋代傳記資料叢刊》第43冊（北京：北京圖書館出版：2006年），頁20：「和州烏江人」。

〔註4〕　〔明〕凌迪知《萬姓統譜》卷三十九「張孝伯」，《景印文淵閣四庫全書·子部·262～263·類書類》（臺北：臺灣商務書局，1983年），頁27：「和州人」，張即之隸屬文中。

〔註5〕　〔清〕陳廷桂纂輯：《歷陽典錄（三）》卷二十三「張即之」，《中國方志叢書·華中地方·229》（臺北：成文書局，1974年），頁16：「歷陽人」。

〔註6〕　〔宋〕徐自明：《宋宰編年錄》卷二十，《文津閣四庫全書·第一九七冊·史部·地理類·職官類》（北京：商務印書館，2005年），頁725：「孝伯字伯子歷陽人」。

〔註7〕　〔明〕陶宗儀：《書史會要》卷六「張即之」，《景印文淵閣四庫全書·子部·120·藝術類》（臺北：臺灣商務印書館，1983年），頁51：「歷陽人」。

地紀勝》卷四十八有「和州」沿革的記載：

> 《和州》，歷陽郡，防禦。《禹貢》揚州之域。於天文，直南斗魁下。
> 在春秋時為楚地，戰國猶為楚地。秦為歷陽縣，隸九江郡，而歷陽
> 為九江都尉治所。三國時屬吳，為重鎮。晉屬淮南郡。惠帝分立歷
> 陽郡，歷陽、烏江、龍亢三縣隸焉，揚州刺史或治歷陽。宋分豫州
> 為南豫州，治歷陽。《齊志》歷陽郡有歷陽、龍亢、雍邱三縣。梁侯
> 景攻歷陽，太守莊鐵以城降，景遂渡江。自景亂，江北之地盡屬東
> 魏。其後北齊文宣送正陽侯淵明至歷陽，與齊盟于江北，而後濟江。
> 齊以二國協和，故謂之和州。領歷陽、齊江二郡。後又省齊江，併
> 烏江並入歷陽為一郡。隋文帝罷郡為和州，改歷陽郡。唐初復為和
> 州，又改歷陽郡，復為和州。五代楊氏、李氏更有其地，周世宗平
> 淮南，地歸版圖，皇朝因之，隸淮南西道。中興以來，為淮西路帥
> 治，尋罷。兼管內安撫，至今不廢。今領縣三，治歷陽。〔註8〕

和州在周代屬於揚州，至春秋戰國時代為楚地，秦時行郡縣制改為歷陽縣，
隸屬九江郡，歷陽為其治所。三國時代屬吳國重鎮，至漢惠帝時分立歷陽郡，
歷陽、烏江、龍亢三縣隸屬之。南朝宋時分豫州為南豫州，歷陽為其治所。依
《齊志》歷陽郡有歷陽、龍亢、雍邱三縣，自梁武太清二年侯景攻歷陽，太守
莊鐵以城降，景遂渡江。自侯景之亂後，江北之地盡歸東魏。梁敬帝紹泰元
年（555）北齊文宣送正陽侯淵明至歷陽，梁與齊盟於江北，而後濟江。齊以
二國協和，故謂之「和州」，此乃得名之由。領有歷陽、齊江二郡。隋文帝開
皇十三年（593），罷郡為和州，改歷陽郡。唐高祖武德三年（620）復為和州；
唐玄宗天寶元年（742）又改為歷陽郡；唐肅宗乾元元年（758）復為和州。五
代楊氏、李氏更有其地，周世宗顯德四年（957）平淮南，地歸版圖。宋代因
之，宋神宗熙寧五年（1072）將之隸屬淮南西道。自南宋孝宗中興以來，乾道
二年（1166）太守胡昉就除本路帥，因為治所，五年（1169）罷。淳熙二年
（1175）郭剛除和州，兼管內安撫。至今不廢，領有三縣：歷陽、含山、烏江，
以歷陽縣為治所。

　　從上述和州的沿革可知，歷陽縣、烏江縣在古代皆屬和州，史籍上或指

〔註8〕　〔宋〕王象之原著；李勇先校點：《輿地紀勝》卷四十八《和州》（成都：四川
　　　　大學出版社，2005年），頁2005～2008。文中對和州沿革的說解，依其註釋內
　　　　容詮釋。

稱其一,然所指皆同。至於今日,和州在今安徽省和縣;歷陽亦即是安徽省和縣,可見古時雖名稱不同,今則歸屬一地。烏江即今安徽省和縣烏江鎮,距和縣東北四十里,地理位置相近。

　　不過,在陸游(1125～1210)應孝伯之請,為其父親張鄖所寫的〈朝議大夫張公墓誌銘〉中,則提到張鄖「寓家蕭山」。〔註9〕「蕭山」為浙江省蕭山縣,明清時隸屬浙江紹興府。在《浙江通志》卷一百二十六則直書張孝伯為蕭山人:

> 隆興元年癸未木待問榜
>
> 張孝伯。蕭山人參知政事。〔註10〕

同樣的,在《萬曆紹興府志》中也說張鄖以蕭山為家:

> 張孝伯,本歷陽人,父寺丞來寓蕭山,因家焉。……即之字溫夫,以父恩授承務郎,官至司農丞致仕歸。〔註11〕

然而《乾隆紹興府志》卻推翻上述說法;《乾隆紹興府志》卷四十六《人物志六‧鄉賢三》「張孝伯」條中,先將《萬曆紹興府志》中對張孝伯之介紹抄錄,而隨即在案語中推翻此說:

> 案:即之《宋史》有傳,不言何處人。毛奇齡謂孝伯父居蕭山無實證,縣志妄列者。蕭山新志云:舊志稱孝伯為歷陽人者,蓋因高宗時之張孝祥,傳稱歷陽烏江人,疑為兄弟行,而奇齡即指此以為孝伯歷陽人之實據,其實史未嘗言孝伯、即之何處人也。〔註12〕

《乾隆紹興府志》認為孝伯並非蕭山人,乃縣志妄列並無實證。筆者翻找《萬曆紹興府志》中的《古蹟志》、《祠祀志》、《職官志》、《選舉志》與《人物志》,尚未尋獲相關於張鄖或張孝伯的資料,但也不能因此證明是縣志妄列。對於張孝伯是否為蕭山人這部分的考證,則有待文獻資料的進一步發現才能進行。

〔註9〕　〔宋〕陸游:〈朝議大夫張公墓誌銘〉,《渭南文集》卷三十七,《景印文淵閣四庫全書‧集部‧186》(臺北:臺灣商務印書館,1986年),頁10。

〔註10〕　〔清〕嵇曾筠撰:《浙江通志》卷一百二十五,《文津閣四庫全書‧第一七六冊‧史部‧正史類》(北京:商務印書館,2005年),頁863。

〔註11〕　〔明〕蕭良幹、張元忭等纂修:《萬曆紹興府志》卷四十一《人物志六‧列傳前》,《四庫全書存目叢書‧史部‧199～201‧地理類》(臺南:莊嚴文化,1997年),頁54。

〔註12〕　〔清〕李亨特修;〔清〕平恕、徐嵩纂:《乾隆紹興府志》卷四十六,《中國地方志集成7‧浙江府縣志輯》(上海:上海書店出版,1993年),頁22。

　　今從《乾隆紹興府志》稱張孝伯是歷陽人，是因為張孝祥（1132～1169）的緣故這一線索進行考證。在《宋史》卷三八九《張孝祥傳》中說：「張孝祥字安國，歷陽烏江人。」〔註13〕張孝祥的父親張祁是張郯的兄長，所以孝祥與孝伯是從兄弟的關係，因此史家自然的認為張孝伯為歷陽人。除此之外，張孝祥在〈代總得居士回張推官〉一文中說：

> 某家世歷陽之東鄙，自先祖始易農為儒。或云唐末遠祖自若湖徙家，
> 蓋文昌之後。文昌諱籍，見于唐書，烏江人也。〔註14〕

張祁號總得居士〔註15〕，孝祥在代父親總得居士所寫的這段文中提到兩件事，一是張氏一族代代居於歷陽的東邊，自先祖始易農為儒。第二件事是遠祖為唐代樂府詩人張籍，其後代也自若湖遷徙至歷陽的東邊。從這兩件事產生幾個問題；張氏一族之先祖是否可考？從哪一位先祖開始易農為儒？張氏一族之遠祖確定是張籍嗎？首先，張氏先祖在陸游〈朝議大夫張公墓誌銘〉中，有具體的陳述：

> 公諱郯，字知彥，和州烏江人。曾大父諱延慶，大父諱補，蓄德深
> 厚，然皆不仕；父諱幾，才尤高，以子貴贈金紫光祿大夫。〔註16〕

而在周必大〈敷文閣待制贈少師張公邵神道碑〉中，亦有相關的敘述：

> 公諱某字才彥，和州烏江人。唐國子司業籍之後，世儒家。曾祖延
> 慶；祖補，嘗預鄉薦；父幾，鄉譽尤高，贈金紫光祿大夫〔註17〕

從這兩則文獻資料中可以得知，張氏一族代代的先祖為：張延慶、張補、張幾。周必大在文題中所稱的張邵，即是張幾的長子。文中張延慶與張補雖皆不仕，但是張補「嘗預鄉薦」，能得到鄉薦也必須通過鄉試才行，因此孝祥文中所說的「始易農為儒」者是指張補。

〔註13〕〔元〕脫脫：《宋史》，卷三百八十九《列傳一四八》，頁11942。

〔註14〕〔宋〕張孝祥：〈代總得居士回張推官〉，《于湖居士文集》卷三十七，《四部叢刊初編》（臺北：臺灣商務印書館，1967年），頁209。

〔註15〕〔明〕凌迪知《萬姓統譜》卷三十九「張祁」，頁25：「張祁，字子彥，歷陽人。以兄邵使敵恩補官。祁負氣高義，工詩文。……晚嗜禪學，號總得翁，以壽終……。」

〔註16〕〔宋〕陸游：〈朝議大夫張公墓誌銘〉，《渭南文集》卷三十七，《景印文淵閣四庫全書·集部·186》，頁1。

〔註17〕〔宋〕周必大：〈敷文閣待制贈少師張公邵神道碑〉，《廬陵周益國文忠公集》卷六十五（《平園續稿》卷二十五），《宋集珍本叢刊》（北京：線裝書局，2004年），頁1。

其次，張氏一族是否為張籍後代？根據《新唐書‧韓愈傳》所附的張籍事迹和相關資料記載，張籍字文昌，生于唐德宗大曆年間，卒於唐文宗大和年間（約766～約830）。貞元十五年（799）登進士第。為人狷直，官途並不順利。歷任太常寺太祝、國子監助教、校書郎、水部員外郎，時人稱他為張水部。晚年為國子司業，故又稱為張司業。張籍以詩聞名當時，尤以樂府詩見長，深得韓愈器重。張籍最推崇杜甫，其樂府詩的創作精神與杜甫相同，描寫民生疾苦，反映婦女問題，深受白居易、姚合的讚許，有《張司業集》行世。張籍有弟名蕭遠，舉元和進士。〔註18〕

張籍原籍吳郡，少時曾僑寓於和州烏江（今安徽省和縣）。在《輿地紀勝》卷四十八《和州》中，記載張籍讀書之處：

> 張籍宅。在城通淮門裏報恩光孝禪寺，父老傳唐張水部籍宅基也。
> 又有書堂山，在烏江縣東一里，舊傳張籍讀書處。〔註19〕

而在《歷陽典錄》卷七所收錄的一首詩中，透露了一些消息：

> 宋張孝祥〈讀書堂在烏江，即唐文昌公讀書處，自五代至今皆世守之，渡江後為史氏之所有〉：漫有五車書不讀，豈似一編勤過目。癡兒嬾事盡魚書，巨富牙籤塵滿屋。市南水竹一畝宮，平生腹司史長公。閉戶卻掃得真樂，冥搜萬古窺鴻濛。淹留歲時亦何有，策勵此事要持久。
> 吾家文昌讀書處，好在谿谷落君手。上方治定登文儒，東觀石渠森寶書，望君起直承明廬。從來海內知名士，須讀人間未見書。〔註20〕

這首詩並未收錄於《于湖居士文集》中，而見諸於《歷陽典錄》，其詩題說明文昌讀書堂為張籍後人自五代以來代代相守。而詩中「吾家文昌讀書處」一句，則可見張孝祥以張籍後人自居。但是張籍的後人，在《光緒直隸和州志》卷十八《張籍傳》說：

> 籍子閭。宋有張邵、張孝祥最知名，皆籍裔。邵、孝祥各有傳。〔註21〕

〔註18〕〔宋〕歐陽修、宋祁等撰：《新唐書（三）》卷一七六《列傳一百一》之《韓愈傳》下附「張籍」，《百衲本二十四史》（臺北：臺灣商務書局，1988年），頁7～9。

〔註19〕〔宋〕王象之原著；李勇先校點：《輿地紀勝》卷四十八《和州‧古迹》，頁2018：「張籍宅」。

〔註20〕〔清〕陳廷桂纂輯：《歷陽典錄（二）》卷七，《中國方志叢書‧華中地方‧第229號》，頁388～389。

〔註21〕〔清〕朱大紳修、高照纂：《光緒直隸和州志》卷十八《人物志‧鄉賢》「唐張籍」，《中國地方志集成4‧安徽府縣志輯：7》（南京：江蘇古籍出版社，1998年），頁5。

只是《光緒直隸和州志》卻沒有記載張闓的事蹟，更不用說闓以下的譜系。然而《光緒直隸和州志》以肯定的字眼說張邵、張孝祥皆是張籍的後裔，如果從張籍的卒年唐文宗大和年間（約 830）算起，一直到張邵的生年北宋紹聖三年（1096），這當中有二百六十七年，古人以三十年為一世，則應當有八代以上，可見張闓之後應當尚有後代，張邵的先祖張延慶與張闓之間尚隔四代，可見並非直承於張闓。在尚無文獻資料可茲證明張延慶是否上承於張闓的情況下，張籍是否為張氏一族之遠祖，則只存在著可能性而已。〔註 22〕因此，就學術研究的嚴謹立場而言，是不能以肯定的口吻說張氏一族的遠祖是張籍〔註 23〕，但也不應忽視張孝祥文集中相關張籍的資訊，所以目前只能說張氏一族的遠祖有可能是唐代詩人張籍，至於是否屬實，則有待文獻資料的進一步發現。

綜上所述，張即之祖籍可能是歷陽，其父孝伯是否因父寓居蕭山而於此成家，將在「張孝伯出生地及仕宦經歷」一小節中考述。

二、隨宋室南渡遷徙

從上述張孝祥詩題中所說，文昌讀書堂在「渡江」之後為史氏所有。言下之意，即表示張氏一族曾經遷徙，以致轉讓讀書堂給史氏。史氏，《歷陽典錄》失載，不知為何許人也。「渡江」即指宋室南渡，自從北宋靖康二年（1127）金人擄走徽、欽二帝之後，北宋王朝滅亡。靖康二年（1127）五月初一，宋徽宗的第九個兒子趙構（1107～1187）在南京應天府即帝位，重建宋政權，是為宋高宗，改元建炎。自建炎元年（1127）七月起至建炎四年（1130）四月，高宗在金人連年攻打之下一路南逃，並連年以問兩宮起居之名義派通問使赴金，並謀求議和的機會，但所派去的使者皆被金人拘禁扣留。〔註 24〕

〔註 22〕雖然在《于湖居士文集》之《張安國傳》、《宣城張氏信譜傳》有張孝祥為「張籍七世孫」之說，但據韓酉山《張孝祥年譜》（安徽：安徽人民出版社，1993年）與辛更儒《張孝祥于湖先生年譜》（臺北：五南圖書出版股份有限公司，2003年）的考查，證明為後人偽撰，不足徵信。

〔註 23〕陳根民在《書藝珍品賞析 25・兩宋系列・張即之》一書中說：「張即之出身名閥世家，其祖上可追溯到唐代詩人張籍。」但陳氏並未加註提出證明，故不足徵信。凌竟歐〈拔戟蘇黃米蔡外，寫經規矱接唐人──南宋書法家張即之〉一文中，明確的說張即之：「他是唐代大詩人張籍的八世孫。」同樣的凌氏並未在這句話下加註提出證明，可見是揣想之辭，不足徵信。韓酉山《張孝祥年譜》明確以張籍為張氏一族遠祖，其所繪製的譜系表亦然，則有失嚴謹。

〔註 24〕〔元〕脫脫：《宋史》，卷二十四《本紀第二十四・高宗一》至卷二十五《本紀第二十五・高宗二》，頁 439～465。計有王倫、王貺、魏行可、宇文虛中、洪

　　建炎元年，張邵以迪功郎任衢州司刑曹事〔註25〕，而衢州遠在浙江，有感於金人向南入侵而戰亂頻仍，為免後顧之憂，於是舉家南遷。張孝祥在〈嚴守朱新仲〉一文中，提到當時遷徙的概況：

　　　某伯父凡三人，長尚書，次嘗得官矣。建炎俶擾，尚書奉大母馮夫
　　　人渡江，諸弟悉從。次伯父既娶，獨顧松楸不忍去以死，惟餘一女
　　　於某姊也。馮夫人以其無父母，愛異它孫，嫁嚴陵朱氏，有子曰俊
　　　乂。馮夫人屬纊時謂尚書曰：「吾憐二十九無孫，汝異時能官其外孫，
　　　吾不恨矣。」二十九蓋次伯父行也。〔註26〕

由此可知，張氏一族在建炎元年時，即為任官而從和州（今安徽省和縣）遷徙
至衢州（今浙江省衢縣）。此外，從這段文字亦可得知，孝祥除了張邵這位大
伯父以外，尚有兩位伯父。次伯父因已娶而捨不得離開於是死於故里。遺有一
女，由馮夫人作主嫁給嚴陵朱氏。孝祥口中的二伯父只知排行二十九，不知其
名。而文中完全沒有提到三伯父的消息，或許早於二伯父過世。

　　建炎三年（1129）九月，由於連年派往金國之通問使皆被拘禁，一方面無
從得知兩宮情況，另一方面亦得不到與金求和的機會，於是高宗再度詔求可至
軍前充當通問使之人。此時張邵「慨然請行，上嘉之。特轉五官，授奉議郎直
龍圖閣，借禮部尚書充奉使大金軍前使，楊憲副之。……公以其日就道，是月
至楚州」〔註27〕。張邵入金之後，先被囚禁於密州，後送偽齊，因不肯投降又
轉囚禁於燕山，繼而往北遷徙至會寧府。〔註28〕從此被金人羈留十四年。

　　在建炎三年張邵以禮部尚書身份出使金國之後，朝廷即「以泛使恩官其二
弟祁、郇。祁又以泛使賞格授添差明州觀察推官，與諸弟奉太夫人居於鄞。」
〔註29〕《延祐四明志》亦云：

皓等金國通問使被拘留。

〔註25〕〔宋〕周必大：〈敷文閣待制贈少師張公邵神道碑〉，《廬陵周益國文忠公集》
　　　　卷六十五（《平園續稿》卷二十五），《宋集珍本叢刊》，頁2。

〔註26〕〔宋〕張孝祥：〈嚴守朱新仲〉，《于湖居士文集》卷三十五，《四部叢刊初編》，
　　　　頁201～202。

〔註27〕〔宋〕徐夢莘：《三朝北盟會編》卷二二二《禮部尚書奉使金國待制張公行實》，
　　　　《四庫全書珍本》（臺北：臺灣商務書局，1974年），頁9～10。

〔註28〕〔宋〕胡榘、羅濬纂修：《寶慶四明志》，《續修四庫全書・史部・地理類》（上
　　　　海：上海古籍出版社，2002年），卷九「郡志九」，頁124。文中說張邵「建炎
　　　　二年使金國」，其紀年有誤，應是建炎三年。

〔註29〕〔宋〕徐夢莘：《三朝北盟會編》卷二二二《禮部尚書奉使金國待制張公行實》，
　　　　《四庫全書珍本》，頁9～10。

張邵，字才彥，其先和州烏江人。宣和三年登上舍第，建炎初假禮部尚書使金，補其弟祁為明州觀察推官，奉母居於鄞，卒葬之雷峰，因家焉。而祁子孝祥生于雷峰。〔註30〕

當張邵使金後，其弟張祁補官為明州觀察推官，為便於奉養老母與照顧家小，於是代兄職率同諸弟張邴、張郯，奉母親馮夫人遷徙至明州鄞縣，從此定居，死後葬於雷峰。雷峰是四明山第四支山，地在鄞縣西邊四十五里處。〔註31〕雷峰即方廣院所在地名，位於鄞縣西南五十里處，舊號泗州院，〔註32〕長子張孝祥即於紹興二年（1132）出生於方廣院之僧房。〔註33〕

　　張祁除孝祥之外尚有三子，但除了四子孝章之外，二子（名不詳）與三子孝直皆早卒。〔註34〕而另一位因出使恩得以補官的張邴，史籍上並無事蹟可考，而在孝祥《于湖居士集》的兩篇文章中約略提到。在〈代季父上尚書陳樞密誠之書〉中，孝祥以季父的口氣自稱說：

　　　　青衫白髮，塵埃一命之選，蓋將三十年。〔註35〕

這篇文章寫於紹興二十七年，從建炎三年（1129）至紹興二十七（1157）年，總計為二十九年，與「將三十年」一語相合。

　　另於隆興二年（1164）孝祥在〈與明守趙敷文〉中提到：

　　　　某寓居鄞郭餘十年，王母馮夫人歿，葬西山，皇姚孫夫人以婦從姑，
　　　　而世父待制公、季父莆田丞公，以子從母，皆葬其下。〔註36〕

鄞郭在鄞縣東三十里，是古鄞城縣名，漢代設置至唐代廢立。〔註37〕由於張邵

〔註30〕　〔元〕袁桷：《延祐四明志》卷四，《四庫全書珍本》，頁44。

〔註31〕　〔清〕臧炳麟：《康熙桃源鄉志》（南京圖書館藏清抄本），《中國地方志集成·鄉鎮志專輯24》（上海：上海書店出版，1992年），頁192。

〔註32〕　〔宋〕羅濬：《寶慶四明志》卷十三《鄞縣志卷二》，《景印文淵閣四庫全書·史部二四五·地理類》（臺北：臺灣商務印書館，1983年），頁36。

〔註33〕　張孝祥之生年，史籍無明確記載，依據近人韓西山《張孝祥年譜》與辛更儒《張孝祥于湖先生年譜》所考證，可以肯定是在紹興二年出生。其出生地亦見載於《寶慶四明志》卷九：「任孝祥，字安國，生鄞縣方廣院之僧房。」及《乾隆鄞縣志》卷十二「張邵」：「從子孝祥，生于鄞縣方廣院之僧房。」

〔註34〕　見辛更儒《張孝祥于湖先生年譜》頁5～6中的考證。

〔註35〕　〔宋〕張孝祥：〈代季父上陳樞密誠之〉，《于湖居士文集》卷二十四，《四部叢刊初編》，頁146。

〔註36〕　《于湖居士文集》卷二十四，《四部叢刊初編》，頁201。

〔註37〕　〔宋〕張津等：《乾道四明圖經》卷二，《宋元地方志叢書·八》（臺北：大化書局，1980年），頁23：「鄞郭在縣東三十里，蓋古鄞縣城也。漢為鄞縣，後漢改曰鄞。唐武德四年於縣置鄞州，八年州廢，復為鄞縣，故稱其為舊城曰鄞郭。」

並無官於莆田之記錄，因此可以斷定孝祥的季父即是張郰，官至莆田縣丞，卒葬鄞縣西山。

此外，陸游〈朝議大夫張公墓誌銘〉中說：

> 公諱郯，字和彥，和州烏江人。……公少用兄待制邵出使恩，授右迪功郎，調開化尉兼主簿，歷平江府西比較務，監南嶽廟……上素知公，譖不得行。歲滿，請奉祠而歸。初，待制治命，以遺恩官諸姪，仲兄秘閣公祁辭不取，以予公之子，初不告也。公聞亦固辭，而乞官孤姪孝嚴。寓家蕭山，收養孤嫠，與同甘苦，視所居之鄉如其宗黨。〔註38〕

由於張邵出使金國，除了諸弟張祁、張郰外，張郯亦「用兄待制邵出使恩」得以補官。此外，朝廷亦欲官其諸姪。但張祁辭絕不受而欲給張郯之子，張郯亦辭絕而乞求讓其姪子孝嚴當官。文中的這位孝嚴很有可能就是張郰之子。此外，在這段文中陸游提到了張郯「寓家蕭山」一事，有可能是因為當官的緣故，但誠如《乾隆紹興府志》所說，尚無實證可以證明。

紹興十一年（1141）十一月，宋金簽定「紹興和議」，兩年後，金朝歸還了徽宗、鄭后靈柩和高宗生母韋太后，張邵亦得以南歸，於紹興十三年癸亥（1143）八月自金歸來，前後歷時十四年。〔註39〕

張邵歸來後曾一度為官居於任所，但仕途並不順遂，後以母年七十為由，謁告歸鄞，但仍被誣害而致投閑，直到秦檜死後而再復起，但不久即逝世。周必大〈敷文閣待制贈少師張公邵神道碑〉說：

> 自公以太夫人年七十謁告歸鄞，方出門，而諫官亦誣公在虜不禮其副……十九年四月，遂除公敷文閣待制，……屏居蕭寺食閑祿者十年。二十五年冬，秦薨，上首起公知池州，明年春至郡，忽忽不樂，踰時復請祠歸。道由廣德軍，假官舍居之。六月丁亥，公生朝也，先一夕沐浴就寢，詰旦家人起為壽，安臥逝矣。轉朝奉大夫致仕。遺表聞，贈中奉大夫。享年六十一。……二十七年某月日葬四明西山，母永寧郡夫人墓側。三子：孝賢、孝曾、孝忠……。三女。孫男五人：從之、徽之、改之、元之、永之。孫女六人。〔註40〕

〔註38〕〔宋〕陸游：〈朝議大夫張公墓誌銘〉，《渭南文集》卷三十七，《景印文淵閣四庫全書·集部·186》，頁10。

〔註39〕〔元〕脫脫：《宋史》，卷四百四十五《本紀第二十九·高宗六》，頁551。

〔註40〕〔宋〕周必大：〈敷文閣待制贈少師張公邵神道碑〉，《廬陵周益國文忠公集》卷六十五（《平園續稿》卷二十五），《宋集珍本叢刊》，頁4。

由這段文可知，張邵於紹興二十五（1155）年六月逝世，葬於四明西山，母永寧郡夫人墓側。「四明」即鄞縣或明州的代稱。有子三人：孝賢、孝曾、孝忠等等。

三、張孝伯出生地及仕宦經歷

張孝伯於何地出生？其史傳所缺漏之仕宦經歷為何？此節進一步探索以補史傳之不足。據陸游〈朝議大夫張公墓誌銘〉一文所說，張邵逝世後葬於鄞縣桃源鄉西山之原，育有六子：

> 淳熙十六年八月七日晨，闔戶有方外之士二人來謁，公接之如平時。將食，曰：吾今日病，不能與汝食。家人請命醫，公不許，且麾使去。家人行數步，回視之，奄然而逝矣。享年八十有七。娶余氏進士苐之女，封恭人，贈碩人，先公三年卒，諸孤以公捐館之。明年十月二十有八日，奉公之喪，與碩人合葬於慶元府鄞縣桃源鄉西山之原。子六人：孝伯，朝請大夫權禮部尚書兼侍講兼實錄院同修撰；孝仲，承議郎京西南路安撫司幹辦公事。孝叔、孝季，未官而卒。孝穉（稚），從事郎監嚴州神泉監。孝聞，從事郎新差管押紹興府石堰、慶元府鳴鶴鹽場袋鹽。女四人，修職郎高得中、進士王孝友，其婿也；其二早卒。孫六人：守之、宜之、約之、及之、即之、能之。孫女十有五人。〔註41〕

雖說張邵「寓家蕭山」應該是縣志錯置，然而孝伯有無可能在蕭山出生呢？孝伯在為《于湖居士文集》所寫的一篇序中說：

> 于湖先生長孝伯五歲，垂髫奉書追隨，未嘗一日相捨。別去餘十年，先生再冠賢書，會于臨安時，紹興癸酉也。〔註42〕

張孝祥生於紹興二年（1132），孝伯小他五歲，所以可以推算出孝伯是在紹興七年（1137）出生。「紹興癸酉」即紹興二十三年（1153），由這一年往上推十年，即紹興十四年（1144），孝伯與從兄孝祥分別即在這一年，在這一年之前「未嘗一日相捨」。由此可以證明，張孝伯是出生於鄞縣桃源鄉，是浙江鄞縣人，安徽歷陽只能說是他的祖籍，更不能說孝伯是蕭山人。紹興十七年

〔註41〕〔宋〕陸游：〈朝議大夫張公墓誌銘〉，《渭南文集》卷三十七，《景印文淵閣四庫全書・集部・186》，頁6。

〔註42〕〔宋〕張孝伯：〈張于湖先生集序〉，《于湖居士文集》，《四部叢刊初編》，頁2。

（1147）時孝祥鄉試第一，由鄉薦參加明年的禮部試，可能未登第，故史籍未載。一直到紹興二十三年（1153）再試於淮南轉運司，而為解榜第一，這即是孝伯所謂「再冠賢書」之意。〔註43〕過不了多久，孝祥即前往臨安準備參加禮部試，這時孝伯亦入太學為諸生，而與孝祥在臨安相會。隔年，紹興二十四年（1154），張孝祥應禮部試，本居第三，後由高宗親自拔擢為廷試第一，並有「詞翰俱美」之褒〔註44〕。

　　張孝伯在宋孝宗隆興元年癸未（1163）登第，同進士出身。〔註45〕淳熙元年（1174）以文林郎任縣丞，重建丞廳。〔註46〕淳熙九年（1182）知江寧縣事，蒞政即訪視民間疾苦，奏停年租與額外的徵收，並首立養濟院，又上奏體恤建康遇大水饑荒的人民。〔註47〕淳熙末年任幹辦諸軍審計司〔註48〕；八月張郯過逝，丁父憂。宋光宗紹熙五年（1194）十一月十一日除〔註49〕國子監丞〔註50〕。宋寧宗慶元元年（1195）八月任吏部侍郎兼侍講〔註51〕；十月除監察御史〔註52〕；二

〔註43〕辛更儒：《張孝祥于湖先生年譜》，頁30～35。

〔註44〕〔元〕脫脫：《宋史》，卷四百七十三《列傳第二百三十二》，頁13762：「二十四年三月，檜孫敦文閣待制塤試進士舉，省殿試皆為第一，……及廷試，……塤與第二人曹冠策皆攻專門之學，張孝祥策則主一德元老且及存趙事。帝讀塤策，皆檜、熺語，於是擢孝祥為第一，降塤第三。」又見董更《皇宋書錄》卷下（《知不足齋叢書》第十六集，臺北：興中書局，1964年），頁5：「余兒時聞人言，于湖廷對第一人。御覽對策，有『詞翰俱美』之褒。」

〔註45〕〔清〕嵇曾筠撰：《浙江通志》卷一百二十五，《文津閣四庫全書·第一七六冊·史部·正史類》，頁863。

〔註46〕〔清〕鄭鍾祥等修；龐鴻文等纂：《江蘇省重修常昭合志（三）》卷十九《職官》，《中國方志叢書·華中地方·153》，頁5。

〔註47〕〔清〕朱大紳修、高照纂：《光緒直隸和州志》卷十八《人物志·鄉賢》，《中國地方志集成4·安徽府縣志輯：7》，頁29：「淳熙九年知江寧縣事，蒞政即訪求民瘼，奏停年租額外徵辦。大水民饑，請恤建康之被水者。始立養濟院，以薦董其事。」

〔註48〕〔清〕徐松纂輯：《宋會要輯稿》卷三千八百七十五《職官六一》（臺北：新文豐書局，1976年），內頁「職官六一之五六」，總書頁3768：「淳熙十六年六月二十四日，詔太府寺張同之與司農寺丞郭德麟兩易，同之以堂叔張孝伯見任幹辦諸軍審計司，乞迴避故也。」

〔註49〕「除」是「除授」之省稱，即除故官以就新官之意。見龔延明：《宋代官制辭典》（北京：中華書局，2007年），頁650「除」字條釋義。

〔註50〕〔宋〕陳傅良：《止齋集》卷十八，《景印文淵閣四庫全書·集部·164》，頁6。

〔註51〕〔清〕徐松纂輯：《宋會要輯稿》卷一萬一千九百十六《職官六》，內頁「職官六之七二」，總書頁2518。

〔註52〕〔清〕徐松纂輯：《宋會要輯稿》卷三千八百九十二《職官七三》，內頁「職官七三之六四」，總書頁4034：「十月十六日，成都運判續者與祠祿理作自陳，

年（1196），任起居郎兼權刑部侍郎〔註53〕；四年（1198）正月，任權刑部侍郎
兼實錄院同修撰；八月任吏部侍郎。五年（1199）十月權禮部尚書並兼實錄院
同修撰。〔註54〕

　　嘉泰二年（1202）二月，勸韓侂冑（1152～1207）弛偽學之禁，以杜他
日報復之禍。〔註55〕所謂的「偽學之禁」，是指寧宗先是在慶元二年（1196）
二月下詔禁止在省試中以偽學取士，不久又在慶元四年（1198）五月下詔「禁
偽學」。不過主導這一切的是韓侂冑；偽學得禁正代表著韓侂冑在與趙汝愚
（1140～1196）間的政治鬥爭中得到勝利。

　　「偽學」即指理學，北宋中期理學興起，至南宋高宗、孝宗兩朝時已正式
形成。由於理學重視理、天理、天道，於是又稱為道學。理學在朱熹（1130～
1200）手中得到進一步的闡發融通，而朱熹亦透過講學活動發揚理學，並成為
理學的權威學者，從而促使理學成為士大夫入仕和仕進的重要途徑。

　　然而，自孝宗朝起，則因理學勢力之盛大，而形成擁護與反對的兩派士大
夫。趙汝愚是積極擁護者，由於寧宗能即帝位，實多仰賴於趙汝愚、趙彥逾與
韓侂冑的策畫部署，因此在寧宗即帝位之後，趙汝愚即因「定策功」而遷樞密
使，進而升任右丞相。趙汝愚執政之後，一方面召朱熹出任天章閣待制侍講，
為寧宗的老師；另一方面抑制對趙彥逾與韓侂冑的封賞，不予他們心中所期望
的官職，也進而激怒了韓侂冑。而在朱熹擔任侍講之際，由於其義正嚴辭的說
教態度與要求皇帝完全按聖賢規矩做事，使寧宗深感厭煩，於是在韓侂冑的鼓
動之下，免去了朱熹侍講一職。

　　在這一個契機之下，韓侂冑的親信李沐、胡紘先後上奏彈劾趙汝愚、批判
道學。李沐上疏說趙汝愚「以同姓居相位，將不利於社稷」〔註56〕，於是趙汝
愚被罷去了相位。胡紘（1139～1204）上書說：「比年以來，偽學猖獗，圖為
不軌，動搖皇上，詆誣聖德，幾至大亂。……今縱未能盡用古，亦宜且令退伏

　　　　以監察御史張孝伯言，耆感末病，今已踰年，語言步履，不堪勉強」；由此判
　　　　斷孝伯應當在這一時期擔任監察御史。
〔註53〕　〔清〕徐松纂輯：《宋會要輯稿》卷一萬七千二百九十二《禮四九》，內頁「禮
　　　　四九之七〇」，總書頁 1504。
〔註54〕　〔宋〕陳騤：《南宋館閣續錄》卷九「張孝伯」，《宋代傳記資料叢刊》第 43 冊，
　　　　頁 20。
〔註55〕　不著撰人：《兩朝綱目備要》卷七，《文津閣四庫全書・第一一四冊・史部・編
　　　　年類》，頁 606。
〔註56〕　〔元〕脫脫：《宋史》，卷四百七十四《列傳第二百三十二》，頁 13772。

田里，循省衍咎。」〔註57〕從此，道學被稱為偽學。不久，右正言劉三杰再劾朱熹，進而將偽學之人稱為「逆黨」。於是寧宗在慶元二年（1196）二月下詔禁以偽學取士，四年（1198）五月正式下詔「禁偽學」。

直到嘉泰二年（1202），韓侂冑有感於道學已受嚴重打擊，對他已不構成威脅，加上積極主張禁道學的左相京鏜已死，而張孝伯亦於此時勸言。為了鞏固內部的統治，於當年二月，韓侂冑請寧宗下詔弛偽學之禁。《宋史》卷四七四《韓侂冑傳》中說：

> 逮鏜死，侂冑亦稍厭前事，張孝伯以為不弛黨禁，後恐不免報復之
> 禍。侂冑以為然，追復汝愚、朱熹職名，留正、周必大亦復秩還政，
> 徐誼等皆先後復官。偽黨之禁寖解。〔註58〕

為時六年的偽學之禁至此宣告結束，張孝伯則因勸弛偽學禁而得名留青史。雖然趙汝愚已死於貶所，朱熹亦於慶元六年（1200）三月怨憤憂鬱而死，但一些曾被列名為偽學逆黨的人，又重新獲得任用。

嘉泰二年（1202）閏十二月張孝伯自華文閣學士朝議大夫知鎮江府〔註59〕。嘉泰三年（1203）十月癸卯，自華文閣學士知鎮江府召除同知樞密院事。嘉泰四年（1204）四月丙午，自同知樞密院事除，任參知政事〔註60〕。「參知政事」下宰相一等，即為副宰相，與宰相同升都堂議政事，為正二品官。〔註61〕在張氏一族中，張孝伯是從政為官職位最高的一位，勝過張邵。不過，張孝伯只擔任了五個月的參知政事，嘉泰四年（1204）八月二十八日，以臣僚論列放罷。〔註62〕

四、張即之出生地與居留地

張孝伯被罷官之後是否有擔任別的官職？袁桷（1266～1327）在〈以辟穀圖壽張治中并識其後〉一文中說：

> 參預篤素張公孝伯，于湖先生之從弟。為貳卿時有以辟穀圖為初度

〔註57〕《宋史》，卷三百九十四《列傳第一百五十三》，頁12024。
〔註58〕《宋史》，卷四百七十四《列傳第二百三十二》，頁13774。
〔註59〕〔宋〕盧憲：《嘉定鎮江志》卷十五，《宋元地方志叢書・五》，頁13。
〔註60〕〔宋〕徐自明：《宋宰編年錄》卷二十，《文津閣四庫全書・第一九七冊・史部・地理類・職官類》，頁725。
〔註61〕龔延明：《宋代官制辭典》，頁82。
〔註62〕〔清〕徐松纂輯：《宋會要輯稿》卷一萬七千五百九十五《職官七八》，內頁「職官七八之六一」，總書頁4192。

壽。觀其詩，語密超遠，非參預公不能受。未幾入西府，又陪幾政
偽學之禍，公實彌縫，雖一手獨拍，國史時政，至今猶可考也。晚
歸桃源，領祝釐十餘年，康強壽考，是生樗寮。〔註63〕

參預是其官名，而張孝伯號篤素；對其字號的考據是從楊萬里（1127～1206）
〈張伯子尚書畫像贊〉一文得知，楊萬里稱張孝伯為：「江西連帥華學尚書篤
素居士張公伯子」〔註64〕，由此可知張孝伯字伯子，號篤素居士。然而在《民
國鄞縣通志》的《文獻志》「張郯」條下則說：「子孝伯，字伯子，一字篤素」
〔註65〕，由於古人取字號往往含有相生相輔之意，篤素與孝伯間並無此關係，
所以應當是錯誤的，篤素應當是其號而非其字。袁桷在文中提到了孝伯勸弛偽
學禁一事，即如前文所述。再者，依袁桷文意：「晚歸桃源，領祝釐十餘年，
康強壽考，是生樗寮。」張孝伯晚年歸居桃源，「桃源」即指鄞縣西邊的桃源
鄉；而所謂的「祝釐」是指奉祠官的職務，在郊祀禮中擔任要職。依袁桷之意
這一職官擔任了十餘年，而張即之是在這期間出生的。但根據吳榮光《歷代名
人年譜》記載，張即之是在孝宗淳熙十三年（1186）出生〔註66〕，應當是在孝
伯年約四十五歲還是江寧知縣時出生，可見袁桷之說與事實明顯不符；但就袁
桷文意，張即之有可能是出生在鄞縣桃源鄉，至於是否屬實，目前仍待文獻資
料的進一步發現。

　　不過，雖然目前無法證明張即之出生於鄞縣桃源鄉，但在《康熙桃源鄉
志》（南京圖書館藏清抄本）卻留有不少相關於張即之的記載，可以說明張即
之長期生活在鄞縣桃源鄉的事實，如：

　　漁塘市　桃源之後市也，在應□口。廣德湖未廢前，凡魚鰕之類，
　　皆在於此交易，自湖廢而此市亦廢矣。杜思泉曰：「昔太和道士養魚
　　於塘中，能致雨澤利民，故謂之魚塘。」宋張樗寮書「魚塘福地」
　　四字於華表，今石柱猶存。（里域誌，無卷名，頁197）

　　張家府橋　宋寶祐間張即之建。人傳呂洞賓訪即之，及出則隱于橋

〔註63〕〔元〕袁桷：〈以辟穀圖壽張治中并識其後〉，《清容居士集》卷四十七，《四部
　　　　叢刊初編集部》，頁668。
〔註64〕〔宋〕楊萬里：〈張伯子尚書畫像贊〉，《誠齋集》卷九十七，《文津閣四庫全
　　　　書·第三八八冊·集部·別集類》，頁105。
〔註65〕張傳保修；陳訓正、馬瀛纂：《民國鄞縣通志》《文獻志》，《中國地方志集成7·
　　　　浙江府縣志輯·16～18》，頁54。
〔註66〕〔清〕吳榮光編：《歷代名人年譜（四）》，《國學基本叢書四十種》（臺北：臺
　　　　灣商務印書館，1956年），頁10。

下而不見人，故人名隱仙橋。至今隱處無蚊。（津梁誌，無卷名，頁202）

慶源門　在向月街鳴玉閭。慶源者，有福慶之源流也。臧氏先世代有顯官，故扁其門內堂，亦以此名。二字張即之書，至今猶存。

史太師宅、張尚書第　俱在鳴珂里。史忠獻與樗寮宅也。

張氏義莊　張即之所建，以贍宗族者。在豐稼途傍，後廢。

樂事亭　即萬安橋上之亭也。「桃源福地」四字，張樗寮即之公書，為紳懸于橋上，相傳被人竊易，今之所懸者，非即之真筆蹟矣。（自慶源門起至樂事亭皆載於古蹟誌，亦無卷名，頁207～208）

張氏祠堂　在瑤花衖底以祀張孝伯參政以下諸人後壤（祠廟志，無卷名，頁245）〔註67〕

《乾隆鄞縣志》中，也有不少與張即之相關的記載，亦證明他長期生活在鄞縣：

建嶴山　縣西南四十五里。矗立一十五峯，狀如列戟，鬱然深秀。山有花塔巖龍湫，在其下有寶巖寺，「錫山」二字，宋張即之所書也。當時錫山、建嶴通為一山，其地產橘，故戶有橘柚之園。（卷三，山川，頁二十）

寶巖講寺　在縣西南五十里，舊名孝義院。唐元和十一年建，宋大中祥符六年賜今額。明正統十一年僧恩溶建法堂、天王殿、著衣亭。國朝康熙三十八年重修改成禪林山門，外有宋張即之書「錫山」二字。（卷二十五，寺觀，頁三十五）

翠山講寺　在縣西南五十里。唐乾寧元年建，舊號翠巖境明院，宋大中祥符元年賜名寶積禪院，嘉泰四年參政張孝伯請為功德寺，賜「移忠資福」額。明洪武十五年定名翠山。（卷二十五，寺觀，頁三十五）

育王禪寺　在縣東五十里，阿育王山下，舊名阿育王廣利寺。……寺有妙喜泉，張九成作銘，又有張即之書「普香世界」額。（卷二十五，寺觀，頁十三）

張學士即之宅　在縣西南林邨市，其居近資教寺。（卷二十四，古蹟，

〔註67〕〔清〕臧炳麟：康熙《桃源鄉志》（南京圖書館藏清抄本），《中國地方志集成·鄉鎮志專輯24》，頁碼如各條末所示。

頁二十九）

逸老堂 在西湖上，眾樂亭相對，為唐秘書監賀知章作也，祠堂在
其西。宋紹興間太守莫將建，乾道五年太守直秘張津重修，大使丞
相吳潛復撤而新之，訪求知章像於山陰，繪而祠焉。規模視昔增壯，
丞相自為之記，秘閣張即之書，直閣趙汝楳題蓋，取眾樂亭涵虛館
東西兩橋並修之。（卷二十四，古蹟，頁十九）

《逸老堂記》 開慶元年七月觀文殿大學士沿海制置大使知慶元軍
府事吳潛撰；直秘閣致仕張即之書；直寶章閣趙汝楳題蓋。在湖亭
廟。賀知章畫像并贊、吳潛贊并書，在《逸老堂記》碑陰。（卷二十
三，金石，頁十九）

張即之書《醉翁亭記》屏風 在青山。元編修葉恒故宅。

「蒼雲堂」、「吳公塘」、「相公衢」皆張即之書（卷二十三，金石，
頁四十五）

蒼雲堂 在郡圃之北。自老香堂為步，廊數十間，周迴而至。前有
古檜數本，奇甚，疊石佐之。堂額，張即之書。（卷二十四，古蹟，
頁十）

張即之《樗寮集》（卷二十二，藝文下，頁四）〔註68〕

從《康熙桃源鄉志》與《乾隆鄞縣志》所記載的多則資料可以得知，在鄞縣
桃源鄉有不少張即之書蹟，而多數為匾額、堂額，計有：「魚塘福地」、「慶
源」、「桃源福地」、「普香世界」、「蒼雲堂」、「吳公塘」、「相公衢」等七件。
此外還有一件書北宋歐陽修《醉翁亭記》的屏風，以及為蓋在西湖上賀知章
祠堂所寫的《逸老堂記》；由吳潛撰文、張即之書寫，趙汝楳題蓋，而在碑
陰有賀知章畫像并吳潛書，是唯一一件張即之的碑碣作品。其他還有張學士
即之宅、張氏義莊、張家府橋、張氏祠堂、翠山講寺等等，在在證明張即之
長期生活於鄞縣桃源鄉的事實。而最重要的是記載了張即之有一本文集《樗
寮集》，但至今未見，應是佚失。

另外在《四明六志校勘記》卷九中則又記載道：

《桃源志》，右宋張即之撰。即之字溫夫，自號樗寮，鄞縣人。……

〔註68〕〔清〕錢維喬修；〔清〕錢大昕纂：《乾隆鄞縣志》，《續修四庫全書・史部・地
理類・706》（上海：上海古籍出版社，2002 年），頁碼如各條末所示。

居鄞西林村，村屬桃源鄉，此其所作鄉志也。高武部宇泰云：屠幽
叟嘗購之，弗獲。〔註69〕

由此可知，張即之曾為鄞縣桃源鄉寫《桃源志》一書，但已佚失。而在《四
明校勘記》中已不說張即之是歷陽人，而是鄞縣人，更可以說明張即之出生
於鄞縣、成長於鄞縣並長期生活於鄞縣的事實。但是，黃啟江在〈南宋書家
張即之的方外遊〉一文中說：「張即之，字溫夫，號樗寮，……因祖先從四
明鄞縣移居歷陽，遂為歷陽人」〔註70〕，恰恰將事實說反了，而且也未提出
事證。

　　從上文的考證可以知道，張氏一族早在建炎元年（1127）時，為避免戰亂
而在張邵的帶領下，從和州（今安徽省和縣）遷徙到了衢州（今浙江省衢縣）。
後來又在建炎三年（1129）由張祁帶領，再度遷徙至明州鄞縣（今浙江省鄞縣）
從此定居，張孝伯出生於此，張即之亦長期生活於此，歷陽只能說是他們的祖
籍，實際上他們是鄞縣人，不是歷陽人。

　　值得一提的是，張即之應當是張孝伯唯一的兒子，但《光緒江埔埤乘》卷
二十三「人物二」「張郊」條下卻說：

孝伯子：即之、同之。即之字溫夫，……同之字野夫，歷官至滁州
丞。〔註71〕

「同之」是否為孝伯之子？在前文陸游〈朝議大夫張公墓誌銘〉一文中說，
張郊「孫六人：守之、宜之、約之、及之、即之、能之」，並沒有「同之」一
名。而在前文對張孝伯仕宦經歷的考證中，《宋會要輯稿·職官六一》：「淳熙
十六年六月二十四日，詔太府寺張同之與司農寺丞郭德麟兩易，同之以堂叔
張孝伯見任幹辦諸軍審計司，乞迴避故也」，同之是稱孝伯為堂叔。根據1973
年三月〈江浦黃悅嶺南宋張同之夫婦墓〉一文中，有挖掘出由張同之之子張
億所寫的《宋故運判直閣寺丞張公埋銘》，其內文說道：

公諱同之，字野夫，世為和州烏江人。蓋唐司業籍之後。曾祖幾，
累贈金紫光祿大夫；妣馮氏，安定郡夫人。祖祁，朝請大夫、直秘
閣；妣孫氏、李氏恭人、時氏碩人。父孝祥，顯謨閣直學士、朝奉

〔註69〕〔清〕徐時棟：《四明六志校勘記》，《中國邊疆史志集成·海疆史志·1》（北
　　　　京：全國圖書館文獻縮微複製中心，2005年），頁393。
〔註70〕黃啟江：《一味禪與江湖詩：南宋文學僧與禪文化的蛻變》，頁601。
〔註71〕〔清〕侯宗海、夏錫寶纂：《光緒江埔埤乘》卷二十三「人物二」，《中國地方
　　　　志集成1·江蘇府縣志輯·5》（南京：江蘇古籍出版社，1991年），頁12。

郎，贈朝散大夫，累贈通議大夫；姚時氏碩人。〔註72〕

文中明確說道，張同之是張孝祥之子，如此同之稱孝伯為堂叔則十分合理。

另外，在這篇文中又提到有挖掘出一方「銅印」：

正面刻「張同之印」，陰文篆書；上面刻「野夫」陰文篆書；四側
刻有「十有二月」、「十有四日」、「命之曰同」、「與予同之」篆書跋
文。〔註73〕

由這方銅印所刻的內容可以得知，張孝祥之所以將他取名為「同之」，是因為
出生日期正好與自己相同。如此更可以證明，張同之是張孝祥的兒子，《光緒
江浦埤乘》說同之是孝伯之子是錯誤的。

孝伯晚年歸居桃源，卒年已不可考。筆者依據《宋會要輯稿》中所出現相
關於張孝伯的記載，在時間上最晚的一則記錄是在《禮四九》中：

嘉定三年（1210）九月二十四日詔……同知樞密院事張孝伯。〔註74〕

從嘉泰四年（1204）罷參知政事而歸居桃源之後，到嘉定三年（1210）已有六
年。依袁桷文意「領祝釐十餘年」，十餘年即超過十年，那麼張孝伯至少在嘉
定八年（1215）之後才逝世，享壽約七十八歲。而其忌日則根據張即之書《觀
無量壽經》末後署款可知為六月一日。〔註75〕其墓葬地，根據臧麟炳所纂的
《康熙桃源鄉志》（南京圖書館藏清抄本）所載：

張少師邵并弟觀察使祁墓　　葬於陸家礐山之石山

張參政衛國公孝伯墓　　在翠岩山之麓

張大夫賜紫魚袋即之墓　　在翠岩唐礐山或云即陸礐山（墳墓志，卷
五）〔註76〕

而《民國鄞縣通志・輿地志・巳編》亦有記載：

敷文閣待制知池州張邵墓　　四明西山母永寧郡深人墓側

〔註72〕南京市博物館：〈江浦黃悅嶺南宋張同之夫婦墓〉，《文物》1973年第4期（總
203號）（北京：文物出版社，1950年），頁60。

〔註73〕〈江浦黃悅嶺南宋張同之夫婦墓〉，《文物》1973年第4期（總203號），頁60。

〔註74〕〔清〕徐松纂輯：《宋會要輯稿》卷一萬七千二百九十二《禮四九》，內頁「禮
四九之八四」，總書頁1511。

〔註75〕張即之書《佛說觀無量壽佛經》末後署款：「張即之伏為顯考少保大資政相公
忌日，謹書此經，以遺笑翁妙堪長老，受持讀誦，以伸嚴薦。淳祐元年歲次辛
丑六月一日。」

〔註76〕〔清〕臧炳麟：康熙《桃源鄉志》（南京圖書館藏清抄本），《中國地方志集成・
鄉鎮志專輯24》，頁241。

淮南通判張祁墓　　縣西四十五里雷峰

參知政事張孝伯墓　　縣西五十里翠巖山

直秘閣張即之墓　　縣西南五十里塘魯山〔註77〕

雖然張邵的墓葬地點有些出入，但可確定的是張氏一族自張邵以至張即之皆葬在鄞縣桃源鄉，並且有祠堂奉祀張孝伯以後諸人。

綜合上述可概括性地繪製出張氏一族的世系分支圖〔註78〕：

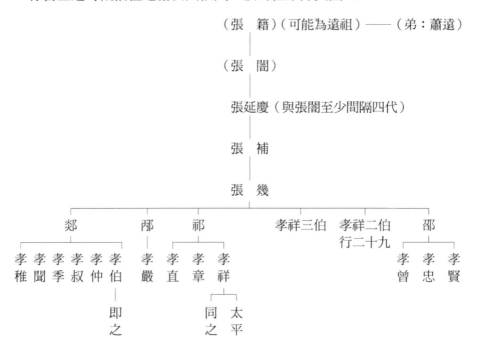

第二節　仕宦經歷

《宋史》本傳對張即之的仕宦經歷完全無紀年，談論張即之書法的學者大多引述《宋史》本傳，對於無紀年的仕宦經歷，目前尚未有學者進行考證。然而大陸學者陳根民與方愛龍在介紹張即之書法時，則明確的寫出四、五則有紀年的仕宦經歷，然而卻皆未加註解提出論據，因此教人懷疑其說之真實

〔註77〕 張傳保修；陳訓正、馬瀛纂：《民國鄞縣通志》《輿地志‧巳編》，《中國地方志集成7‧浙江府縣志輯‧16～18》，頁 880～882。

〔註78〕 張氏一族世系表依據韓苗山《張孝祥年譜》與辛更儒《張孝祥于湖先生年譜》二書製圖。本節對張氏一族的考證得力於二書最多，在其對張孝祥考證的基礎之下，進一步蒐集張孝伯與張即之資料，以為補充。

性。本文有鑑於此著手進行考察，以期能正確說明張即之的仕宦經歷。

一、仕宦經歷之疑點

　　張即之傳記除見於《宋史》本傳以外，在 2000 年出版的《中國書法全集 40》中，大陸學者陳根民〈張即之書藝摭談〉一文中，根據康熙刻本《桃源鄉志》和民國刊本《鄞縣通志》，輯得兩篇張即之小傳以補正史之不足。然而陳氏對這兩筆資料都未註明出處〔註79〕，尤其是康熙刻本《桃源鄉志》，根據筆者的考察，目前僅有南京圖書館藏清抄本，與寧波市天一閣博物館藏民國 23 年油印本和 1959 年傳抄本〔註80〕，並無陳氏所謂之「刻本」。

　　後來在筆者友人的協助之下，於大陸上海圖書館查尋到一本在 2006 年 4 月，由方志出版社出版的《桃源鄉志》，清人臧麟炳、杜璋吉所編纂，龔烈沸點注（以下簡稱上海圖書館藏《桃源鄉志》）。根據該書點注作者、天一閣博物館地方志部主任龔烈沸的介紹，由臧麟炳、杜璋吉等所編纂的《桃源鄉志》，其最後年限是 1692 年，與南京圖書館藏清抄本的年限不同。南京圖書館藏清抄本是在康熙二十七年（1688）由臧麟炳一人所編纂，於 1992 年由上海書店影印出版，收錄在《中國地方志集成・鄉鎮志專輯24》中。〔註81〕不過，據筆者翻閱的結果，其卷數從卷一到卷三並未標明，而卷四的開頭卻是「列傳志五　隱逸」，明顯的有所缺漏。而且這部南京圖書館藏清抄本《康熙桃源鄉志》，經筆者一頁頁翻找並無張即之小傳，但是上海圖書館藏《桃源鄉志》，在卷三「列傳志四　歷仕」則有張即之小傳：

　　　　張即之，字溫夫，別號樗寮道人，參政孝伯子也。慶元六年（1200），
　　　　以父祁恩授承務郎。嘉泰四年（1204）銓中兩浙轉運司進士，歷任
　　　　各路監務廳庫官，添差通判揚州，改鎮江，又改嘉興，後以司農寺

〔註79〕陳根民：〈張即之書藝摭談〉《中國書法全集40》，頁 45；陳根民：《書藝珍品賞析 25・兩宋系列・張即之》，頁 2。

〔註80〕根據「寧波現存舊志之綜合志目錄」所記載：21.《桃源鄉志》八卷，〔清〕臧麟炳、杜璋吉纂，清康熙二十七年修民國二十三年油印本。這項記載參見網頁：http://www.cnbsz.gov.cn/big5/News_view.aspx?ContentId=341&CategoryId=39
相關於《桃源鄉志》的資訊亦可參見以下網頁：
http://news.artxun.com/chaoben-685-3420611.shtml、
http://yzsz.nbyz.gov.cn/art/2010/7/13/art_9128_235639.html
上述網頁的瀏覽日期為 2011 年 6 月 29 日。

〔註81〕〔清〕藏炳麟：康熙《桃源鄉志》（南京圖書館藏清抄本），《中國地方志集成・鄉鎮志專輯 24》。

丞知嘉興，未赴，丐祠，主管雲臺觀，引年告老，特授大（應是「太」
字之誤）中大夫、直秘閣學士，致仕。素善翰墨，晚年益悟，神動
天隨，當世寶之。歷官中外，政績茂著，自嘉興不赴之後，觸目時
艱，切齒貪吏，無心仕祿。乞歸里第三十年，自適園池之樂，待人
接物，惟謹惟和。恤貧極急，見義必為。獎善懲惡，咸受兼濟。借
觀書籍，遇有殘敝，必修整以還之。居家事事皆有法度，典型文獻，
內外嚴肅，士大夫語家法，皆以即之為標準。封歷陽縣開國子，食
邑五百戶，賜紫魚袋。寶祐四年（1256）余晦誣殺王惟忠，即之雖
閑居，移書淮東制使，恤其遺孤，又使從孫士倩娶惟忠孤女。景定
元年（1260）惟忠得以改葬，及復金壇田，皆即之倡議也。壽八十
一，贈正奉大夫。〔註82〕

這篇小傳與陳氏所輯的內容，只差別在「祁恩」與陳氏所輯的「郊祀恩」，在
文字上略有不同，因此筆者揣想陳氏所引用的有可能出自於這一本。然而陳氏
成文的時間卻比 2006 年方志出版社出版的《桃源鄉志》來得早，或許陳氏真
見到所謂的刻本而與此本不同也說不一定；不然，即是陳氏任意改動原文。由
於陳氏未註明出處來源於是無法得知。

　　至於陳氏所引用的民國刊本《鄞縣通志》，因為內容一致，應與筆者所查
找之版本相同：

宋　　張即之　字溫夫

熟於掌故，舉乾道、淳熙事，月日先後無異，史官李心傳嘗質之，以
為畏友。慶元六年（1200）以父恩授承務郎，歷徙至知嘉興，未赴，
以言者罷，丐祠，主管雲臺觀，引年告老，特授直秘閣學士，致仕。
里居三十年，自號樗寮道人，以園地自適。有潔疾，語言清整，喜校
書，經史皆手定善本，或借觀書籍，遇有殘敝，必修整以還之。家事
有法度，內外嚴整，士大夫以為標準。時余晦入蜀，以讒劾王惟忠，
棄市。即之雖閑居，移書淮東帥，恤其遺孤，又使從孫士倩娶惟忠女，
時論多之。即之幼學伯父孝祥書，喜作擘窠大字，其字愈大愈佳。晚
年益超悟，神動天隨，金人尤寶其翰墨，片縑隻字皆購藏之。〔註83〕

〔註82〕〔清〕臧麟炳、杜璋吉著，龔沸烈點注：《桃源鄉志》卷三「列傳四　歷仕」
　　　　（上海圖書館藏書）（北京：方志出版社，2006 年 4 月第一版），頁 104～105。
〔註83〕張傳保修；陳訓正、馬瀛纂：《民國鄞縣通志》《文獻志・人物類表第三　文

從這兩段小傳與《宋史》本傳相較，在仕宦經歷上有兩則明確的記年：一是「慶元六年（1200）以父恩授承務郎」，二是「嘉泰四年（1204）銓中兩浙轉運司進士」；陳氏兩則有紀年的仕宦經歷即是根據於此。

　　然而，在 2000 年出版的《中國書法全集 40》末後，方愛龍所製作的張即之年譜，卻有五則有紀年的仕宦經歷：

　　　　慶元六年　　庚申　　張即之十五歲。是年，以父郊祀恩授承務郎。
　　　　嘉泰四年　　甲子　　張即之十九歲。是年，銓中兩浙轉運司進士。
　　　　開禧二年　　丙寅　　張即之二十一歲。是年應禮部試，登科。
　　　　寶慶三年　　丁亥　　張即之四十二歲。是年，特差簽書江陰軍判官廳
　　　　公事。
　　　　端平三年　　丙申　　張即之五十一歲。是年，以中散大夫直秘閣致仕，
　　　　乞歸里第寧波鄞縣桃源鄉。自此，三十年自適園池之樂。〔註84〕

在這年譜末後方愛龍的附記中說道：「本年表中趙構、張即之二人事蹟得陳根民補益四十餘處，特此說明，並表感謝」。〔註85〕這不免讓人心生疑惑，既然陳根民只輯得兩則有紀年的仕宦經歷，那麼其他三則若也是由陳根民補益，為何不見陳氏於〈張即之書藝摭談〉一文中提出？

　　同樣的，2005 年出版的《書藝珍品賞析 25・兩宋系列・張即之》一書，陳根民在年譜亦有明確紀年五則的仕宦經歷，皆未見提出論據：

　　　　慶元六年　　1200　　以父恩授承務郎
　　　　嘉泰四年　　1204　　銓中兩浙轉運司進士
　　　　開禧二年　　1206　　應禮部試，登科
　　　　寶慶三年　　1227　　特差簽書江陰軍判官廳公事
　　　　端平三年　　1236　　以中散大夫直秘閣致仕，乞歸里第寧波鄞縣桃源
　　　　鄉。〔註86〕

另外，2009 年出版，由方愛龍所著的《南宋書法史》，在第三章第一節中，對張即之仕宦經歷的敘述中，亦有五則有記年的仕宦經歷：

　　　　慶元六年（1200）以父郊祀恩入仕，授承務郎。
　　　　嘉泰四年（1204），銓中兩浙轉運司進士。

　　　　學》，《中國地方志集成 7・浙江府縣志輯・16～18》，頁 287。
〔註84〕方愛龍：〈張即之年譜〉，《中國書法全集 40》，頁 299～301。
〔註85〕〈張即之年譜〉，《中國書法全集 40》，頁 298。
〔註86〕陳根民：《書藝珍品賞析 25・兩宋系列・張即之》，頁 32。

開禧元年（1205），中毛自知榜進士。

寶慶三年（1227），特差簽書江陰軍判官廳公事。

端平三年（1236），五十一歲即丐祠，主管雲台觀，特授太中大夫、

直秘閣學士致仕。〔註87〕

在這五則仕宦經歷中與陳氏的不同，只差別在方氏認為是在「開禧元年（1205），中毛自知榜進士」，而陳氏認為是在「開禧二年 1206 應禮部試，登科」。方氏與陳氏相同，在這些重要而關鍵的資料上並未註明出處來源，讓人不禁懷疑資料是否正確可信。

比較陳氏與方氏所提出的有紀年仕宦經歷，就中進士而言竟有三個時間點：

嘉泰四年（1204）銓中兩浙轉運司進士

開禧元年（1205）中毛自知榜進士

開禧二年（1206）應禮部試，登科

這實在不合常理，而且除了「嘉泰四年（1204）銓中兩浙轉運司進士」可從上海圖書館藏《桃源鄉志》中得到印證之外，其他兩則卻只是陳氏與方氏各別的說法，但皆未提出論據，令人懷疑其真實性。

此外，《宋史》本傳對於中進士是寫道：「銓中兩浙轉運司進士舉」，與上海圖書館藏《桃源鄉志》所寫的「銓中兩浙轉運司進士」，差別在一「舉」字，為何有此差別，是《宋史》本傳誤植，或是上海圖書館藏《桃源鄉志》遺漏了？又為何不說「中兩浙轉運司進士」，要多加一「銓」字？「銓中」與「中進士」有何不同？

有基於此，筆者認為應對張即之傳記進行考證，以釐清心中之疑惑。

二、承父恩授官為可信

筆者以《宋史》本傳為考證對象，並以《桃源鄉志》與《民國鄞縣通志》張即之小傳為佐證，依宋代官制制度以考訂張即之仕宦經歷。這三篇傳記對於張即之「以父恩授承務郎」之記載出入不大，差別在於《桃源鄉志》的「祁恩」一句。筆者認為「祁」字應是「郊」字之誤，可能在傳抄時造成的。「郊恩」即是「郊祀恩」之省稱，又稱「大禮恩」。從上一節對張孝伯仕宦經歷之考證得知，張孝伯曾於慶元元年（1195）十月除授監察御史，又於嘉泰四

年（1204）任參知政事；而根據《宋會要輯稿》所記載，張孝伯先後在慶元二年（1196）、嘉泰三年（1203）、嘉定三年（1210）之郊祀大禮中擔任要職〔註88〕。因此，所謂的「以父恩」應當是指「郊祀恩」，「祁恩」恐是筆誤。

依《宋史·職官（十）雜制　蔭補》中的蔭補規定而言：

> 文臣蔭補
>
> 御史中丞至侍御史：子，承務郎；孫及期親，登仕郎；
>
> 臣僚大禮蔭補
>
> 宰相、執政官：本宗、異姓、門客、醫人各一人。〔註89〕

因此，張即之具備了以父郊祀恩得以蔭補當官的資格。至於何年補官，《桃源鄉志》與民國《鄞縣通志》的共同記年是「慶元六年」，這一年張即之十五歲，依《宋史·選舉志五》的規定：

> 凡蔭長子孫皆不限年，諸子孫皆年過十五；若弟姪須過二十，必五
>
> 服親乃許。〔註90〕

由此可知，《桃源鄉志》與《民國鄞縣通志》所記載的「慶元六年（1200）以父恩授承務郎」這一則是可信的，可視為對《宋史》本傳的補證。

三、方志毛自知榜皆無張即之名

張即之以父恩授承務郎之後，《宋史》本傳即接著說：「銓中兩浙轉運司進士舉」，《桃源鄉志》明確記年為「嘉泰四年（1204）」，《民國鄞縣通志》則略過不載。據筆者的考查，宋代科舉考試每三年舉辦一次，寧宗嘉泰二年壬戌（1202）舉辦，有傅行簡榜；開禧元年（1205）舉辦，有毛自知榜；嘉定元年（1208）舉辦，有鄭自誠榜。因此嘉泰四年（1204）與開禧二年（1206），不可能舉辦科舉考試，上海圖書館藏《桃源鄉志》與陳根民之記載，明顯有誤。那麼，是否為方愛龍所說：「開禧元年（1205），中毛自知榜進士」？

〔註88〕〔清〕徐松纂輯：《宋會要輯稿》卷一萬九千三百十九《禮五三》，內頁「禮五三之一二」，總書頁 1554：「慶元二年九月二十一日詔冊命皇后……承旨宣制起居郎兼刑部侍郎張孝伯；卷一萬三千三百二十六《禮一四》，內頁「禮一四之一〇五」，總書頁 0625～0626：「嘉泰三年八月二十五日以郊祀大禮命……同知樞密院事張孝伯為橋道頓遞使」；卷一萬七千二百九十二《禮四九》，內頁「禮四九之八四」，總書頁 1510～1511：「嘉定三年九月二十四日詔……禮儀使前導皇帝行禮同樞密院事張孝伯」。

〔註89〕〔元〕脫脫：《宋史》，卷一百七十《職官（十）雜制　蔭補》，頁 4096。

〔註90〕《宋史》，卷一百七十《選舉（五）銓法下》，頁 3728。

　　為明瞭張即之是否中開禧元年毛自知榜進士，筆者查考不少方志，而於今年十一月底完稿之前，在筆者查考的地方通志、府志、鄉鎮縣志當中，計有《浙江通志》等三十二本。〔註91〕在這些通志、府志、鄉鎮縣志的《選舉志》中，凡是有開禧元年毛自知榜榜單者，皆無張即之之名字。在這當中唯一有記載張即之中進士的是《光緒江浦埤乘》，但卻無記載是在何年何榜，因此不能成為證據。〔註92〕在如此多方志中的開禧元年毛自知榜，皆無張即之名字，如此一來，張即之未中毛自知榜進士的可能性大為提高。

四、「銓中兩浙轉運司進士舉」究何所指？

　　既然如此多方志中的毛自知榜中皆無張即之之名，則張即之非進士出身的可能性極大，如此一來《宋史》本傳中「銓中兩浙轉運司進士舉」究何所指？由於通志、府志、縣志十分繁多，礙於時間有限，無法一一的翻找。因此，筆者接著從不同出身所擔任的職事官名進行查考，以檢驗張即之所擔任官職，則可證明是否進士出身。

　　所謂的「出身」，是指已入仕者而言。宋代文武官入仕的途徑很多，但除了貢舉及第入仕稱為「有出身」之外，其他諸如奏補（門蔭補官）、攝官（非正員的權官）、納粟（獻糧賑飢或輸邊而得官）、吏胥出職（吏胥年滿不經銓試即予差遣）、軍功補授及非泛補官（如宗室、戚里女夫捧香、異姓上書獻頌、隨奉使補官等）入仕者，統稱為「雜流出身」。在「雜流出身」中，奏補入仕者又歸為「無出身」，〔註93〕張即之以恩蔭補官，為蔭補子弟，即屬於「無出身」。

　　貢舉及第入仕一般又稱為「科舉入仕」，因為貢舉是宋代科舉的項目之

〔註91〕　筆者所查考過的地方志、府志、鄉鎮縣志計有：《江南通志》、《江西通志》、《浙江通志》、《福建通志》、《湖廣通志》、《河南通志》、《山西通志》、《山東通志》、《陝西通志》、《四川通志》、《甘肅通志》、《廣東通志》、《廣西通志》、《雍正寧波府志》、《乾隆紹興府志》、《乾隆鎮江府志》、嘉慶重修《揚州府志》、《嘉慶新修江寧府治》、《同治蘇州府志》、《光緒嘉興府志》、《光緒處州府志》、《寶慶四明志》、《咸淳臨安志》、《康熙蕭山縣志》、《康熙鄞縣志》、《乾隆鄞縣志》、《光緒江陰縣志》、《光緒石門縣志》、《光緒烏程縣志》、《民國杭州府志》、《民國蕭山縣志稿》、《光緒江浦埤乘》等等。筆者例舉方志中有毛自知榜者掃瞄，以利勘驗，請參看附錄二（頁231）。

〔註92〕　筆者所查考過的地方志中，凡是有開禧元年毛自知榜榜單者，皆掃瞄依次建檔，可參見附錄二（頁231）。這些榜單中皆無張即之的名字，唯一有張即之名字的是《光緒江浦埤乘》（頁251），但卻「缺年」。

〔註93〕　龔延明：《宋代官制辭典》，「雜流出身」與「出身」釋條，頁640。

一，又是主要取士途徑，因此一般談科舉考試之程序即指貢舉。其他諸如宋代科舉考試之其他項目：武舉、制舉、詞科、童子科及宗室應舉，則各有其不同規定，但經由這些途徑錄取的人數皆不如貢舉。「科舉入仕」與「奏補入仕」，除在仕進稱謂上有「有出身」與「無出身」之差別外，在授官差遣之程序與派授之職事也有所不同。

　　就科舉入仕而言，必須參加由禮部主持的發解試、省試、殿試，然後由皇帝親定高下，而後在崇政殿臨軒唱名放榜、賜第、謝恩。進士分五甲賜第，一甲、二甲賜進士及第；三甲、四甲賜進士出身；五甲賜同進士出身。不過，這些登科人在注官之前還必須參加「關試」：

> 登科之人，例納朱膠綾紙之直，赴吏部南曹試判三道，謂之關試。
> 〔註94〕

登科之人依照慣例需繳朱膠、綾紙錢（官告成本費），然後赴吏部南曹試判獄訟三道，謂之關試。

　　關試之後，登科人不論年紀，由禮部轉交吏部銓選注官、差遣。所注授的官從「承直郎」至「迪功郎」分為七階，南宋隆興元年（1163）的授官可視為一般情形：

> 隆興元年，御試第一人承事郎、簽書諸州節度判官，第二第三人文林郎、兩使職官，第四第五人從事郎、初等職官，第六人至第四甲並迪功郎、諸州司戶簿尉，第五甲守選。〔註95〕

在這一段授官的文字當中，「承事郎」（應為承直郎之誤）、「文林郎」、「從事郎」與「迪功郎」是「寄祿官名」；而「簽書諸州節度判官」、「兩使職官」、「初等職官」與「諸州司戶簿尉」等，是攤派的「職事官名」。

　　在宋代，有「官」、「職」與「職事」的不同區分。《宋史・職官一》中說：

> 其官人授受之別，則有官、有職、有差遣。官以寓祿秩、敘位著，職以待文學之選，而別為差遣以治內外之事。其次又有階、有勳、有爵。故仕人以登臺閣、升禁從為顯宦，而不以官之遲速為榮滯；以差遣要劇為貴途，而不以階、勳、爵邑為輕重。〔註96〕

「官」只是寄祿官，「職」只是職名，需注授差遣才有「職事」。就「官名」而

〔註94〕〔元〕脫脫：《宋史》，卷一百五十五《選舉一　科目上》，頁 3608。
〔註95〕《宋史》，卷一百五十六《選舉二　科目下》，頁 3631～3632。
〔註96〕《宋史》，卷一百六十一《職官一》，頁 3768。

言，宋代文臣階官，自北宋神宗元豐三年（1080）九月制定《元豐寄祿格》之後，對文臣階官官名不再稱「文散官」而總稱「寄祿官」。「寄祿」之意即是以之決定文臣朝、京官的官品與俸祿。

　　在宋初，寄祿官階從開府儀同三司至承務郎為二十五階；徽宗大觀二年（1108）六月在《元豐寄祿格》的基礎上，新增五階而為三十階，此後便一直延用到南宋，未有改動。自從神宗元豐改官制之後，確定了「寄祿官」與「職事」（包括差遣）明確分離的情況。宋代文臣階官由高而下分四種：朝官、京官、選人與假版官（係奏補未出身官人）。南宋紹興以後階官，可參看附錄一「南宋紹興以後階官表」〔註97〕（頁 229）所示。

　　就「職名」而言，如《宋史・職官二》中所說：

　　　宋朝庶官之外，別加職名，所以屬行義、文學之士。高以備顧問；
　　　其次與論議，典校讎。得之為榮，選擇尤精。〔註98〕

即是對三館秘閣官、諸殿大學士、學士、樞密直學士、諸閣學士、直學士、待制、直閣等的統稱，皆無職事，在內外差遣時作為頭銜，以標誌文學高遠。

　　就「職事」差遣而言，以上述隆興元年授官情形為例，登科第一甲取五名，御試第一人即狀元，又稱廷魁。官授承直郎，職事派遣為「簽書諸州節度判官」，相當北宋前期幕職州縣官：三京府判官、留守判官、節度、觀察判官，為幕職官，從八品，協辦郡（州、府、軍、監）政，總理諸案文移，斟酌可受理、可施行或可轉發、可奏上與否，以告稟本郡（州、府、軍、監）長官最後裁定。

　　御試第二、三人即榜眼、探花，官授文林郎。職事派遣為「兩使職官」，幕職官名，從八品，相當於北宋前期幕職州縣官：軍事判官、京府、留守、節度、觀察推官等，為州郡屬官，協理本州郡事。

　　御試第四、五人，官授從事郎，職事派遣為「初等職官」，幕職官名，從八品，相當北宋前期幕職州縣官：防禦、團練、軍事推官、軍、監判官，為州屬官，協理州事。

　　御試第六人至第四甲，官授迪功郎，職事派遣為「諸州司戶簿尉」，幕職官名，從九品，相當北宋前期幕職州縣官：三京軍巡判官、司理、戶曹、司

〔註97〕附錄一（頁 229）中的「官別」、「官秩」、「官名」依《宋史》卷一百六十九《職官九》所製，頁 4065～4066。「品級」依卷一百六十八《職官八》所製，頁 4014～4017。「章服」依卷一百五十三《輿服五》所製，頁 3563。

〔註98〕〔元〕脫脫：《宋史》，卷一百六十二《職官二》，頁 3818。

戶、法曹、司法參軍、主簿、縣尉；為州郡僚佐之屬，分掌戶籍、賦稅、倉庫出納、議法斷刑等事。〔註99〕總之，登科第一甲至第四甲人所注授的官皆為幕職官。

　　第五甲守選，是指第五甲賜同進士出身之人，在未獲得參選注官資格之前，依選限候選，近於候補官。這些候選人與蔭補子弟要取得注官的資格，必須參加「銓試」。《建炎以來朝野雜記》卷十三《初出官人銓試》說：

　　　　銓試者，舊有之，凡任子若同進士出身之人，皆赴。〔註100〕

又《宋史‧選舉志》亦有相關的規定：

　　　　凡選人年二十五以上，遇郊，限半年赴銓試。（選舉四）

　　　　凡非登科及特旨者，年二十五方注官；凡三班院，二十以上聽差使。

　　　　初任皆監當，次任為監押、巡檢、知縣。（同上）

　　　　任子年及二十，聽赴銓試。（同上）

　　　　舊制，任子降等補文學及恩科人皆免，至是悉試焉。凡未經銓中及

　　　　呈試者，勿堂除；雖墨敕，亦許執奏。（同上）

　　　　凡選人遇郊赴銓試，其不赴試亦無舉者，永不預選。（選舉五）〔註101〕

由此可知，同進士出身的第五甲登科與任子皆為守選人〔註102〕。「任子」即是蔭補子弟，在年滿二十歲時就可參加銓試，而且銓試不合格者不能注官，即使銓試合格亦必須等到年滿二十五歲才能注授差遣，而注授差遣的官職與三班院（銓選差遣低級武臣的單位）一樣，初任皆從監當官當起，經過磨勘考課之後，次任才為監押、巡檢、知縣。另外，就銓試考試的內容而言，進士出身者試律義；無出身人銓試須試四場：程文（試詩、賦、經義、時議）二場，試刑法（以律義為主）一場，斷案（引法斷罪）一場。合格者得以參預銓選以注官差遣。〔註103〕。

〔註99〕　對隆興元年授官與職事派遣的說解，參考〔元〕脫脫：《宋史》卷一百五十八
　　　　　《選舉四》，頁3694；以及龔延明《宋代官制辭典》中對職官名的條釋。

〔註100〕　〔宋〕李心傳：《建炎以來朝野雜記　甲集》卷十三《初出官人銓試》，《百部
　　　　　叢書集成‧二十七‧聚珍版叢書》（出版地不詳：藝文印書館，1969年），頁
　　　　　12～13。

〔註101〕　〔元〕脫脫：《宋史》，卷一百五十八《選舉四》，頁3703～3704、3695、3705、
　　　　　3715；卷一百五十九《選舉五》，頁3728。

〔註102〕　在宋代的守選人除了登科第五甲人、蔭補子弟之外，尚有特奏名第一、第二
　　　　　等人，都得赴銓試。見龔延明《宋代官制辭典》頁644「銓試」的說解。

〔註103〕　《宋代官制辭典》，頁644。

　　銓試中格者，分為三等：

　　　法官同銓曹撰式考試，第為三等，上等免選注官，優等升資如判超
　　　格，無出身賜之出身。……紹聖初，改定《銓試格》，……每試者百
　　　人，惟取一人入優等，中書奏裁，二人為上等，五人為中等。〔註104〕

銓試中格者分為「優等」、「上等」與「中等」。優等者只有一人，而且無出身
者賜出身，則成為「有出身人」，等同科舉入仕的登科人。

　　從上述科舉考試與銓試之相關規定，以檢驗《宋史》本傳所謂：「銓中兩
浙轉運司進士舉」，與《桃源鄉志》所記載的：「嘉泰四年，銓中兩浙轉運司
進士」這兩則記載。

　　首先，從「任子年及二十，聽赴銓試」的規定來看《桃源鄉志》所記載的
「嘉泰四年（1204）」，正是張即之二十歲時，是符合「任子年及二十，聽赴銓
試」的規定。

　　其次是「銓中」二字是指銓試中格之意，也跟銓試有關。假設張即之在嘉
泰四年參加銓試，不但中格而且是唯一的一位優等者，則依「無出身賜之出身」
的規定則等同進士出身，那麼，這是否就是《宋史》本傳所謂的「銓中」、「進
士舉」的意思？然而「進士舉」一詞究竟代表「進士」還是「舉人」？宋代官
制中並無「進士舉」登科名。而且，既然登科或銓試優等賜同出身，倒可直接
說是「銓中兩浙轉運司進士」，不必再加一「舉」字，由此可以推論出一個可
能性，即撰史者本身亦無直接證據可證明張即之中進士，所以才以模擬兩可的
以「進士舉」籠統帶過。

　　再者，假設張即之是參加科舉考試而登科，那麼必定是第五甲的登科人才
有必要參加「銓試」，因為第一甲至第四甲的登科人，要取得注官差遣的資格
必須參加的是「關試」。若張即之是第一甲至第四甲的登科人，為何《宋史》
本傳卻說「銓中」？若非撰史者將「銓」字誤植，便是張即之非第一甲至第四
甲的登科人。

　　此外，「兩浙轉運司」是否是科舉考試或銓試的舉辦地點？「兩浙轉運司」
是路級的管理機構，為一「監司」單位。宋代實行路、州府軍監、縣等三級的
地方行政管理制度。就路一級管理區而言，北宋全盛時期（宣和四年），全國分
二十六路，到了南宋，在紹興和議之後以秦嶺、淮水為界與金對峙僅剩半壁江
山，因此境內分十六路（利州路曾分為利州東路、利州西路）。如圖1所示：

〔註104〕〔元〕脫脫：《宋史》，卷一百五十八《選舉四》，頁3705、3709。

圖1　南宋疆域及行政區域

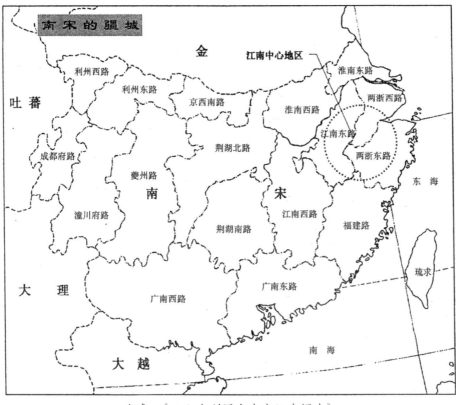

出處：《五山十剎圖與南宋江南禪寺》

在北宋時的兩浙路，於南宋分作兩浙西路（治臨安府）和兩浙東路（治紹興府），但因為兩浙路的財賦合一，所以共置一轉運司，此即為「兩浙轉運司」，不同於其他一路設置一轉運司的情形。

北宋咸平三年（1003）之後，沿邊路設安撫使或經略安撫使；宣和間，江浙諸路守臣帶安撫使；至南宋，大郡（路治）知州於安撫使成為定制，以直秘閣以上充當，掌一路兵民之事，俗稱「帥司」。每一路的「轉運司」，設路轉運使，經度一路財賦以足上供及郡縣之費，並專舉刺官吏，代朝廷監督州縣官吏，因此周知民間利病，俗稱「漕司」。

真宗景德四年（1008）七月，諸路又增設「提點刑獄公事司」，定差一員，掌察一路刑獄訴訟而平其曲直，兼及舉刺官吏之事，俗稱「憲司」。紹興初，兩浙路以疆域廣闊，差提刑二員。

神宗熙寧二年（1069）九月，又設置「提舉常平公事司」，置常平主管一員，掌常平、義倉、免役、市易、坊場、河渡、水利之法，及給吏祿亦專

舉刺官吏之事，俗稱「倉司」。從此「帥司」、「轉運司（漕司）」、「提刑司（憲司）」、「提舉常平司（倉司）」，構成了并列的路的一級管理機構，統稱「監司」。

除了「監司」外，還有「雜監司」，為一路的經濟、文化管理機構，如「提舉茶馬司」、「提點坑治司」、「提舉市舶司」、「提舉學事司」等。〔註105〕

因此，就轉運司的編制而言，每年都有固定的差遣官缺額，經由吏部七司〔註106〕銓選出可派遣的文武官吏擔任，由此可知，兩浙轉運司並非是舉辦銓試的單位，而是提供差額的單位。

就科舉考試而言有三級考試：發解試、省試、殿試。發解試在秋季八月舉行，其種類有三：州郡試、國子監試與轉運司試。發解試中格者，進士科第一人稱「解元」，合格者稱「發解進士」、「發解舉人」。這些合格者由所在的州、府或國子監給予解牒，於冬季十二月解送至京師臨安府準備明年春季的禮部試即省試。

建炎元年（1127）十二月，朝廷鑒於戰亂道阻，諸州發解進士、舉人難以赴集京師，因此命各路提刑司選官於轉運司所在州分別擇日考試，稱為「類省試」，以十四人取一人，以候赴殿試。

紹興三年（1133）因類省試弊端叢生而下詔罷諸路類省試，惟獨四川保留。類省試第一名視殿試第三人，賜進士及第，第二、第三名附第一甲，第九名以上附第二甲。

省試在禮部貢院舉行，由引試之日起連考三天。省試第一名稱「省元」，合格的人稱「奏名進士」，有資格參加殿試。

殿試由皇帝親試，以一日為限。但之前的考校時間約有十日，由御試官考校之後，取前十名進士文卷讓宰臣復考，然後擇日由宰臣進三名卷子讀於案

〔註105〕以上關於「兩浙轉運司」為一「監司」單位的說解，主要參考《宋史》卷一百六十七《職官七》，頁3960～3972；《輿地紀勝》卷二《臨安府》中所記載「兩浙轉運司」的沿革，頁73～74；《咸淳臨安志》（臺北：大化書局，1980年）卷五十「兩浙轉運」，頁1～2；卷五十三「兩浙轉運司」，頁5～6。以及龔延明《宋代官制辭典》中對地方官類官名的條釋，見頁478～500。

〔註106〕北宋前期銓曹四選并歸吏部為四司，即審官東院改為吏部尚書左選、審官西院改為吏部尚書右選、吏部流內銓改為吏部侍郎左選、三班院改為吏部侍郎右選，又有司封司、司勳司、考功司，總為七司，分掌除堂除外之文武官吏銓選、敘遷、蔭補、考課、封爵、策勳等事。見《宋代官制辭典》頁19「吏部七司」的說解。

前，拆視姓名，由皇帝親定高下，然後唱名、賜第、謝恩。〔註107〕

因此，從上述發解試、省試、殿試的過程可以知道，轉運司是舉辦發解試的其中之一個單位，在科舉考試中是屬於初級的考試。

就《宋史》本傳「銓中兩浙轉運司進士舉」而言，如果不考慮「銓」字，而只看「中兩浙轉運司進士舉」的話，那麼這意味著張即之是發解試的中格者，是「發解進士」、「發解舉人」，而未參加省試，更不用說是殿試了，自然不是登科人，亦即非有出身之人。不過，這也衍生了一個令人費解的問題：既然是發解試進士，等同舉人身份，為什麼不再參加省試取得進士身份呢？可以中途放棄嗎？

由於目前無直接的證據來說明「銓中兩浙轉運司進士舉」這一句話的真實含意，因此筆者大費周章的推敲，只能作以下兩點可能的解釋：

一是，兩浙轉運司為一須經銓選（須先銓試中格才有銓選資格）才得以派官的單位，蔭補子弟張即之，於嘉泰四年（1204）年滿二十歲，參加銓試而名列優等，故無出身賜出身，等同進士，為有出身之人，如此則「舉」字為撰史者誤植，而上海圖書館藏所載：「嘉泰四年（1204）銓中兩浙轉運司進士」之意即此。然而，筆者尚未找到能證明張即之參加銓試中格的史籍記錄，無法證明。

二是，將「銓」字視為修史者誤植，實是「中兩浙轉運司進士舉」，於是張即之是「發解試進士」、「發解試舉人」，但如此一來則是非登科人、無出身之人。然而亦產生何以不繼續參加省試之問題，抑或許是在省試或進而是殿試時即已落榜也說不一定，因此才在榜單上無名，筆者以為第二個可能性極大。

五、依所任官職證明非登科人

筆者認為，可以從張即之所擔任的官職來證明是非登科之人。從上述對隆興元年登科之人所授官職的說解可知，以科舉入仕的第一甲至第四甲登科之人，其初始擔任的官職皆是「幕職官」。而依「凡非登科及特旨者，……初任皆監當，次任為監押、巡檢、知縣……」這項規定，說明非登科人最初擔任的官職是「監當官」。

〔註107〕對於科舉考試的三級考試的說解，參考〔元〕脫脫：《宋史》卷一百五十五《選舉一》、卷一百五十六《選舉二》，頁3603～3656；《南宋史稿》（何忠禮、徐吉軍著，杭州：杭州大學出版社，1999年）頁525～529；龔延明《宋代官制辭典》中「發解試」、「省試」、「類省試」、「殿試」的條釋，頁630～632。

　　所謂的「監當官」是差遣官的總名。其職事官名最明顯的是以「監」字為首，如「監倉」、「監鹽」、「監茶」、「監稅」、「監門」、「監糧料院」、「監庫務」等等；但也有不以「監」字為首的職事官名，而其本身仍是差遣官名，即屬於監當官，如路轉運使（副使）、轉運司主管文字、提舉常平司主管官、提舉常平茶鹽公事、知某州軍州事、通判某州軍州事、安撫使（副使）、點檢行在贍軍激賞酒庫所主管文字與幹辦公事、知某縣事（縣令）等等，名目十分繁雜。龔延明《宋代官制大辭典》對「監當官」一詞闡釋甚詳：

　　　　監當官　差遣官總名。凡監臨諸場、院、庫、務、局、監等各種稅收（如鹽、茶、酒、竹木、房租、商稅）、庫藏（如糧料院、市舶庫、軍資庫、甲仗庫、糴納庫、支鹽倉、苗米倉）、雜作（如都作院、作院、船場、冶鑄監場）、專賣（如酒務、都鹽場、酒麴務、合同茶場、礬場）事務官，總稱監當官，多由選人、使臣差充，也有京朝官責降為監當官者。從京府至諸州、府、軍、監以及諸縣、鎮，布滿了名目繁多的監當官，構成了宋代一支龐大的財、稅官僚隊伍，將觸角伸向了全國各地，有稅收、專賣課利收入的場、務，每年有承包定額，年終依據超額抑或虧損，定其賞罰。〔註108〕

從龔延明對監當官的解釋，再來檢驗張即之所任的官職，其實《桃源鄉志》所說的：「歷任各路監務廳庫官」一句，已經充分證明張即之非登科之人；《宋史》本傳則是詳列張即之所任的監當官職事官名：「監平江府糧料院」、「監臨安府樓店務」、「監臨安府龍山稅」、「監寧國府城下酒麴務」、「監尚書六部門」，「添差兩浙轉運司主管文字」、「提領戶部犒賞酒庫所幹辦公事」、「行在檢點贍軍激賞酒庫所主管文字」、「淮南東路提舉常平司主管文字」、「添差通判揚州」〔註109〕、「知嘉興」等，皆是監當差遣官名，佔張即之仕宦經歷半數以上，在在說明張即之非登科之人。

　　假設有學者能提出榜單證明張即之為何年何榜進士，則應當能夠進一步解釋，為何張即之所擔任的官職是從「監當官」當起，這並不符合宋代官制。而終其一生最高的官品卻是正八品，不符合一位進士出身應有之官職升遷。筆

〔註108〕龔延明：《宋代官制辭典》，頁558。

〔註109〕〔清〕阿克當阿修；〔清〕姚文田、江藩等纂：嘉慶《重修揚州府志》卷三十六「秩官二」，《中國地方志集成1‧江蘇府縣志輯‧41～42》，頁14、23。「淮南東路提舉常平司主管文字」、「添差通判揚州」二職著錄於嘉慶《重修揚州府志》，但無官宦紀年。

者認為在未有榜單證明中進士，以及對張即之所任官職提出合理解釋之前，依筆者考證認為，張即之並未中進士，為非登科之人，《宋史》本傳所謂「銓中兩浙轉運司進士舉」，有可能是將「銓」字誤植，實際上是「中兩浙轉運司進士舉」，為發解試的進士，不過是舉人而已。

六、所任官職說解

張即之的職事官名，包括上述的監當官名，目前很難查考得到其確切的任職紀年，因此筆者只能對其所任官職作一個說明，藉此對張即之的仕宦經歷有整體性的認識。以下相關職事官名的說解，將依據龔延明《宋代官制辭典》相關條目逐次概說，故不再於說解的職事官底下一一加註腳，以免冗贅。

「簽書荊門軍判官廳公事」；「荊門軍」屬荊湖北路，「簽書判官廳公事」為一幕職官名，從八品，多由京官擔任。

「特差簽書江陰軍判官廳公事」；「特差」即「添差」之意，即正式員闕之外的差遣，為非正式差遣官。「江陰軍」屬兩浙西路，「簽書判官廳公事」則如前所述，為從八品的幕職官。如前所述，此項方氏引陳根民之見註明於寶慶三年（1227）擔任此官職，但筆者查無此項資料之來源，故不予認同。

「烏程丞」〔註110〕，即是烏程縣縣丞，為一職事官名，次於知縣、縣令，在主簿、尉之上，由選人差充，從八品。

「將作監簿」為職事官名，全名為將作監主簿。「將作監」為一官司名，南宋時隸屬工部。宋代前期「將作監」掌祭祀牲牌、鎮衣、香、盥手用具、焚版幣等雜事。神宗熙寧四年（1071）十一月一日，「將作監」始正名，專領在京修造事。元豐行新制後，凡土木工匠板築造作之政令、城壁宮室橋梁街道舟車營造之事，總歸「將作監」掌管。南宋中期後，營造事由臨安府與京畿轉運司分管，職事較少，而成為儲備人才之地。設監、少監各一人，丞、主簿各二人。「將作監主簿」掌本監簿書事，從八品。

「軍器監丞」為職事官名。「軍器監」隸屬工部，北宋時在開封興國坊，南宋時在臨安府保民坊。宋前期為軍器製造、儲積之職。元豐新制後不變，設監、少監各一人，丞二人，主簿二人。「軍器監丞」為從八品，班位在國子、少府、將作監丞之下，都水監丞、太醫局正之上。

〔註110〕　〔清〕余麗元等纂修：光緒《烏程縣志》卷九「職官」，《中國地方志集成 7・浙江府縣志輯・26》，頁 8。「烏程丞」一職著錄於光緒《烏程縣志》，但無官宦紀年。

　　「司農寺丞」在宋前期為無職事的文臣所帶本官階，熙寧三年（1070）八月後，為推行新法的機構，丞與主簿常輪差出按察諸路常平、保甲等事，在內則分管本寺三局事。元豐新制後，參領寺事，定為正八品，列於七寺丞，居於鴻臚寺丞之下，太府寺丞之上。

　　「丐祠，主管雲臺觀」；「丐祠」即奉祠之意。「雲臺觀」為外祠，在華州。「主管雲臺觀」，為祠祿官名，本身無品級，須視本身所帶寄祿官或職事官而定。由張即之最後的一項官職「司農寺丞」正八品而言，「主管雲臺觀」則為正八品。祠祿官閒居家中，但未致仕，雖無職事，但優享廩祿。

　　「引年告老，特授直秘閣，致仕。」《宋史》本傳此句於《桃源鄉志》有較為詳細的記載：「引年告老，特授太中大夫、直秘閣學士，致仕。……歷官中外，政績茂著，自嘉興不赴之後，觸目時艱，切齒貪吏，無心仕祿。……封歷陽縣開國子，食邑五百戶，賜紫魚袋。……壽八十一，贈正奉大夫。」而在張即之《書李伯嘉墓誌銘》中亦有完整的敘述：「太中大夫直秘閣致仕，歷陽縣開國男食邑三百戶，賜紫金魚袋」。不過，在「特授」上，明顯的是《宋史》本傳漏失了「太中大夫」這項；而在「封爵」上，《桃源鄉志》是寫「開國子」，而張即之自己所寫的是「開國男」，比《桃源鄉志》低了一等。公、侯、伯、子、男，在封授時冠以「開國」名，自開國公、開國侯、開國伯、開國子至開國男為五等。凡封爵所定食邑為五等：食邑三百戶，封開國男；五百戶，封開國子；七百戶，封開國伯；千戶，封開國侯；二千戶，封開國公。可見封爵等次不同所定的食邑也不同，筆者認為應當以張即之在《李伯嘉墓誌銘》中所寫者為正確，畢竟由本人所寫，不應有誤。

　　「引年」是「致仕」的別名。官吏退休之制，稱「致仕」。北宋真宗咸平五年（1003）五月一日，始定年七十歲以上求退者，允許引年告老致仕，因此「引年告老」並不是「提前告老」的意思，而是到了法定的退休年齡可以告老求退。此外，因病及歷任有貪贓犯罪者，則聽其隨時求退，不管是否達法定年齡。

　　「致仕」分「陳乞致仕」與「特令致仕」。依法定年齡而自陳乞致仕者，享有轉一官、領半俸及奏子與官的恩澤。如果是年及七十不願退休而被用行政命令強迫退休者，稱「特令致仕」，則不得享受奏子與官的恩澤。依「告老」二字可知張即之是陳乞致仕，並非特令致仕。然不知於幾歲之時致仕。《桃源鄉志》曰：「乞歸里第三十年，自適園池之樂」；《民國鄞縣志》亦道：「里居

三十年，自號樗寮道人，以園地自適」，可見張即之致仕之後享三十年園池生活。再依據《桃源鄉志》所載，張即之「壽八十一」，推算出張即之致仕時間應當是在五十一歲之時，此年為端平三年。至於前文所提及，陳根民與方愛龍也同樣認為張即之於端平三年五十一歲時致仕，但並未註明資料來源，因此讓筆者懷疑此筆紀年恐怕也與筆者一樣，亦是根據《民國鄞縣志》推算而出的。

　　「特授」就是「特進封」之意。張即之陳乞致仕得到皇帝同意，並且特進封為太中大夫（從四品）、直秘閣學士致仕，並封爵為歷陽縣開國男，食邑三百戶，又賜紫金魚袋。所謂「賜紫金魚袋」是指階官未及三品（元豐元年後四品）以上，特許改服色，換紫、佩金魚袋，稱賜紫金魚袋。至於封爵中指明是「歷陽縣」，筆者以為應是受張孝祥的影響，如同前文《乾隆紹興府志》之見，只是原籍而非出生地。

　　《桃源鄉志》最後一筆記道：「壽八十一，贈正奉大夫。」張即之的生卒年，生年為孝宗淳熙十三年（1186），但卒年卻說法不一，各有不同的學者的主張，而大致分為兩種。〔註111〕不過，這兩種說法（亦有引用而未加考證者）大抵發生在 2006 年出版康熙《桃源鄉志》之前，因此，筆者認為，既然已經發現可靠的史料記載，就應當以此為據，也可印證上述兩種說法何者為真。而且元人袁桷在〈以辟穀圖壽張治中并識其後〉一文中提到：「太中公亦以字畫醞藉重一時，年過八十，作字猶嫵媚」〔註112〕；明人宋濂〈題張樗寮手帖〉亦說：「張溫夫年八十時，嘗為周法師竹泉書『龍虎福地』四大字」〔註113〕；文徵明在張即之書《汪氏報本庵記》題跋中也說：「即之八十餘歲，咸淳間猶存」〔註114〕，故筆者以為《桃源鄉志》所載是為可信，認為張即之卒於度宗

〔註111〕　張即之卒年有兩種說法，一是主張在理宗景定四年（1263），壽七十八歲。吳榮光《歷代名人年譜》、徐邦達《古書畫過眼要錄》、曹寶麟《中國書法史‧宋遼金卷》等皆主張此說。其二是主張在度宗咸淳二年（1266），壽八十一歲。傅申《書史與書蹟──傅申書法論文集》、陳根民：《書藝珍品賞析 25‧兩宋系列‧張即之》、方愛龍：《南宋書法史》、黃啟江《一味禪與江湖詩：南宋文學僧與禪文化的蛻變》等等皆持此說。

〔註112〕　〔元〕袁桷：〈以辟穀圖壽張治中并識其後〉，《清容居士集》卷四十七，《四部叢刊初編集部》，頁 668。

〔註113〕　〔明〕宋濂：〈題張樗寮手帖〉，《宋學士文集》卷二十五，《四部叢刊初編》，頁 216。

〔註114〕　〔清〕張照、梁詩正等纂修：〈張即之書樓鑰汪氏報本庵記〉，《石渠寶笈續編》第五十四，《秘殿珠林石渠寶笈‧續編‧石渠寶笈（五）》（臺北：國立故宮博物院，1971 年），頁 2700。

咸淳二年（1266），享壽八十一歲，贈正奉大夫（正三品）。

第三節　方外交游、性情為人與傳說

此節著重於從方外交游、性情為人與相關傳說等三個面向認識張即之，而在方外交游與性情為人部分，因目前在這方面的探討以黃啟江的研究較為深入，故本文的論述即以之為基礎，遇有疑義之處將提出論證以說明之。

一、方外交游

《宋史》本傳對張即之的交游情形可以說是隻字未提，目前對這方面的研究，僅有黃啟江〈南宋書家張即之的方外遊〉一文，將張即之與禪僧間的交游情形，作一詳盡的說明，而黃氏更是遠赴日本訪得禪僧物初大觀《物初賸語》一書，從中得到不少與張即之交往的相關書信，對於張即之與禪僧之間的交游，黃氏的考證可謂是不遺餘力。因此，在張即之與禪僧間的交游情形方面，筆者將概述黃氏的考證，詳細的考證經過則可參看黃氏之文，以免贅述，而對黃氏考證內容有疑義處則在行文之間提出自己的看法。今將張即之與禪僧的交游對象，依黃氏之考證簡明扼要一一說明如下：

（一）笑翁妙堪

張即之與笑翁妙堪禪師（1177～1248）的交情有三十年之久，從嘉定十一年（1218）三十三歲時即與妙堪相識，直到淳祐八年戊申（1248）三月，妙堪七十二歲病逝之際將後事託付即之〔註115〕。即之時年六十三歲，親赴阿育王寺致祭，於其祭文〈祭笑翁和尚〉中說：「憶我與師，兄弟莫擬，閱三十年，一日相似。師住南山，我添周行。扁舟絕江，明發西陵。師亦至止，共載而歸。」〔註116〕可見張即之與妙堪之交，情如兄弟，三十年如一日。

淳祐元年（1241），當笑翁妙堪在四明大慈寺時，張即之時年五十六歲，在其父親張孝伯忌日時書寫《佛說觀無量壽佛經》一冊，請笑翁妙堪受持讀

〔註115〕〔明〕文琇集：《增集續傳燈錄四卷》卷一「天童無用全禪師法嗣」，《明版嘉興大藏經》第三十三冊（臺北：新文豐出版公司，1987年），內頁35～36，總書頁214～215：「示疾，書遺表，作寺丞張公書，請主後事」。

〔註116〕〔明〕郭子章纂；〔清〕釋畹荃續補：〈祭笑翁和尚〉，《阿育王山志》卷八，《中國宗教歷史文獻集成·藏外佛經·第二十二冊》（合肥：黃山書社，2005年），頁17～18。

誦。這是因為翠巖山境內的翠山講寺，是張孝伯於嘉泰四年時請建的功德寺，其額「翠山寺」即是張即之所寫，張孝伯死後葬於此，有張孝伯墓。

次年，張即之時年五十七歲，從明州西陵與妙堪見面，而妙堪當時住持杭州淨慈，即祭文中所謂的南山。妙堪因侍奉老母而拒絕遷徙天童之詔，竟與張即之同舟而歸翠巖山，可見交情十分深厚。

兩人之所以情如手足，在於性格相近。妙堪為人如其徒弟無文道燦所言，直率不屈、疾言厲色、嫉惡如仇。這種寧直不屈的性格，表現在他反對荊湖總臣奏令僧道買紫衣師號，而獲住持的法令。妙堪說：「如是，則千金之子皆可主法，吾道殆矣」〔註117〕，於是奏疏聖上，上書廟堂，致使此議停息。不過，也因為這樣的性格使得笑翁妙堪於叢林中，多有嫉妒而毀謗者，尤其是在二度被推薦至靈隱接癡絕道沖（1169～1250）之席時，遭受到傾軋排擠而改派他人。這種性格當受到張即之敬佩，也或許張即之的個性正與妙堪相同亦在當世為人嫉妒排擠，故爾能夠在濁世之中惺惺相惜，而往來頻繁，交情深厚，如同兄弟。

（二）無文道燦

無文道燦（1213～1271）師承笑翁妙堪，當淳祐八年戊申，笑翁妙堪辭世，他由西湖至四明奔喪，在翠巖山張即之隱居處，留住十日，復歸徑山。道燦與張即之之交，源於笑翁與即之間情如兄弟的關係，這種關係延伸至道燦就變成了親如父子的關係。對於張即之的生平事業最瞭解的禪僧，就屬無文道燦。在無文道燦示寂後兩年，其弟子惟康（生卒年不詳），萃集遺稿二十卷刊定而成《無文印》一書，其中有不少篇章提到了張即之，使得後人得以從中認識到，道燦與即之間亦師亦父的關係。

從〈祭樗寮張寺丞〉一文可以得知，無文道燦在年二十餘受學於張即之：

> 我登公門年二十餘，公曰：可教。進之坐隅，睠焉顧之，若撫其雛，垂三十年，愛甚如初……。嗟夫！出入公門三十年，寒而衣之，病而藥之，飢渴而飲食之，契闊而訪問撫存之，公之於我，猶父愛子，母之念雛也。〔註118〕

〔註117〕〔明〕文琇集：《增集續傳燈錄四卷》卷一「天童無用全禪師法嗣」，《明版嘉興大藏經》第三十三冊，內頁35～36，總書頁214～215。

〔註118〕〔宋〕釋道燦：〈祭樗寮張寺丞〉，《無文印》卷十三，《宋集珍本叢刊》第八十五冊，內頁1，總書頁638。

道燦與張即之相差二十七歲，黃啟江假設道燦二十五歲跟隨張即之，則張即之其時四十三歲，正值盛年致力於仕進之時。在張即之任官期間，道燦究竟在何種場合與因緣之下受學於張即之，無從得知。不過，道燦登入公門時，張即之認為他是可造之才，三十年來對他十分愛護關照，也因此建立起情如父子的關係。

他們之間情如父子的關係亦可以從〈跋樗翁帖〉一文明顯感受到：

> 某從判府寺丞秘閣樗寮張公游二十年，幅紙往來，好事者皆爭持去，篋中所藏，蓋西還後十數帖也。開慶改元（1259）秋九月，胡馬飲江。冬十一月，破興壽。明年（1260）二月，犯江西，二浙戒嚴。某來開先，適與亂會，僵臥黃石巖上，自念平生所學者死事：死於鋒鏑、死於老病等死；死何憂？一老遠在東海之濱，是則可憂之大者。夏四月，王師逐北，江以南無寸矢。急走一介行李，問無恙。秋八月，書還，老氣碑兀，與翰墨爭鮮明，足以觀所養。〔註119〕

此文是道燦為個人所藏張即之法帖所作的跋語，文中提到在開慶元年（1259）秋「胡馬飲江」，即指當年九月蒙古軍在忽必烈的率領下，兵臨長江北岸，並渡江攻打鄂州。是年冬十一月破興壽，明年二月攻入江西，宋廷震驚，命兩浙、四明招兵募勇設城堡禦敵。此時道燦知軍事緊急，對於自己的生死安危無所畏懼，而對年已七十五歲遠在東海之濱的張即之卻十分的掛慮。因此在四月夏季之時，蒙古軍稍退，即遣人送信至張即之居處問候，見其回信辭氣高亢，豪放不減當年，如同其翰墨般的勁直剛強，足以觀見平生修養。

張即之於咸淳二年丙寅（1266）去世，道燦在〈祭樗寮張寺丞〉一文中十分悔憾的說：

> 省母還南，久留弊廬。前年候公，桃源之居，公健猶昔。我眩欲扶，喜極而感，言與涕俱。阿母訃來，我車載途。夜雨四簷，燈寒漏徐，忍以別言，長揖而趨。居者何者，憂心楚如。歲晚僕回，楷字親書，曰：「母既葬，毋留東湖，亟其來東，慰此閫跰。」駕言相從，亦豈躊躇。公乃仙去，曾不待余。……公之於我，猶父愛子，母之念雛也。而公死生之際，燦乃若此，是所謂胸中有義理者乎？傾東海不足以洗此愧矣。……又己丑冬，省公於一別。十年之後，我喜公健，

〔註119〕〈跋樗翁帖〉，《無文印》卷十，《宋集珍本叢刊》第八十五冊，內頁6，總書頁619。

公喜我來，軒眉相向，喜不自禁也。周旋才七十日，而先妣訃來，
揮涕別公而歸，負土種松。幸未即死，從公桃花源上，行矣有日，
公乃不能忍死相待，何歟？噫！入不能侍母，出不能見公，天地雖
大，燦也何所依歸哉！〔註120〕

道燦的母親於咸淳二年（1266）過世，當時他正在張即之隱居的桃源鄉，盤
桓近七十日，因此母親過世二十七日後方才聞訃，於是疾奔返家。葬完母親
之後，又接到張即之以楷書寫寄的來信，勸他既葬完母親勿留東湖，即刻來
相見。不料，道燦尚未啟程，卻聞張即之仙去。於是十分悔憾自己「入不能
侍母，出不能見公，天地雖大，燦也何所依歸哉？」一方面無法盡為人子之
孝道，另一方面亦無法盡門生尊師之義務，兩種悲痛集於一身，令道燦深自
悔責，倍感遺憾，也讓人深深感受到道燦對張即之間猶如父子般的情誼。

（三）西巖了慧

西巖了慧（1198～1280）是無準師範（1177～1249）的法嗣，隨著師範入
主徑山之後，亦往任知藏，後遷第二首座。離徑山時被推薦至廬山東林寺。西
巖了慧住持東林一年後，天童封虛首席，在諸禪師公舉之下，入主天童山景德
寺住持之職。

張即之與西巖了慧的來往，可能就是在西巖任天童住持的期間。在理宗寶
祐元年（1253）端午節時，張即之至其寺聽法，此時張即之年六十八歲，可能
因思念母親而入天童聽法，故西巖說法時有「端午上堂，兼謝張寺丞」之開頭
語，並謂「大千總是神仙藥，此藥無多靈驗多；七佛之師雖解用，難醫無病老
維摩。」其後不久，張即之抄寫《金剛經》一冊，為「楚國夫人韓氏五九娘遠
忌」而寫，以「施僧看轉，以資冥福」，並於次年（1254）結制日時，把此卷
《金剛經》贈給了西巖了慧。

（四）兀菴普寧

兀菴普寧（1197～1276）也是無準師範的弟子，張即之與其交往大約是與
西巖了慧同一時間。

兀菴普寧於景定二年（1260）浮海渡日，先寓博多聖福寺，後至京都，為
當時東福寺的住持圓爾辨圓（1201～1280）延為上賓，受京都緇素所推崇。當

〔註120〕　〈祭樗寮張寺丞〉，《無文印》卷十三，《宋集珍本叢刊》第八十五冊，內頁1，
　　　　　總書頁638。

時幕府執權北條時賴（1227～1263）延請他至鎌倉，入宋僧蘭溪道隆（1213～
1278）所住持的建長寺內。建長寺為北條時賴所建，並請蘭溪道隆為開山住持，
後來北條時賴棄俗為僧，法號「最明寺殿」。張即之曾手寫《無量壽佛經》一冊
并詩偈一首，寄給正在日本傳法的普寧，俾讓普寧親自轉贈給北條時賴，為他
祝壽：

> 我有大經卷，量等三千界。親付最明殿，祝壽如滄海。但願得此經，
> 當下明此心。的知胡達磨，元不在少林。〔註121〕

《無量壽佛經》通常稱《大阿彌陀經》，相對於《阿彌陀經》，簡稱《大經》。
雖然張即之於父親忌日時曾抄寫過《佛說觀無量壽佛經》一冊，並遺笑翁妙
堪受持讀誦，但依目前可見宋代以後法書目錄及近人論述得知，張即之並未
抄寫過《無量壽經》，這首詩偈中的《大經》卷，應當可以視為張即之著錄的
書蹟之一。畢竟就淨土宗而言，《無量壽佛經》、《佛說觀無量壽佛經》、《阿彌
陀經》、《楞嚴經・大勢至念佛圓通章》與《往生論》，合稱「五經一論」，為主
要的淨宗典籍，既然張即之寫過《佛說觀無量壽佛經》，再寫這部《無量壽佛
經》也不無可能。

然而黃啟江卻在文中說：

> 根據目前可見之宋以後的法書目錄、歷史論述，張即之雖抄寫過《無
> 量壽佛經》一冊，而且將其贈送給笑翁妙堪〔註122〕

張即之贈送給笑翁妙堪的是《佛說觀無量壽佛經》，這是於法書目錄、歷史論
述中找得到的書蹟，而張即之寫《無量壽佛經》則只出現在〈樗寮字阿彌陀經
書偈送最明寺殿〉這一首詩偈中，可見，黃氏是將《觀無量壽佛經》與《無量
壽佛經》兩者搞混了。

在這首詩偈末是祈願北條時賴得此《大經》卷，能當下明心見性，要知佛
心即此心，明心見性不須至少林，以此暗指普寧即是達摩的正傳。

（五）偃溪廣聞

張即之與偃溪廣聞相識，黃氏認為可能與西巖了慧、兀菴普寧同時間或
更早，因為廣聞為徑山浙翁如琰（1151～1225）的高弟，出世之後立即名聞

〔註121〕〔宋〕兀庵普寧：〈樗寮字阿彌陀經書偈送最明寺殿〉，《兀庵普寧禪師語錄卷
中》，《大藏新纂卍續藏經》總卷數七十一（臺北：白馬精舍印經會，未詳出
版年月），頁12。

〔註122〕黃啟江：《一味禪與江湖詩：南宋文學僧與禪文化的蛻變》，頁620。

叢林，先後住持小淨慈、香山、萬壽、雪竇、育王及杭州的淨慈、靈隱與徑山，都是名剎，而前五者都在四明，讓張即之有不少與他相識的機會。

張即之是廣聞所敬重的文士之一，是以有〈送蘭與檇寮張寺丞〉一首，表達他對張即之的仰慕：

> 綠葉叢叢間紫莖，芳心細細為誰傾；不如去入芝蘭室，湊得仙家一段清。〔註123〕

此詩以「芝蘭室」比擬張即之的寓所，為潔靜芬芳的蘭花之歸宿，以此讚譽張即之的清正之風。

（六）物初大觀

物初大觀（1201～1268）師承北磵居簡（1164～1246），為鄞縣橫溪人，曾先後在鄞縣智門禪寺，及大慈名山教忠報國禪寺擔任住持。

大觀曾跟隨過笑翁妙堪，頗敬重其人及其徒無文道燦，對他們的行事多所讚揚。他與道燦同樣都是掌書記，典文翰出身，故也長於辭章，為不少叢林耆宿之詩、文集、語錄寫序跋和「行狀」。

張即之致仕後隱居翠巖，大觀曾隨笑翁妙堪至翠巖西堂，兩人大概在此時相識，因此大觀在寫妙堪行狀時，曾取其稿就教於檇寮，而檇寮自然也鼓勵他為妙堪作傳，因此大觀將行狀與語錄一編併刊以傳，見於《物初大觀禪師語錄》與《物初賸語》當中。

在景定四年（1263）大觀接受特旨，遷慶元府阿育王山廣利禪寺開法，由於地緣的關係，促使與張即之互動頻繁。從其著作《物初賸語》中致檇寮之信，可以看出他是道燦以外，幾位常寄書慰問的禪僧。至於信中提及張即之的性情與為人的部分，則留待下文續談。

（七）希叟紹曇

希叟紹曇（？～1279），黃啟江對他的生平事跡並無敘述，可能受限於史料的不足。

張即之較大觀年長十五歲，較道燦年長二十七歲，為二人前輩，與他們可謂是忘年之交。他與希叟紹曇的交往關係也是如此。希叟紹曇特別重視張即之寫經，有〈題檇寮書金剛經板〉跋文一則，盛讚其所寫的《金剛經》：

〔註123〕〔宋〕偃溪廣聞：〈送蘭與檇寮張寺丞〉，《偃溪廣聞禪師語錄卷下》，《大藏新纂卍續藏經》總卷數六十九，頁748。

善現一生，向虛空裏作活計，引惹瞿曇，挈空撮空，妄生穿鑿。楞察
居士，覷見敗缺，展虛空紙，大書欸案。連累平人，板行末運，俾泥
真空者，去其靜勝；守頑空者，脫其桎梏。如鳥飛空，不留联跡。若
知端的，空不生花；倘涉意思，又從序分，說大脫空去也。〔註124〕

紹曇認為張即之《金剛經》，能使泥於求「真空」之義，或使一己所執「頑空」
之義者，免於受其知見所左右。而黃氏認為，是否能有這種效益是值得懷疑，
但在禪僧眼中，卻是肯定有的。至少張即之力透紙背的書法，有可能令「知端
的」而讀其寫經之人，在剎那間產生醍醐灌頂的感覺而仔細研讀、求其真義。
黃氏認為張即之寫經，應可以代表其對《金剛經》所謂「一切有為法，如夢幻
泡影，如露亦如電」之空義的體悟。或許在紹曇看來，這應該是張即之以「如
鳥飛空，不留联跡」的翰墨做佛事，而又以詩篇與僧友唱和結緣的生活之道
吧！

二、性情為人

　　張即之為人除《宋史》本傳所記的一則義行之外，大多散見於無文道燦、
物初大觀與希叟紹曇等人，與張即之往來的書信之中，尤其是物初大觀《物
初賸語》一書，國內並無此書，黃氏遠從日本蒐得，並解讀這些與禪僧往來
書信，有其個人的詮釋。因此在論述張即之性情為人部分，亦多整理自黃氏
的考證，在其研究的基礎之下，配合書蹟題跋語及《宋史》本傳對張即之義
行的記載，期能勾勒出張即之的人品操持，在享譽盛名的書家身份之外，有
更全面的認識。

（一）高尚人品，俠義風範

　　張即之給希叟紹曇的印象是一位遠離塵世的高節之士。在希叟紹曇的
〈懷楞察〉詩中，對張即之的性格志趣有概括的初步印象：

半生魚佩解黃金，泉石郊坰得趣深；

幽興發時閑副墨，俗塵捐處靜觀心。

聖賢爐冶鎔聲色，妙密工夫鏗古今；

遐想蓮居馳夢遠，未應輕易到瑤林。〔註125〕

〔註124〕〔宋〕希叟紹曇：〈題楞察書金剛經板〉，《希叟紹曇禪師廣錄卷六》，《大藏新
　　　　纂卍續藏經》總卷數七十，頁460。
〔註125〕〈懷楞察〉，《希叟紹曇禪師廣錄卷七》，頁474。

在希叟紹曇的印象中，張即之仕宦半生即解珮歸鄉，日日優游於山林泉石、郊原田野之間而自得其樂。當他興致一起，則寫字作詩；欲除塵擾則靜坐觀心。有如古往聖賢爐冶學問而摒除聲色，其精妙深密的工夫震鑠古今。但如今只能在夢中遐想他的清淨居處，這位如瑤林瓊樹般的高節之士，真是不易企及啊！

對張即之認識最深的，就屬受學三十年，尊張即之為師，視張即之如父的無文道燦。在其《無文印》卷首第一篇即是〈賦張寺丞樗寮〉一詩，對張即之的高尚人品有很高的評價：

> 樗寮先生千載士，草木有誰同臭味。
> 外無刀斧斷削痕，中有冰霜難老氣。
> 紅紫紛紛蒲上林，我自無心趁桃李。
> 蘇秦張儀自縱橫，寵辱不驚魯連氏。
> 梁棟峨峨入阿閣，我自無心為杞梓。
> 杜喬李固自黨錮，網羅不到徐孺子。
> 故家喬木百世陰，有此孫枝能蔽芾。
> 落去英華植本根，深培不朽聖賢事。
> 犧尊青黃互翻覆，眼看世事如醒醉。
> 願言善保丘壑姿，留取清風在天地。〔註126〕

黃啟江認為此詩是道燦對張即之人品、操持最高的讚譽，將張即之視為「千載士」，具有「冰霜節」，並仰慕其才高而無意仕進，有如戰國時期義不帝秦魯仲連之「天下士」氣概，及東漢淡泊名利南州高士徐穉之高尚情操。而且張即之能繼承家學，歸尋本根；致力於聖人之業，於眾醉之中獨醒；觀察世事，知出處之分際，故爾企盼他能永保胸中之丘壑，留取天地之清風。

儘管希叟紹曇、無文道燦讚嘆張即之的人品高潔，但都未曾有具體的事蹟稱述，因而《宋史》本傳所記載的義行，彷彿是為上述禪僧稱揚張即之高尚的人品節操作證明：

> 寶祐四年（1256），制置使余晦入蜀，以讒劾閬州守王惟忠。於是削惟忠五官，沒入其資，下詔獄鍛鍊誣伏，坐棄市。惟忠臨刑，謂其友陳大方曰：「吾死當上愬于天。」七揮刃不殊，血逆流。即之雖閒

〔註126〕〈賦張寺丞樗寮〉，《無文印》卷一，《宋集珍本叢刊》第八十五冊，內頁1，總書頁569。

居，移書言於淮東制置使賈似道恤其遺孤。又使從孫士倩娶惟忠孤
女。未幾，似道入相，中書舍人常挺亦以為言，景定元年（1260），
給還首領，以禮改葬，復金壇田，多即之倡議云。……惟忠字肖尊，
慶元之鄞人，嘉定十三年（1208）進士。

余晦（？～1256）是余天錫（？～1241）從子、余天任兒子。由於余天錫深受
權相史彌遠的器重，援為弟子師，又因援立理宗而受重用，任戶部尚書權知京
師臨安，而其弟余天任也掌權兵部尚書。因此余晦常常恃恩妄為，曾被國子監
學生伏闕上書白其罪狀，又遭監察御史程元鳳數其罪狀而彈劾之，其為人處世
可見一斑。

　　四川蜀地自淳祐二年（1242）十二月，宋廷詔令余玠（？～1253）「任責
全蜀」，一應軍行調度，「權許便宜施行」以來，直到淳祐三年，建立起十多所
山城，有效抵抗蒙軍的侵犯，與蒙軍大小三十六戰。

　　淳祐十一年冬收復興元（今陝西漢中）失地，擊退從成都、嘉定進犯之蒙
軍，為宋廷在關外重新建立據點，可謂戰績輝煌。

　　淳祐十一年（1251）十一月，在朝中支持余玠的左丞相鄭清之（1176～
1251）病死，謝方叔由右丞相升任，與同知樞密院事徐清叟等官員，故意捏造
和誇大余玠的過失，不斷的進讒言，致使理宗在寶祐元年（1253）五月將余玠
召回臨安府，使得余玠收復蜀地的壯志未酬，又受到政敵無端攻擊，因此於七
月十七日突然病逝，也有人說是服藥自殺。二年七月理宗又聽信讒言，又下詔
沒收其家產以犒師振民，使前線的將士深感寒心。〔註127〕

　　余晦於寶祐元年（1253）八月入主蜀地，但由於才能平庸，威望不高，對
蜀地事務軍情都很生疏，令當地人民十分擔憂。

　　王惟忠（？～1254）為余晦的同鄉，其被余晦陷害的因緣在《乾隆鄞縣志》
卷十三中有較為詳細的敘述：

王惟忠，字肖尊，嘉定十三年（1220）進士，其為閫帥也。與余晦為
同里，薄其為人，每見之，言語間晦深銜之。及敗績，棄城而遁，晦
遂甘心焉，既申乞鐫降，又令其黨陳大方、丁大全力攻之，必欲寘之
死地。遂興大獄，日輪臺官入寺鞫之，評事鄭疇、理丞曾樊，則欲引
赦貸命，旋劾去。寶祐二年十月，淮省箚處斬，傳首西蜀。臨刑謂大
方曰：「吾死當上愬于天。」七揮刃不殊，血逆流。後二年，大方白晝

────────────
〔註127〕何忠禮、徐吉軍著：《南宋史稿》，頁335～341。

有睹，恐甚，遂設醮以謝過，未幾暴卒。既而余晦患瘰癧繞項墜首死。

景定元年以中書舍人常挺言，給還首領，以禮改葬。〔註128〕

王惟忠於寧宗嘉定年間，知閬州兼任利州路安撫使，在其任內抵抗元軍使其退出四川境內，是南宋名將。王惟忠向來看不起余晦的行事為人，深知其根底，對得寵仗勢的余晦，每見其來便呼其小字曰：「余再五來也」〔註129〕，余晦記恨在心。

後來王惟忠閬州失守，棄城而逃，余晦便串通丁大全以及其好友陳大方等官員彈劾，誣告其「潛通蒙古」，必定要將他置之於死地。而宋廷竟聽信讒言，下惟忠入大理獄，於寶祐二年十月二十五日，以「頂冒補官，任知閬州判西安撫日，喪師庇叛，遣援遲緩」的罪名問斬，屍體被「棄市於臨安」。

在臨刑之際，王惟忠對陳大方說，我死之後必定上訴於天；於是揮刃七次不死，血向上流。兩年後即寶祐四年（1256），陳大方暴斃而死，而余晦患瘰癧，即脖子上淋巴腺結核的病，繞項墜首而死，死狀淒慘。

閑居在家的張即之得知王惟忠事始末，即「移書言於淮東制置使賈似道恤其遺孤。又使從孫士倩娶惟忠孤女」。景定元年（1260）七月戊寅在中書舍人常挺與即之的倡議之下，宋廷給還王惟忠首領，以禮改葬，復金壇田。〔註130〕

由此可見，道燦與紹曇對張即之人品的稱揚並非虛言，在南宋末年險惡貪腐的環境之下，張即之無異是一股清流，為這世間帶來一些溫情與光明。

（二）精善校書，為人慷慨

物初大觀曾見過張即之為無文道燦所寫的〈九歌〉書蹟，因而對屈原之忠與其騷體文辭有所認識：

> 樗寮好寫古文章，〈九歌〉不知凡幾寫，寫不輕予人。此軸為無文作，又其得意書也。取原之忠，嗜騷之雅，因其字而熟其辭，則蘭芷芳潔，山衰浦思，原存矣乎！〔註131〕

〔註128〕〔清〕錢維喬修；〔清〕錢大昕纂：《乾隆鄞縣志》卷十三，《續修四庫全書・史部・地理類・706》，內頁26～27，總書頁281～282。

〔註129〕〔清〕丁耀亢：〈王惟忠冤死訴天〉，《天史》卷四「陰謀」，《續修四庫全書・子部・雜家類・1176》（上海：上海古籍出版社，2002年），頁93。

〔註130〕關於余晦與王惟忠事蹟的敘述，除相關史籍之外，在網路資源上亦參考〈王惟忠之死——南宋的一樁人為慘案〉一文 http://wenku.baidu.com/view/a8f184d4195f312b3169a5f5.html，於2011年10月17日瀏覽。

〔註131〕黃啟江：《一味禪與江湖詩：南宋文學僧與禪文化的蛻變》，頁625。

黃啟江認為物初大觀正是因為閱讀了張即之所寫的〈九歌〉，才熟知屈原之辭，也因而知「蘭芳芷潔，山哀浦思」之典故，出自屈原之作，其受益於張即之之教如此。

　　張即之精善校書而使物初大觀受益的情形，亦可從其〈張寺丞〉一信中覷見一二：

> 比者參省，少伸經年不侍教之悰，晴窗從容展卷、共飯，此意厚甚。
> 先天之來晉帖與妙畫，俱衲子求觀紛然，盥而啟緘，驚乃（疑「回」字之誤）鵲返，精彩飛動，為慈雲一段奇。范史以訂麻沙之訛，又得法親點、句讀。甫畢函，護而歸諸文度，並陸史兩帙，全頤旨書吏檢入。〔註132〕

由這封信看來，大觀曾參訪樗寮，並在其居所同觀書卷，同桌共飯，甚得其樂。其後他收到樗寮請人送來的「晉帖與妙畫」，他與一些出家僧侶盥手之後展卷拜覽，其書法之飛揚生動可謂是慈雲山中的一段奇事。

　　此外，依黃啟江的查考，在這一信中也可以得知，大觀從張即之處借得了他親自校訂的范曄《後漢書》和陸游《南唐書》，在他看到了樗寮如何校正建陽刻的麻沙本《後漢書》之誤時，因而學到點讀二書的方法，懂得讀史的要領。

　　因此，在他讀完這兩部書之後，還想借閱班固的《漢書》，並說：「儻賜允可，乞就畀，亦月餘日事耳！」借書之餘，因冬日深寒，無法拜謁張即之與他暢談，但希望春天降臨之時，張即之能在春遊中「不鄙慈雲」，惠然肯來，則他豈有不相陪之理？最後以蘇軾致刁約之詩句「春在先生杖屨中矣」作結，稱美張即之寬容的心胸，並期待他的駕臨「慈雲」。〔註133〕

　　張即之今已佚失的文集《樗寮集》，物初大觀有幸拜閱，在其〈夜讀《樗寮集》〉一詩中說：

> 寒到中宵力，吟邊睡思消。
> 旋將殘火撥，時把暗燈挑。
> 簷雪渾疑雨，風松巧幻潮。
> 悠然清警甚，反覆勘《樗寮》。

從這首詩可以證明，張即之確實有《樗寮集》這件著作。物知大觀在寒冷的天氣中，吟讀著樗寮的詩，即使到了半夜仍是睡意全消，於是時時的在爐火中撥

〔註132〕　《一味禪與江湖詩：南宋文學僧與禪文化的蛻變》，頁 623。
〔註133〕　《一味禪與江湖詩：南宋文學僧與禪文化的蛻變》，頁 624～625。

灰取暖，在燈燭中挑芯燒燭，而一再反覆的讀著樗寮詩，深感其詩清警動人。

物初大觀也曾見過張即之的書蹟，在〈跋樗寮真跡三軸〉中說：

> 樗寮以帖名家，人有求之者，記名於簿，積紙於箱，有終不得者。
> 間過新戚家或僧房，見窗几明淨，則自素紙、研松煙、蘸竹絲，一
> 揮數軸不已，士友、禪衲往往安排，以發其機，多得之。勤奮書佛
> 語、祖偈，詩則少陵。〔註134〕

黃啟江認為大觀此一跋文，將張即之慷慨大方的一面表露無遺，雖負盛名，但無傲氣，凡人求字，必設法滿足其請。而且往往能於外出閒遊時，就地取材，自製筆墨，並以自備的素紙，隨手揮毫，贈送求者。大觀認為他能夠有這種機變，是他勤於書寫佛語、祖偈，以及常寫杜甫詩所帶來的功效。

元人清容居士袁桷說張即之：「……喜校書，經史皆手定善本。……有潔疾，語言清整，待僮僕亦然」；從物初大觀借閱張即之校讀的書籍，習得點讀之法，又從張即之所到之地，擇其窗几明淨之處，又自備素紙，應人予求，這種種跡象都可以成為袁桷所說之話的註腳。

（三）以翰墨為佛事

道燦書學張即之，從其書風所表露出之氣概，見識其涵養與高尚人品，以及藉翰墨寄託憂世之心。在其跋張即之所書《楚辭·九歌》一章之法帖中說：

> 樗寮先生多書九歌，擘窠大字如此本者，人間無第二本。沈著而不
> 重滯，痛快而不輕浮，藹然詩書之氣流動其間，于湖死，百年無此
> 作矣。雖然，先生豈獨以書學詡後世哉？忠君愛國不能自制，孤悶
> 隱憂寄之翰墨。先生之心，屈平之心也。竊竊東游，行李中載此而
> 返，無乃大富也歟！〔註135〕

道燦不只一次看過張即之〈九歌〉書作，其中以這本擘窠大字之〈九歌〉書作為最佳，人間再也找不到第二本。對這件書作予以「沈著而不重滯，痛快而不輕浮，藹然詩書之氣流動其間」的評價，肯定張即之在書法上的造詣，以及飽讀詩書的氣質內涵，並認為張即之能承續其伯父張孝祥家學，使孝祥書風得以再現。儘管如此，張即之豈僅是為了以書學誇耀後世？而是將「忠君愛國」之

〔註134〕 〈夜讀《樗寮集》〉、〈跋樗寮真跡三軸〉轉引自《一味禪與江湖詩：南宋文學
　　　　 僧與禪文化的蛻變》，頁 625～626。

〔註135〕 〔宋〕釋道燦：〈跋樗翁帖〉，《無文印》卷十，《宋集珍本叢刊》第八十五冊，
　　　　 內頁 6，總書頁 619。

志，寄託於翰墨，而其憂國憂民之心，如同屈原澤畔行吟之心，因此多次書寫〈九歌〉，在道燦的眼中是張即之孤悶、憂時憂國之心的寫照。由此可知，張即之多次書寫杜甫詩之心情，亦應當與此相同，寄憂悶於翰墨之中。

　　然而憂時憂國的張即之卻提早告老還鄉，無意仕途。張即之為何如此？依《桃源鄉志》的記載是：「觸目時艱，切齒貪吏，無心仕祿」〔註136〕；視張即之如父的釋道燦則說他：「平生厭官不愛做，自歌招隱山中住。」〔註137〕而張即之自己的說法呢？張即之在自書詩〈懷保叔寺鏞公〉中說：「茶笋家常元有分，簪纓世路本無情」〔註138〕，而在清卞永譽《式古堂書畫彙考》卷十五中的「張樗寮引年得謝帖」則說：

> 張樗寮引年得謝帖行書紙本
>
> 即之引年得謝，不負初心。私竊自幸，寓直中秘。此朝家優老之恩，以華晚節。即之何者，一旦得之，恍不知其所自，連日驚悸，未寧也。慶語首題，非愛念之深，何以有此。感激、感激，即之叨承門蔭，一生狷僻，方始結局，此身得以自由矣。老兄知我者，想亦為慶快也。〔註139〕

張即之能夠「引年得謝」，實在「不負初心」。這「初心」所指，應當就是道燦所說「平生厭官不愛做」的心態，以及其對官場「簪纓世路本無情」的體認。可見張即之厭惡官場生活，何況是處在南宋末年的時局之下，奸相貪官橫行霸道，百姓生活十分困苦。當官原是「叨承門蔭」，受父親的恩澤所致，非一生所求，加上「一生狷僻」的個性，不肯隨俗從眾而欲廉潔自守，於是更加無法適應官場生活。今不到致仕年齡即提出退休的請求，而竟能得到獲准又賜以直秘閣太中大夫的官銜，實在是十分的感激，而此身也終於得到自由，知我者，亦應當為我感到十分的高興才是。

　　道燦在〈紀夢〉一文中敘述他從張即之處所學得的種種學問，字裏行間滿

〔註136〕〔清〕臧麟炳、杜璋吉著，龔沛烈點注：《桃源鄉志》卷三「列傳四　歷仕」，頁104～105。

〔註137〕〔宋〕釋道燦：〈樗寮生日〉，《無文印》卷一，《宋集珍本叢刊》第八十五冊，內頁6，總書頁571。

〔註138〕〔清〕張照、梁詩正等纂修：〈張即之書樓鏞汪氏報本庵記〉，《石渠寶笈續編》「宋賢遺翰」一冊，《秘殿珠林石渠寶笈·續編·石渠寶笈（五）》，頁2857。

〔註139〕〔清〕卞永譽：《式古堂書畫彙考》卷十五「張即之」，《景印文淵閣四庫全書·子部·藝術類133～135》，內頁17～18，總頁數827之671。

是遺憾與思念之情：

> 余疇昔之夜夢與樗翁共坐南窻，翁出所作誇字韻詩索和，既覺，能
> 記前六句，續之成章。余從翁三十年，五帝三王之學、二氣五行之
> 理、古今治亂之端、夷夏盛衰之數；興到劇談，亹亹不已，而半語
> 未嘗及詩。翁仙去年矣，豈以此為欠事！故為余修末後供耶。余平
> 生夢中所作詩文不能追憶一語，而此詩能記六句，吁，亦異矣。追
> 念夙昔，感慨生死，泫然書之：
>
> > 輕雲巷雨過簷牙，楊柳池塘合亂蛙。
> > 四壁月華春夜永，一年風物此時嘉。
> > 詩當淡處工夫進，心到平時語不誇。
> > 睡眼醒來人不見，杏花散影滿窻紗。〔註140〕

在道燦夢中，張即之以所作的誇字韻詩求和，平日對所作詩文不能追憶一語的
道燦，竟對此詩能記得六句，於是感慨生死而滿眼淚水的相和此詩。詩文之際
有意無意的點出其受教之深，與對張即之的無限思念。道燦在這篇文中概括描
述了張即之的學問：明五帝三王等治國平天下之學，知陰陽五行等變化運行之
義理，以及古今治亂、夷夏盛衰等相關政治的議題。

　　從這一點也可以讓人明白，張即之所以無心仕祿並非真的不關心時局，反
而是無時無刻不憂時憂世，而之所以無心仕祿，誠因實在無有「扶危救傾」之
力，於是只好寄情於翰墨，宣洩苦悶的心情。張即之是否因此而自號「樗寮」？
即以散木樗樹之無用，暗喻自己於此末世卻無能為力的憾恨。

　　道燦在〈樗寮張寺丞畫像贊〉中對張即之處世之道，與對書學的態度有番
具體的描述：

> 貌兮葛天氏之民，心兮篤素翁之學，易人所難，厚人所薄。夷進退
> 之畛畦，孰為山林？孰為臺閣？剖物我之界限，孰為釋老？孰為伊
> 洛？出其緒餘於翰墨，猶足以發山川之耿光，掩古今而合作。眼蓋
> 乾坤，氣橫海嶽。桃花流水鱖魚肥，誰識胸中天下樂。
> 北人氣骨而有標致，晉人丰度而典刑。身老東海，而名落天下；澤
> 可及物，而志不及行。問其字學，則眼中無二王；問其心學，則身
> 外無六經。議論非今人之所可，取捨非今人之所能，蓋安樂窩中打

〔註140〕　〔宋〕釋道燦：〈紀夢〉，《無文印》卷二，《宋集珍本叢刊》第八十五冊，內
　　　　　頁 10，總書頁 579。

乖之人，梅花樹下有髮之僧。〔註141〕

首段主要稱讚張即之，如東晉時代的陶淵明，不求聞達，亦不合時宜，故只能退居泉下，遁跡山林。但他身處江湖而心遊方外，寄情於翰墨，揮灑自得。第二段說張即之對自己的書法相當自負，羲、獻二王都不放在眼裏。而對於學問則不受拘於六經，故其議論不受世人所認可，其對進退出處所作之取捨，亦非時人所能企及。最後以邵雍（1011～1077）〈安樂窩中好打乖吟〉一詩，將張即之比擬為住在「安樂窩」中的邵雍，所以說他是「打乖之人」，亦即避世之人，因此退隱養梅於翠巖山，寫經論佛有如帶髮之僧，故稱他為「梅花樹下有髮之僧」。

清代書家王文治（1730～1802）中年以後潛心佛典，參究禪理，對於張即之勤寫佛經的修持方法深感欽佩，於是收藏張即之寫經墨蹟，臨摹學習。在其題跋張即之《華嚴經》書作中說道：

> 張樗寮書人知其師米海岳，而不知其出入于有唐歐、褚諸家。樗寮生平多以翰墨為佛事，《金剛經》曾見真蹟二部，石刻一本；《法華經》曾見真蹟數卷，木刻全部，乃（至）《華嚴》海藏，又復累書不一書。其于文字布施可謂精進頭陀矣。治究心梵典有年，而未能書成一部全經，真乃慚愧無地。〔註142〕

王文治看到張即之書寫多次《金剛經》、《法華經》及《華嚴經》，而自己雖究心佛典有年，卻未能寫就一部而感到十分慚愧。王氏文中「以翰墨為佛事」、「于文字布施可謂精進頭陀矣」，具體概括出張即之之形象，可作為其一生書學的最佳註腳。

其實從上述道燦的文中可以了解到，面對南宋末年如此險峻腐敗的世局，外有金人、蒙古犯境，內有奸相貪官，年有饑荒、水患、瘟疫、農民起義等等，民不聊生、生活困苦。張即之將其滿腔憂國憂世而無能為力的鬱悶，寄託於翰墨，也許站在一位佛教徒的立場，希望藉由寫經能使自己執情不作，迴脫根塵，不再受輪迴之苦。又期盼能將此功德迴向給受苦難的眾生，化解災厄，略盡棉薄之力。然而，南宋在張即之逝世後十年，於西元一二七六年為蒙古攻陷臨安，擄走恭帝，宣告亡國。

〔註141〕〈樗寮張寺丞畫像贊〉，《無文印》卷十四，《宋集珍本叢刊》第八十五冊，內頁2，總書頁644。

〔註142〕〔清〕王文治：〈張樗寮華嚴經真蹟〉，《快雨堂題跋》卷四，《國家圖書館藏古籍藝術類編17～18》（北京：北京圖書館，2004年），頁324～325。

三、傳說

　　張即之的傳說大多見諸於書蹟的題跋語中，目前尚未在史籍上得到證實。傳說張即之為水星、水晶的化身，所以其書蹟能避火，在諸多題跋語中，以如下幾則較為具體：

> 樗寮手筆所在，輒辟兵火〔註143〕
>
> 張即之，號樗寮……世傳其為水晶，書能禳火，故藏書家多寶之。〔註144〕
>
> 相傳即之係水星，其書可避火，裘為即之後身，死成河神。〔註145〕
>
> 南渡後以善書聞者，張樗寮、李伯嘉兩先生，而樗寮名更顯，金人特重之。每貢使至，輒付金餅數百枚，曰：「但得張即之書與之。」後來富商大賈家，爭購其書，謂能辟火。〔註146〕

由於傳說張即之為水星、水晶的化身，其書能避火，於是藏書家的收藏動機不再單純，除了其書名之盛外，尚且抱持著收藏其書蹟，輒能避免兵火之災的心理。與宋廷為敵的金國特別重視，恐怕也是受這種傳說的影響，因宋高宗在南京即帝位，改元建炎，即寓「以火克金」之意，今張即之的書蹟既然能避火，當然不惜花費金餅數百枚，為能購得其書蹟。

　　在康熙年間裘曰修（1712～1773），為清內府修補佚失六卷的張即之《華嚴經》，也因此傳說而被附會是張即之的後身，死後成為河神，其根本用意在於意指裘氏之字能避火，但也許效果比即之小了一些。

　　不過，有二、三則題跋指出即之的字非但不能避火，反倒招致火災：

> 張即之號樗寮，官至直秘閣，以能書聞天下，其字愈大愈佳，後與金人書「大金國」三字，故及上怒，即之對以：「此國必有火」，不出一月，果驗，遂得釋。〔註147〕

〔註143〕國立故宮博物院編輯委員會編：《蘭千山館法書目錄》（臺北：國立故宮博物院，1987年），頁245～248。

〔註144〕〔清〕姜宸英：《湛園集》卷八，《四庫全書珍本》第十二集，頁54。

〔註145〕〔清〕陸心源：「張即之書華嚴經冊」，《穰梨館過眼錄》卷三，《續修四庫全書・子部・藝術1087》，內頁15，總書頁39。

〔註146〕〔清〕陸時化編：《吳越所見書畫錄》卷四「宋張樗寮書李伯嘉墓誌銘」，《歷代書畫錄輯刊・7》（北京：北京圖書館出版社，2007年），內頁3～5，總書頁525～529。

〔註147〕〔清〕張照、梁詩正等纂修：《石渠寶笈》卷八「列朝人書畫目錄・書畫合卷上等」，《秘殿珠林石渠寶笈》（臺北：國立故宮博物院，1971年），頁1076。

相傳即之係水星，其書可避火，裘為即之後身，死成河神。然即之書「大金國」
匾，知其國將火，則又何說？〔註148〕

> 相傳樗寮為人書扁，謂當致火，已而果然。〔註149〕

> 嘗為寫大金國榜，宋人怪之，曰：金必大火，已而果然，其神通如
> 此。〔註150〕

這幾則題跋皆指陳，張即之曾為金人書「大金國」匾一事，而又以《秘殿珠林
石渠寶笈》所說為詳。張即之因此事而觸怒聖上，即之以：「此國必有火」的
預言回稟皇上，果不出其所料，不到一月，金國就發生大火，也因此才不致於
獲罪，而令後世清人王澍（1668～1743）深感其神通廣大。可見傳說至此，除
了將張即之神化之外，進一步的教人見識其神通，以驗所說不虛。

不過，清人翁方綱（1733～1818）倒是對這些傳說感到懷疑，而在題跋中
提出他的見解：

> 張樗寮書，相傳金人極愛重之，其書大金國榜，用渴筆。觀者謂致
> 火，已而果然。然樗寮生於淳熙十三年（1186）丙午，嘗見其七十八
> 歲之書，在景定四年（1263）癸亥，至咸淳中，年八十餘矣。大定
> （1161～1189）時，樗寮尚未生，明昌（1190～1196）時亦纔數歲，
> 即使在泰和（1201～1208）以後，貞祐（1214～1216）、興定（1217
> ～1222）間，樗寮亦甫及少壯時，其書遽能馳譽於金耶？是宜更詳
> 考也。〔註151〕

金代大定年間，相當於南宋高宗紹興三十一年（1161）至孝宗淳熙十六年
（1189）。張即之生於淳熙十三年，在金大定二十六年（1186）已經出生，時
年四歲。金代明昌年間相當於南宋光宗紹熙元年（1190）至寧宗慶元二年
（1196），張即之十一歲。從金代泰和以後至興定年間，以興定六年（1222）
而言，張即之時年二十七歲，即翁氏所謂甫及少壯之時，以這樣的年紀所寫出
來的字，能夠馳譽金朝嗎？這是很合理的懷疑。

〔註148〕〔清〕陸心源：「張即之書華嚴經冊」，《穰梨館過眼錄》卷三，《續修四庫全
　　　　書‧子部‧藝術1087》，內頁15，總書頁39。

〔註149〕〔清〕潘正煒：《聽帆樓書畫記》，《中國書畫全書》（上海：上海書畫出版社，
　　　　1997年）第十一冊，頁895～896。

〔註150〕〔清〕王澍：《虛舟題跋》，《中國書畫全書》第八冊，頁821。

〔註151〕書譜社：《書譜叢帖第三輯‧南宋張即之書杜詩》（香港：書譜社，無出版年
　　　　月），書蹟後題跋。

就目前著錄於文獻當中有紀年的書蹟而言，以清人陸時化（1714～1779）《吳越所見書畫錄》中，張即之於嘉定十三年（1220）所寫的杜甫〈古柏行〉書作為最早，時年三十五歲（此則書蹟參見後文）。這時候所寫的書作即已被著錄於文獻當中，可見當時所寫的書蹟已有一定的收藏價值。

三十五歲離翁氏所謂少壯之時，不過相差八歲，再加上張即之的伯父張孝祥亦是享譽書名於當世，而文徵明（1470～1559）認為張即之甚能傳其家學，也許張氏在少壯之時所寫之字已酷肖其伯父，而順水推舟般的小有書名。

若張即之為水星再世之傳說，是在張即之少壯時即流傳，則金人不惜斥千金來購買，恐怕非為其字，實是為避火，致使張氏馳譽金國。

然而，目前關於張即之傳說於史料上查無根據，而且亦有可能這些傳說，是在張即之書名鼎盛之後才產生，並非事實。因此，筆者認為翁氏之見大可打破迷思，傳說終究只是傳說。

小結

張氏一族祖籍安徽省歷陽縣，隨宋室南渡，時張邵任衢州司刑曹事，為避戰亂，於建炎元年（1127）率領家族南遷，從和州（今安徽省）遷徙至衢州（今浙江省）。

建炎三年（1129）張邵以禮部尚書身份出使金國之後，其弟張祁補官為明州觀察推官，為便於奉養老母與照顧家小，於是代兄職率同諸弟張邴、張鄭，奉母親馮夫人遷徙至明州鄞縣，從此定居。張孝伯出生於浙江省鄞縣桃源鄉，為鄞縣人，其子張即之亦長期生活於此，留下不少的書蹟。

今依據目前可考有紀年之生平事蹟、仕宦經歷與有紀年之書蹟，製作「張即之生平事蹟與書作簡表」，如表一所示。由於張即之生平尚有不少無法考證出紀年及具體的生事蹟，無法製成年譜，故以簡表方式將有紀年之事蹟及書作歸納呈現。

表一　張即之生平事蹟與書作簡表（依紀年可考者製表）

紀　　年	年　歲	生平事蹟與書作
南宋高宗 建炎元年（1127）	無	張邵任衢州司刑曹事，為避戰亂，率領家族南遷，從和州（今安徽省）遷徙至衢州（今浙江省）。
建炎三年（1129）	無	張邵以禮部尚書身份出使金國，其弟張祁補官為明州觀察推官，為便於奉養老母與照顧家小，於是代兄職率同諸弟張邴、張鄭，奉母親馮夫人遷徙至浙江省鄞縣，從此定居。
南宋孝宗 淳熙十三年（1186）	一歲	出生於浙江省鄞縣桃源鄉
南宋寧宗 慶元六年（1200）	十五歲	以父郊祀恩蔭授承務郎。
嘉泰四年（1204）	二十歲	中兩浙轉運司發解進士，實為舉人。
嘉定十一年（1218）	三十三歲	與笑翁妙堪相識。
嘉定十三年（1220）	三十五歲	書杜甫〈古柏行〉（大字）
南宋理宗 端平三年（1236）	五十一歲	引年告老致仕，特授直秘閣學士太中大夫，封開國男。與母隱居桃源鄉翠巖山，里居三十年，自號樗寮道人，以園地自適。
嘉熙三年（1239）	五十四歲	書《維摩經》三冊
淳祐元年（1241）	五十六歲	六月一日書《佛說觀無量壽經》，請笑翁妙堪受持讀誦，為父薦福。
淳祐元年（1241）	五十六歲	九月十七日書《息心銘》，刻石。
淳祐四年（1244）	五十八歲	已見宋刻《法華經》七冊（善本）
淳祐六年（1246）	六十一歲	六月一日書《金剛經》（普林斯頓藏本），為父張孝伯薦福。
淳祐八年（1248）	六十三歲	三月二十六日，笑翁妙堪病逝，張即之親赴阿育王寺致祭，書〈祭笑翁和尚〉一文。 師承笑翁之釋道燦，由西湖至四明奔喪之後，往翠巖山留住十日。 五月十三日書《金剛經》（徐邦達著錄本），為妻湯恭人薦福。 五月十三日書〈酒偈詩〉
淳祐十年（1250）	六十五歲	八月，書杜甫七律二首（大字）

淳祐十一年（1251）	六十六歲	元月七日書杜甫〈古柏行〉（大字）
		三月十六日書杜甫〈春日戲題詩〉
寶祐元年（1253）	六十八歲	七月十三日書《金剛經》（智積院本），為母韓氏夫人忌日薦福。
寶祐元年（1253）	六十八歲	七月十八日書《金剛經》（郁逢慶著錄本），為母韓氏夫人薦福及《金剛經》（臺北故宮博物院本，不明書寫動機）。
寶祐二年（1254）	六十九歲	於結制日將《金剛經》（智積院本），送給西巖了慧，以為施僧看轉，以增冥福。 《金剛經》（梁巘著錄本），為妻湯恭人薦福。
寶祐三年（1255）	七十歲	夏至日書《佛遺教經》 道燦奉詔命至饒州薦福寺住持說法，於此年拜訪張即之。 書《清淨經》
寶祐四年（1256）	七十一歲	余晦誣殺王惟忠，即之雖閑居，移書淮東制使賈似道，恤其遺孤，又使從孫士倩娶惟忠孤女。
寶祐五年（1257）	七十二歲	與客小飲醉中戲書《雙松圖歌》（大字）
開慶元年（1259）	七十四歲	七月，書《賀秘監逸老堂碑》。
景定元年（1260）	七十五歲	張即之等倡議，宋詔給還王惟忠首領，以禮改葬，及復金壇田。
景定四年（1263）	七十八歲	農曆四月八日書《金剛經》（郁逢慶著錄本），紀念佛誕日。
南宋度宗 咸淳元年（1265）	八十歲	龍虎福地（榜書）
咸淳二年（1266）	八十一歲	卒於桃源鄉，贈正奉大夫（正三品），墓葬於浙江省鄞縣桃源鄉翠岩唐嶴山（或云即陸嶴山）。

第三章　張即之書蹟

　　張即之的書蹟，筆者大分為傳世書蹟與著錄書蹟二節予以歸納，並大要的說明其傳世書蹟的流傳過程、現今收藏地、真偽作之辨與著錄書蹟之出處，並摘錄原文。對於著錄內容中，不論是傳世書蹟或著錄書蹟，凡涉及書學淵源、書風特色與評價之說，大抵保留至下一章中討論，以使主題突顯，避免贅文重複。至於書蹟的真偽之辨則以專家學者的意見為主，對於疑義之處末學亦將提出一己之見以供參考，而對於學者專家有誤讀誤判之處，亦將提出所查考的資料予以訂正，以期能更正確的認識書蹟。然受限於無法一一親見書蹟與個人鑑定能力不足，對於無法客觀鑒賞的書蹟將有所註明，或轉引專家學者之見以為參考。

第一節　傳世書蹟

一、《佛說觀無量壽佛經》

　　張即之書《佛說觀無量壽佛經》冊，紙本，楷書。為臺北林柏壽先生藏品，著錄於《蘭千山館書畫（書蹟）》（部分）〔註1〕與《蘭千山館法書目錄》（全冊）〔註2〕一書中，現真蹟寄存於臺北故宮博物院。

　　依《蘭千山館法書目錄》與清李佐賢（1807～1876）《書畫鑑影》卷十

〔註1〕　二玄社編：《蘭千山館書畫（書蹟）》（東京：二玄社，1978年），頁50～56。
〔註2〕　國立故宮博物院編輯委員會編：《蘭千山館法書目錄》，頁245～248。

二〈張樗寮書《無量壽佛經》冊〉的著錄〔註3〕，為一函七冊，共九十二開
紙本，均縱三二公分，橫二八公分。本幅一開八行，一行十字，字徑八分。
自「如是我聞」起至「佛說觀無量壽佛經」止，總計七百三十六行。末後自
署款曰：「張即之伏為顯考少保大資政參政相公忌日謹書此經，以遺笑翁妙
湛（「堪」字之誤）長老受持讀誦，以伸嚴薦。淳祐元年（1241）歲次辛丑
六月一日。」可見此經是張即之為於佛事中追薦其父親張孝伯所寫，寫此經
遺笑翁妙堪（1177～1248）受持讀誦，亦可見彼此間的交情。淳祐元年辛丑，
張即之時年五十六歲，於父親忌日所書寫的《佛說觀無量壽佛經》，是目前
紀年最早的傳世書蹟，如圖 2 所示。

　　前幅葉五開，於第二開中有清梁同書（1723～1815）於嘉慶十六年辛未
（1811）題籤「樗寮書觀無量壽佛經」，並鈐印一方：「山舟」。第三開至第五
開有明姚綬（1422～1495）水墨畫「佛說經圖」，於成化十八年壬寅（1482）
佛誕日（農曆十二月八日），焚香奉畫於義門陶氏之忠孝堂。鈐印二方：「嘉
禾」、「公綬」。後幅葉十二開計有應祥、吳珵、楊循吉、周鼎、姚綬等十二人
題跋，如圖 3 所示。

〔註3〕〔清〕李佐賢：《書畫鑑影》卷十二〈張樗寮書無量壽佛經冊〉，《續修四庫
　　　　全書・子部・藝術類 1085～1086》，頁 24。李佐賢在題名上寫「張即之書無
　　　　量壽佛經」，而著錄內容卻是《佛說觀無量壽佛經》，筆者認為是李氏之誤，
　　　　不能作為張即之書寫過《無量壽佛經》的一筆記錄。

圖 2　張即之書《佛說觀無量壽佛經》冊（首尾部分）

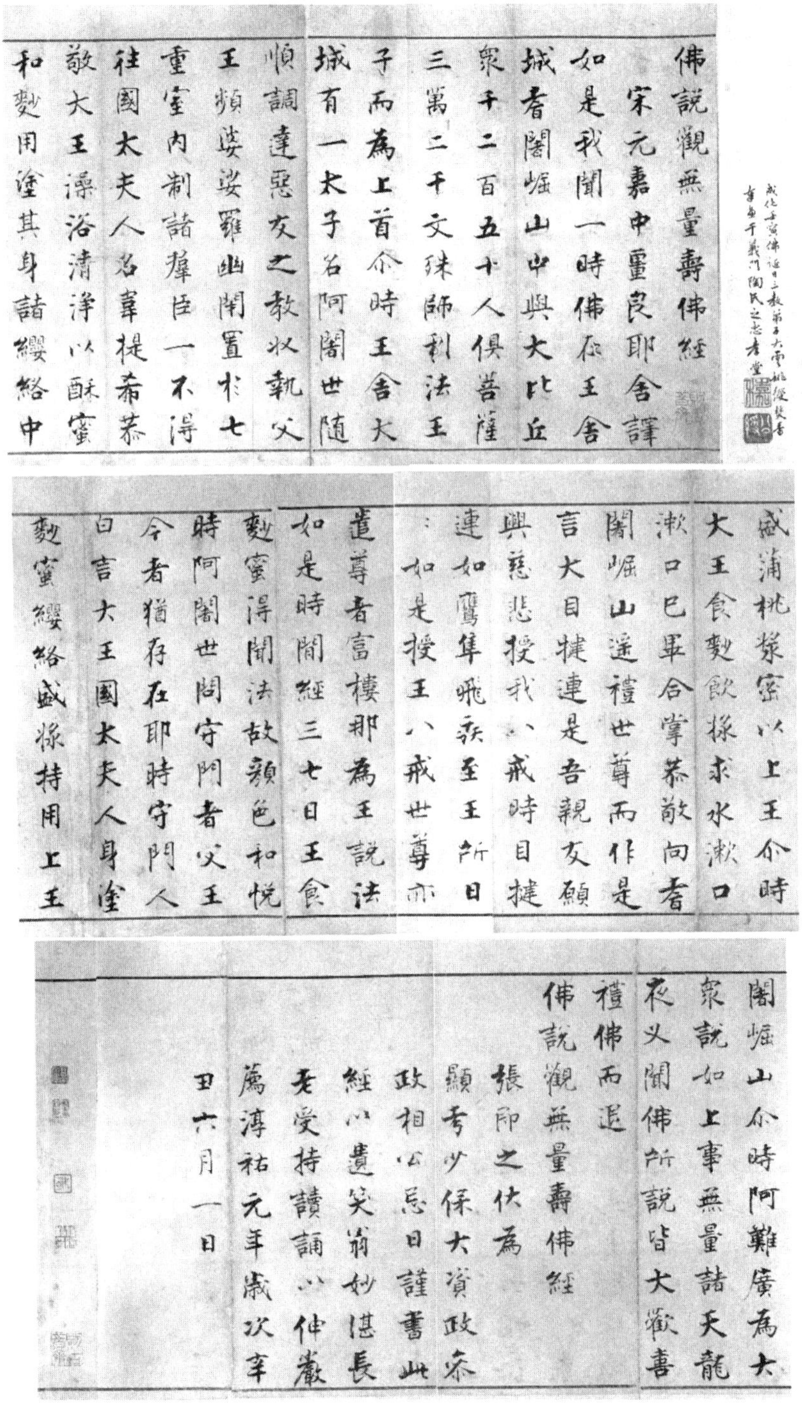

出處：《蘭千山館書畫（書蹟）》，臺北林柏壽先生藏品。

圖3　張即之書《佛說觀無量壽佛經》題跋片段

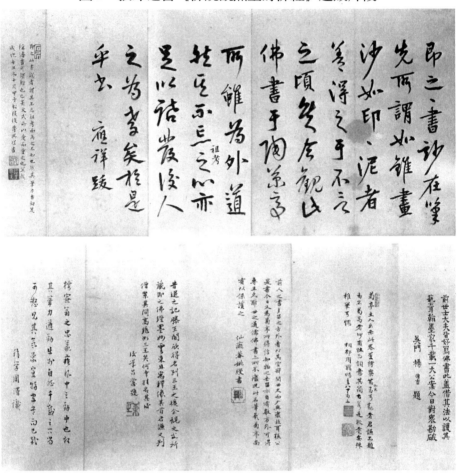

出處：《蘭千山館書畫（書蹟）》

　　從這十二則題跋內容，可以得知這部《觀經》的收藏經過。在張即之於南宋理宗淳祐元年（1241）六月一日書成《佛說觀無量壽佛經》一函七冊之後，即「遺笑翁妙堪長老受持讀誦，以伸嚴薦」，從此一直到明憲宗成化十八年壬寅（1482）四月八日，凡二百四十一年後，姚綬於陶楷家中的忠孝堂，畫卷首的「佛說經圖」，這段期間是否一直在寺院中由僧人受持讀誦？於是乎姚綬才在題跋中說：「張公是書今日又為菊亭所得，信知物之去留亦自有數，方外可得專且久耶？」但也可能是輾轉多手，終究又為陶氏所得也說不一定。在這前一年，即明憲宗成化十七年辛丑（1482），吳珵已鑑賞過此書蹟，而應祥有可能是與吳珵一同鑑賞此書蹟的人，因此才未紀年而由在其後的吳珵署款紀年。此外從周鼎（1401～1487）題跋上署款「時年八十三歲」，

正是在隔年成化十八年壬寅（1482），與姚綬畫「佛說經圖」是同一年，而筆者推測楊循吉（1456～1544）應是在這一年與周鼎一同鑑賞此書作，楊循吉先題跋然後周鼎，由周鼎署款年歲以為紀年，這種題跋的方式與應祥、吳理雷同，而且有可能在時間點上早於姚綬也說不一定。

明憲宗成化十八年壬寅（1482）十二月五日，「非齋從荻塘來借得樗寮《觀經》墨蹟」，南潛亦從非齋借抄得無文語錄，「因感無文舊錄逸書，與樗寮遺笑翁墨蹟同時並出」，因此在題跋中依紀年略述無文與樗寮之間的師生情誼，為研究張即之的方外交游提供了可靠的線索。至於非齋者，不知何許人也，應當是南潛的友人；而荻塘在湖州，即今浙江省湖州市，位於浙江省北部，然而陶楷為秀水人，秀水在宋代屬浙江省嘉興縣，至明代設為秀水鎮，亦在浙江省北部。因此，也許這時《觀經》已經不是由陶楷所收藏了，只是從四月八日到十二月五日才半年多的時間而已，有些不合理。

明世宗嘉靖十一年（1532）十二月十五日，皇甫欽「偶過沈瓚黃齋，出示樗寮先生所書此經」，可見這時《觀經》已經由沈瓚（公元 1596 前後在世）收藏。

清宣宗道光二十五年乙巳（1845），汪昉（1799～1877）客居明州白下；白下即今江蘇省南京市；販鬻書畫的王少卿以此《觀經》相示，並索價甚鉅，而且又愛王昉所收藏的四種書畫藏品：黃道周（1585～1646）與其夫人蔡氏合書的小楷《孝經》、仇英畫《九歌》圖、文徵明楷書全文、黃庭堅手札三通。汪昉以這四種「盡以與之，始肯相易」，可見這部《觀經》所價不菲。

據汪昉題跋所說，這部《觀經》「舊藏新安族人心農先生家，已十餘世」。新安（今河南省新安縣）汪谷（1754～1821），字琴田，號心農，別號漸門居士，與王文治友善，愛其書法，而王文治（1730～1802）書學張即之，也許汪谷所收藏的這部《觀經》曾經王文治鑑賞過，但在其《快雨堂題跋》中卻未有相關的記載，不知是何原因。

這部《觀經》在汪谷手中有「十餘世」，古人以三十年為一世，如此也有三百多年，因此有可能是汪氏一族代代相傳直到汪谷這一代。由此也可推斷，這部《觀經》可能在汪谷逝世後被子孫賣出，才落入王少卿這位賣字畫的商賈手中。不過，最後仍是由汪氏的後人汪昉買回來了，這部《觀經》與汪氏間的因緣可謂甚深。

此外汪昉又指出「樗寮書刻石者，唯文氏停雲館及馮氏快雪堂尺牘二種

而已」,亦為蒐羅張即之書蹟提供可靠的線索。清德宗光緒十四年(1888),程德耆的先人程一夔在上海獲得此部《觀經》,然於民國元年(1911)棄養,而由程德耆敬謹珍藏。由程氏題跋中的紀年可以得知,一直到民國二十七年(1938)仍由程氏所珍藏。現在則由臺北林伯壽先生收藏,並寄存於臺北故宮博物院。此部書蹟輾轉流傳,至今民國一百年(2011),已有七百七十年,誠如汪昉所言:「紙墨如新,非仗佛力護持,焉能至此」,而這亦是末法時期眾生的莫大福報。

二、《杜詩七律二首》

張即之書《杜詩七律二首》計有三種藏本:

(一)遼寧省博物館藏本

紙本手卷,行楷大字,縱三十四公分,橫一二七一‧七公分。書杜甫《紫宸退朝口號》及《贈獻納司起居田舍人》七律二首。款署「淳祐十年(1250)八月下澣,樗寮時年六十五寫」。曾入清內府「御書房」,有乾隆、嘉慶、宣統三朝印鑑,並著錄於《石渠寶笈卷之三上》〔註4〕。現藏遼寧省博物館,《中國書畫圖目》第十五冊〔註5〕、《中華五千年文物集刊‧法書篇五》〔註6〕等皆有全卷的黑白影印,而《國寶沉浮錄》則有全卷縮圖的彩色影印〔註7〕,天津楊柳青畫社於 2005 年所出版的《宋張即之書杜詩》〔註8〕,亦以此藏本為法帖出版,但為黑白影印。圖4所示,為《中國書畫圖目》第十五冊中的圖版,為《杜詩七律二首》中的其中一首。

〔註4〕〔清〕張照、梁詩正等纂修:《石渠寶笈卷之三上‧「貯御書房」》「列朝人書畫目錄‧書卷上等」‧「宋張即之書唐詩‧往一」,《秘殿珠林石渠寶笈》,頁908。

〔註5〕中國古代書畫鑒定組編:《中國古代書畫圖目》(北京:文物出版社,1997年)第十五冊,頁47:「遼1-046」。

〔註6〕吳哲夫總編輯;楊美莉主編:《中華五千年文物集刊‧法書篇五》(臺北:中華五千年文物,1985年),頁48~107。

〔註7〕楊仁愷:《國寶沉浮錄:故宮散佚書畫見聞考略》(上海:上海古籍出版,2007年),頁190~191。

〔註8〕劉建超編:《宋張即之書杜詩》(天津:天津楊柳青畫社,2005年)。

圖4 張即之書《杜詩七律二首》其一

出處：《中國古代書畫圖目》第十五冊，遼寧省博物館藏本。

此卷末後無題跋內容,楊仁愷（1915～2008）認為:

> 張氏此卷在 700 多年的流傳中,沒有同時代或元明以後鑒藏家的題
> 跋和收藏印記,我認為如此巨迹,不可能沒有,想必是將真跋移入
> 贗品之後,藉以魚目混珠,謀得善價。〔註9〕

個人十分認同楊先生之見,而且將真蹟末後的題跋拆掉後,裝裱在另外的偽本
當中是十分有可能的。然而《中華五千年文物集刊·法書篇五》,在「宋張即
之書杜詩」的法書解說中,竟然有「跋文」的內容。〔註10〕筆者細讀之後發現
這些跋文內容其實是上海博物館藏本中的題跋內容,編輯此書之人員應當是
有失於考證而將之誤植。

（二）大風堂捐贈臺北故宮博物院藏本

此藏本是由大風堂捐贈給臺北故宮博物院。「大風堂」是張大千（1899～
1983）和二哥張善子兩人共用的堂號,這卷張即之書杜詩原是張大千的收藏
品,後來捐贈給臺北故宮博物館,如圖 5 所示。

依據《大風堂遺贈名跡特展圖錄》〔註11〕中對這卷書蹟的記錄,為一紙
本,行楷大字,縱三十五公分,橫一二七一·八公分。書杜甫《紫宸退朝口號》
及《贈獻納司起居田舍人》七律二首。款署「淳祐十年八月下澣,樗寮時年六
十五寫」。引首溥心畬（1896～1963）題:「超明雋爽,大千先生屬,溥儒」,
卷後有葉恭綽與溥心畬的題跋,如圖 6 所示。

葉恭綽（1881～1968）在題跋中提到:「史稱金人好藏其字,此卷或久在
燕薊,無人題,恐或遭割棄,均未可知也。」由此可知這一藏本也跟遼寧省博
物館藏本一樣,沒有清人以前的題跋。

從溥心畬題跋中的紀年「丙戌二月上澣」可知,溥心畬是在光緒十二年
（1886）二月上旬的時候,在大風堂鑒賞這部書蹟,並為之題跋。在題跋中
提到:「張樗寮書繼北宋四家而代興,有東坡之俊逸、海嶽之奇蹤,宋高宗
貶易其『九里松』三字,竟不能,其書名見重當世如此。」這段話雖然讚嘆
張即之書名見重當世,但宋高宗貶易其「九里松」三字的典故倒是弄錯了。

〔註9〕 楊仁愷:〈略談張即之的書法風貌和大字《杜詩卷》〉,《楊仁愷書畫鑒定集》(鄭
　　　 州:河南美術出版社,1998 年),頁 295～298。
〔註10〕〔清〕張照、梁詩正等纂修:《秘殿珠林石渠寶笈》,頁 293～294。
〔註11〕 國立故宮博物院編輯委員會編:《大風堂遺贈名跡特展圖錄》(臺北:國立故宮
　　　 博物院,1983 年)。

於是張大千在這張題跋語之前寫了一小段話：「書『九里松』三字為吳說傅朋，非樗寮老人，想溥王孫一時誤記耳。」可見張大千對於書作題跋語也是相當的用心。

圖5　張即之書《杜詩七律二首》其一

出處：《大風堂遺贈名跡特展圖錄》，大風堂捐贈本。

圖 6　張即之書《杜詩七律二首》末後題跋

出處：《大風堂遺贈名跡特展圖錄》

（三）上海博物館藏本

　　紙本，行楷大字，縱三四‧七公分，橫一二七一‧七公分。書杜甫《紫宸退朝口號》及《贈獻納司起居田舍人》七律二首。款署「淳祐十年八月下澣，樗寮時年六十五寫」。卷首右上角有小字題記：「宋張即之行書真蹟」，並鈐印：「第一神品」。卷後有清人吳榮光、翁方綱、趙之謙等九人的題跋，亦無清人以前之題跋，如圖 7 所示。

　　此藏本香港書譜社曾出版過，為《書譜叢帖第三輯‧南宋張即之書杜詩》〔註12〕，筆者於台南某家舊書店購得此字帖，細看其版權頁，卻無出版年月，故無可得知何時出版。依傅申與方愛龍之說法，北京文物出版社亦曾出版，但皆未說明具體的書目與出版年月，筆者目前尚未找到，故未能知道是否屬實。

　　這三種藏本何者是為真蹟，目前計有傅申、徐邦達、楊仁愷、陳根民、方愛龍等多位學者一致認為遼寧省博物館藏本是為真蹟本；其他兩種藏本，傅申、陳根民與方愛龍皆曾見過，傅申與陳根民認為是偽本、臨倣本，但方愛龍則認為是摹本。而傅申又認為兩本雖不盡相同，但筆性相近，很有可能是出自

〔註12〕書譜社：《書譜叢帖第三輯‧南宋張即之書杜詩》，書蹟後題跋。

於同一人之手，而以上博本較勝。〔註13〕其他諸如徐邦達、楊仁愷則僅見過上海博物館藏本，皆認為是摹本，但未說明判定的根據。

　　筆者亦認為遼寧省博物館藏本是真蹟本，而其他兩種藏本應是臨本，不是摹本。筆者細看其書蹟，觀察不出有描摹之痕跡。至於傅申認為上博本勝於大風堂捐贈本，筆者倒是持相反意見，認為上博本筆畫疲軟而無勁道，在運筆速度上較緩和少有刷筆之表現，在結體上亦不精準，而大風堂則在上述的表現上略勝一籌。若傅申以為是出自同一人手筆之看法成立，則上博本應當是早於大風堂本臨寫，致使後者勝出於前者。不過，亦可能是出自不同一人之手筆。

圖7　張即之書《杜詩七律二首》其一片段

出處：《書譜叢帖第三輯・南宋張即之書杜詩》，上海博物館藏本。

三、《金剛經》

　　張即之一生多次書寫《金剛經》，傳世的《金剛經》書蹟有圖版可見者，至少就有三部，其他亦見於歷代著錄。這些書蹟已有不少位學者專家鑑定研究，今依年代順序介紹這幾件書蹟，並以這些學者專家的意見為主，概要敘述如下：

〔註13〕傅申：〈張即之及其大字〉，《文藝紹興——南宋藝術與文化學術研討會》，頁272。

（一）普林斯頓藏本（1246）

此藏本的考證以傅申〈張即之和他的中楷〉一文中的敘述為最詳實，[註14]從其行文應當是親眼見過這件書蹟，故對此藏本的介紹將要點的轉述傅氏之見。不過，在書蹟圖版部份則另轉引自他人著作，不擇選自傅氏之文，如圖 8 所示。

圖 8　張即之書《金剛經》卷首

出處：Amy McNair, "Buddhist Literati and Literary Monks: Social and Religious Elements in the Critical Reception of Zhang Jizhi's Calligraphy"See Marsha Weidner., Culture Intersections in Later Chinese Buddhism, Honolulu: University of Hawai'I Press, 2001.普林斯頓藏本

〔註14〕傅申：〈張即之和他的中楷〉，《書史與書蹟———傅申書法論文集》，頁 117～119。

此經分為經文與題跋兩部分，經文分裝兩冊，題跋分裝為第三冊，共裝在一三層本匣內。每冊內頁皆有張廷濟（1768～1848）隸書舊籤，而經文書於界格白麻紙上，有遭蟲蝕缺損二六八字。此經書寫的目的是為追薦其父張孝伯而於其忌辰所書寫，經末有張氏的署款：

> 孝男張即之伏遇六月初一日，顯考太師資政殿大學士張六三相公遠忌，謹書此經，用伸追薦。淳祐六年，歲在丙午，即之六十一歲謹題。

第三冊題跋部分，傅氏依收藏印章與年先後條列，詳細交代其流傳過程，茲不贅述。

（二）徐邦達著錄本（1248）

此本著錄於大陸書畫鑑藏家徐邦達《古書畫過眼要錄·晉隋唐五代宋書法·3》中〔註15〕。據徐氏的說明，此冊摺裝《金剛經》，為紙本，界烏絲欄，縱三二公分，通長一八六〇公分。卷後自識「張即之伏為五月十三日顯嬪恭人相（疑湯字之誤）氏一娘子遠忌。以天臺教僧宗印所校本，寫此經莊嚴淨報。淳祐八年歲次戊申仲夏望日謹題。即之時年六十三。」共書五四一行。

全幅末後有元代僧人南屏西崦元熙、徑山元叟行端、天童雲外雲岫、阿育王石室祖瑛、前吳靈巖從定、靈巖了庵清欲、中吳蘇城瑞光文中、靈巖住山比丘豫章來復、里人謝矩，計有九人的題跋，多是談論金剛般若空義，並以之讚嘆張即之寫經的功德，卻未曾對其書蹟優劣給予評價，而是以寫經的內容讚嘆其人品與對佛法的修持。

對這些題跋的接受情況，已有外國學者 Amy McNair 專文討論，故不由分說。〔註16〕此外，由於徐氏並未提供所看見到的此冊《金剛經》圖版，亦未交代歷代著錄與何人收藏或於何處親見，只下一按語說：「淳祐八年戊申（1248），即之年六十三歲。此冊精潔完正。中間祇損壞一字」。因此，筆者在尚未能尋獲此書蹟圖版之前，無從考證，故暫以徐氏之見為從。

〔註15〕徐邦達著，故宮博物院編：《古書畫過眼要錄·晉隋唐五代宋書法：3》，頁907～909。

〔註16〕Amy McNair, "Buddhist Literati and Literary Monks: Social and Religious Elements in the Critical Reception of Zhang Jizhi's Calligraphy" See Marsha Weidner., Culture Intersections in Later Chinese Buddhism（Honolulu: University of Hawai'I Press, 2001），pp.73-86.

（三）智積院藏本（1253）

此冊為一紙本，經摺裝，縱三二公分，橫一七六二‧八公分，行楷書。現藏日本京都智積院，《中華五千年文物集刊‧法書篇四》有一頁卷首的彩色圖版，如圖9所示：

圖9　張即之書《金剛經》卷首

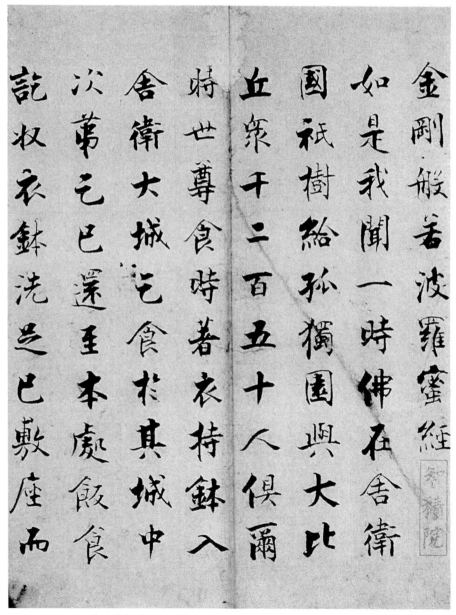

出處：《中華五千年文物集刊‧法書篇四》，智積院藏本

日本二玄社於一九六二年，有全冊的黑白影印出版。今節錄其卷尾之圖版，如圖 10 所示，以茲論述：

圖 10　張即之書《金剛經》卷尾

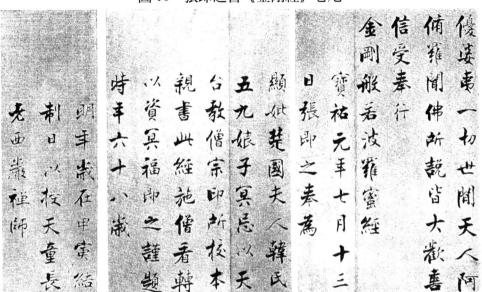

出處：《宋張即之金剛般若經》，智積院藏本。

從此部《金剛經》卷尾圖版內容，可以得知張即之書寫此經的因緣：

> 寶祐元年（1253）七月十三日，張即之奉為顯妣楚國夫人韓氏五九娘子冥忌，以天台教僧宗印所校本親書此經，施僧看轉，以資冥福。
>
> 即之謹題，時年六十八歲。
>
> 明年歲在甲寅（1254）結制日，以授天童長老西巖禪師。

從這段自題跋文可以知道幾點訊息：一是，張即之於寶祐元年七月十三日，為母親冥忌寫經，以資冥福；二是，根據天台教僧宗印所校本而書；三是，於隔年寶祐二年結制日，贈給西巖了慧禪師。

與智積院本《金剛經》有相似署款者，見於郁逢慶《書畫題跋記》的著錄：

> 寶祐元年七月十八日，張即之奉為顯妣楚國夫人韓氏五九娘子遠忌，以天台教僧宗印所校本，親寫此經，施僧看轉，以資冥福。即之謹題，時年六十八歲。〔註17〕

〔註17〕〔明〕郁逢慶：《書畫題跋記》卷四，《景印文淵閣四庫全書‧子部‧122‧藝術類》，頁 17。

這段署款跟智積院本幾乎一樣，差別在於：一者，日期不同，智積院本是在七月十三日，而郁逢慶著錄本是在七月十八日；二者，智積院本寫「冥忌」而著錄本寫「遠忌」；三者，未指明將此本贈給某禪師。

　　另外，尚有一本《金剛經》傳世，曾入清內府，現為臺北故宮博物院所收藏，其署款則為：

　　　　寶祐元年七月十八日張即之〔註18〕

寥寥十二個字，未說明是為何因緣書寫此經，但「寶祐元年七月十八日」則與著錄本的紀年相同，於是產生了張即之在同年同月同日，書寫兩部《金剛經》的現象，而且由於與智積院本只相差五天，因此，在寶祐元年張即之一共書寫了三部《金剛經》。

　　關於郁逢慶著錄本與臺北故宮藏本將於後文進一步介紹，並探討同年月日書寫兩部《金剛經》的現象。

　　在此處要探討的是：一者，張即之母親韓氏夫人是否於「寶祐元年」去世？二者，「七月十三日」或「七月十八日」是否為忌日？又何者為其忌日？因其署款並未如同其於《佛說觀無量壽佛經》冊，明白寫道：「顯考少保大資政參政相公忌日」，而是「顯妣楚國夫人韓氏五九娘子冥忌」或「遠忌」。

　　首先，黃啟江在〈南宋書家張即之的方外遊〉中對這段跋文的解讀是：

　　　　張即之和西巖了慧之來往應當是了慧在淳祐十二年（1252）底入天
　　　　童任住持之後。西巖了慧是徑山無準師範（1177～1249）的弟子。
　　　　曾先後開法於蘇州定慧、溫州能仁、江州東林、而至四明天童，掌
　　　　五山之一的天童山景德寺住持之職。張即之於理宗寶祐元年（1253）
　　　　端午節至其寺聽法，故西巖說法時有「端午上堂，兼謝張寺丞」之
　　　　開頭語，並謂「大千總是神仙藥，此藥無多靈驗多；七佛之師雖解
　　　　用，難醫無病老維摩」。此時張即之年六十八歲，較了慧年長十二
　　　　歲，所以了慧說他是「老維摩」。同時，此年張即之母親去世，可能
　　　　因思念亡母而入天童聽法，冀望西巖了慧為其治療心中之痛，故了
　　　　慧有「難醫無病老維摩」之語。其後不久，張即之抄寫《金剛經》
　　　　一冊，說是為「楚國夫人韓氏五九娘（作者缺漏一字：子）遠忌」
　　　　而寫，以為「施僧看轉，以資冥福」之用。次年（1254）結制之日，

〔註18〕李天鳴主編：《文藝紹興：南宋藝術與文化・圖書卷》（臺北：國立故宮博物院，
　　　　2010年），頁171。

他就依寫經時所發之願，把此卷《金剛經》送給西巖了慧。〔註19〕
依黃氏文意，張即之是在寶祐元年端午節至天童山景德寺聽西巖了慧說法，其
聽法的因緣在於母親於此年過世，因思念亡母而入天童聽法，致使西巖了慧有
「難醫無病老維摩」之語，亦使張即之書寫《金剛經》施僧看轉，送給西巖了
慧以滿其願。在這段文中，黃氏明確指出張即之母親於寶祐元年過世，然而卻
未能提出論據證明，無法因此而斷定。至於在何日去世，黃氏說：「張即之於
理宗寶祐元年端午節至其寺聽法，……。同時，此年張即之母親去世，可能因
思念亡母而入天童聽法」；依黃氏文意，張即之的母親應當早於端午節時去世，
如此，若署款七月十三日是為忌日的話，則有所牴觸。因此，無法依黃氏的說
法解決張即之母親於何年何月何日逝世的問題。

筆者認為要解決這個問題，首先必須了解署款中「冥忌」與「遠忌」究竟
是為何義？然而，筆者在《漢語大字典》卻查無「冥忌」與「遠忌」二詞之釋
義，但有「忌日」一詞的釋義：

> 舊俗以父母或祖先死亡之日為忌日；又稱已死父母的生日為生忌。
> 也指行事不吉利的日子。《周禮・春官・小史》：「若有事，則詔王之
> 忌諱。」鄭玄注：「先王死日為忌。」《齊民要術・種穀》：「凡九穀有
> 忌日；種之不避其忌，則多傷敗。」《資治通鑑・唐順宗永貞元年》：
> 「皇帝帥百官舉哀，即以其日為忌。」又人死七日為忌。《西遊記》
> 第十三回：「明日你父親週忌，就浼長老做些好事，念卷經文，到後
> 日送他去罷。」〔註20〕

另外在《漢語大詞典》對「忌日」一詞亦有相近的釋義：

> 舊指父母及其他親屬逝世的日子。因禁忌飲酒、作樂等事，故
> 稱。……後凡祖先生日、死日及皇帝、皇后死亡之日統稱忌日。今
> 亦用於一般人。〔註21〕

從這兩則對「忌日」的釋義可以得知，「忌日」舊指父母先祖或親屬逝世之
日，而後舉凡祖先生日、死日及皇帝、皇后死亡之日，統稱忌日。另外對於
已逝父母的生日則又別稱為「生忌」。筆者以為，「忌日」多指稱逝世之日，

〔註19〕黃啟江：《一味禪與江湖詩：南宋文學僧與禪文化的蛻變》，頁618～619。
〔註20〕漢語大字典編輯委員會編纂：《漢語大字典》（成都：四川辭書出版社，2010
　　　年），頁2431。
〔註21〕羅竹主編：《漢語大詞典》（臺北：臺灣東華書局股份有限公司，1997年），頁
　　　404。

而為了區別已故先人誕生之日，故衍生出「生忌」一詞，亦即一般常聽到的「冥誕」一詞。因此，「冥忌」一詞，既非如同「生忌」、「冥誕」一詞特有所指，則應當是「忌日」一詞的別稱，即與「忌日」為同義複詞，亦即指父母、親屬或先祖死亡之日而言。而「遠忌」則是因遠於「忌日」，在忌日之後，故如此名稱。因此，自署款中「七月十三日，……冥忌」應當就是張即之母親逝世之日，即是忌日，而七月十八日則是在其忌日之後，故書作「遠忌」以茲區別。

如此一來，張即之的母親定當早於寶祐元年（1253）過世，而且可能過世不久，致使張即之在寶祐元年端午節時至景德寺聽法時，西巖有「難醫無病老維摩」之語以寬慰其心，畢竟在六月一日是張即之父親忌日，而下一個月七月十三日又是其母親忌日，如果母親又辭世不久，處在這種氛圍之下，必定讓張即之內心滿是哀戚之情。從寶祐元年七月十三日冥忌書寫一部《金剛經》，以及寶祐元年七月十八日同一年月日兩部《金剛經》傳世的情況看來，張即之亦是以寫經來表達對父母親思念與孝心。

最後，這部智積院本《金剛經》的流傳，傅申提到目前日本學者的看法，以為聖一國師與西巖了慧是同門，因此是隨聖一國師（圓爾辨圓）返日時帶回，而收藏於京都東福寺，之後才轉歸於同在京都的智積院。但隨後傅申的考證則反駁這個觀點：

> 智積院所藏的《金剛經》為張即之在寶祐元年七月所書，到明年一二五四年方入西巖了慧之手，這時上距聖一國師返日已有十三年之久，則聖一國師攜回之張書《金剛經》，絕不可能是今存於智積院的這一本，是極為明顯的事實。而這一本也一定是由其他高僧在一二五四年後攜回日本者，如果智積院第七代運敞律師在貞亨二年（1685）因其師之忌辰而據以摹刻的〈金剛經〉原本，就是這一本的話，那末一六八五年就是此冊攜赴日本的下限年代。〔註22〕

目前尚未有學者提出不同的意見，因此暫以傅氏之說為定論。

（四）臺北故宮博物院藏本（1253）

此藏本於一九八一年元月由臺北故宮博物院出版，冊後有張光賓《跋宋張即之書金剛般若波羅經》一文，除此之外，無民國以前人之題跋，如圖 11 所示。

依內文所述，此冊為白素紙本，經摺裝，一三四幅，均縱三二公分，橫一

〔註22〕傅申：〈張即之和他的中楷〉，《書史與書蹟——傅申書法論文集》，頁 119～120。

二‧六公分，有烏絲欄界格，行楷書。冊後署款：「寶祐元年七月十八日，張即之」，此時張即之六十八歲。

從收藏印記得知，此冊曾入清內府寧壽宮，卷首鈐有「秘殿珠林」、「淨塵心室」、「乾隆御覽之寶」；卷末亦鈐有「乾隆鑑賞」、「三希堂精鑑璽」、「八徵耄念之寶」等鑑藏印，但《秘殿珠林》與《石渠寶笈》皆未有記載。

此外，卷首卷末皆鈐有項篤壽鑒藏印，可見當時為項篤壽（項子長）所收藏，今藏於臺北故宮博物院。

圖 11　張即之書《金剛經》首尾片段

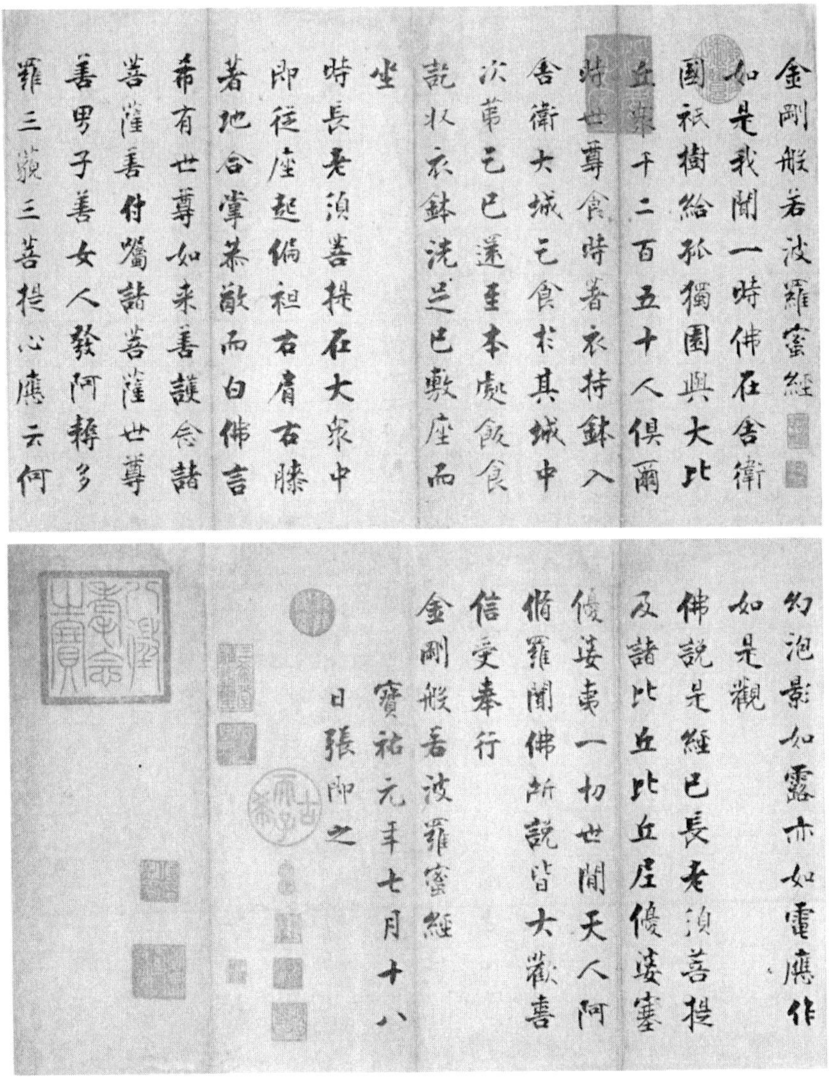

出處：《文藝紹興：南宋藝術與文化‧圖書卷》，臺北故宮博物院藏本。

（五）郁逢慶等人著錄本

此本著錄於郁逢慶《書畫題跋記》，汪珂玉《珊瑚網》、顧復《平生壯觀》、卞永譽《式古堂書畫彙考》。其內容依次為：

> 宋張樗寮正書金剛經
>
> 寶祐元年七月十八日，張即之奉為顯妣楚國夫人韓氏五九娘子遠忌，以天台教僧宗印所校本，親寫此經，施僧看轉，以資冥福。即之謹題，時年六十八歲。
>
> 右樗寮書瘦勁古雅，在白箋上經招裱，乃吾鄉項少溪公所藏，有子長圖書。〔註23〕
>
> 張樗寮正書金剛般若波羅蜜經跋
>
> 寶祐元年七月十八日，張即之奉為顯妣楚國夫人韓氏五九娘子遠忌，以天台教僧宗印所校本，親寫此經，施僧看轉，以資冥福。即之謹題，時年六十八歲。
>
> 此本為項子長憲副所藏，與子京本紙墨筆法不爽毫髮，越衡色界啖香人識于修幻齋。〔註24〕
>
> 張即之字樗寮
>
> 金剛經一卷，白宋紙梵本。後題「寶祐元年七月十八　張即之為顯妣楚國夫人韓氏五九娘子遠忌」云，云「時年六十八歲」。〔註25〕
>
> 寶祐元年七月十八日，張即之奉為顯妣楚國夫人韓氏五九娘子遠忌，以天台教僧宗印所校本親寫此經，施僧看轉，以資冥福。即之謹題，時年六十八歲。
>
> 外錄：珊瑚網云：此本為項子長憲副所藏與子京本，紙墨筆法不爽毫髮。〔註26〕

這四人的著錄並無多大的差別，可說是十分一致。從這些著錄得知，這本《金

〔註23〕〔明〕郁逢慶：《書畫題跋記》卷四，《景印文淵閣四庫全書・子部・122・藝術類》，頁17。

〔註24〕〔明〕汪珂玉：《珊瑚網》，《中國書畫全書》第五冊（上海：上海書畫出版社，1997年），頁777。

〔註25〕〔明〕顧復：《平生壯觀》卷三（臺北：漢華文化事業股份有限公司，1971年），頁27。亦見《中國書畫全書》第四冊，頁910。

〔註26〕〔清〕卞永譽：《式古堂書畫彙考》卷十五「張即之」，《景印文淵閣四庫全書・子部・藝術類133～135》，內頁17～18，總頁數827之671。

剛經》寫於「寶祐元年七月十八日」，是為其母「楚國夫人韓氏五九娘子遠忌，以天台教僧宗印所校本親寫此經，施僧看轉，以資冥福」，當時為項篤壽所收藏。今尚未有學者見過此冊真蹟，下落未明。

　　由於此本《金剛經》書寫的年月日恰與臺北故宮博物院藏本一樣，因此有些學者對此表示意見，如方愛龍認為，郁逢慶所著錄的這冊《金剛經》「即清宮舊藏、現藏台北『故宮』之冊」，〔註27〕但未提出論據，不足徵信。

　　黃啟江在〈論宋代士人的手寫佛經〉中亦說：「同年七月十八日之寫本，今存臺北故宮博物院文獻處，當是《珊瑚網》、《書畫題跋記》及《式古堂書畫彙考》之著錄本，以日期與智積院本相牴觸，雖字畫神似，疑非真蹟。」〔註28〕一方面認為臺北故宮藏本即是著錄本，另一方面認為臺北故宮藏本疑似非真蹟。而在這段話後下註腳，引用傅申的考證。但傅申是說臺北故宮藏本是真蹟，而著錄本疑似偽作，剛好與黃氏的說法相反，可見黃氏誤解了傅氏之意（下文將提及傅氏之說）。

　　在臺北故宮博物院所出版的《張即之書金剛經》之後，附錄張光賓〈跋宋張即之書金剛般若波羅密經〉一文，其中張氏對於兩冊在同一年月日完成的書作，提出他的看法：

> 此冊與郁氏著錄本，書寫時間相同，則缺「郁氏」「智積」兩本「奉為……」以下四十八字。冊上亦有項篤壽之收藏印，其中除「項子長父鑒定」一印，與故宮藏宋王詵瀛山圖卷項氏印相若外，餘皆未見有相同者。究竟項篤壽有若干印鑑，難以考索，未可遽視為偽作。倘使有意偽造，必依著錄原款一字不遺照書，收藏印鑑亦照仿製。惜郁氏著錄之跡，今已亡佚，無從比較研究。
>
> 最堪注意者，為此冊書蹟表現不弱，結字緊密，出鋒勁峭，重若斧鑿，輕似錐沙，點或方重輕淺，畫則亦枯亦榮，實與檺寮運筆結字，形神妙契。
>
> 試就今尚存日本東京都智積院之金剛經冊相互比對，所有行款結字無不契合，智積院金剛經為七月十三日所書，與此冊相隔僅五日，且在同一日內，又出現兩本，每本五千餘字，以六十八歲高齡，

〔註27〕方愛龍：《南宋書法史》，頁225。
〔註28〕黃啟江：《泗州大聖與松雪道人──宋元社會菁英的佛教信仰與佛教文化》，頁304。

能否於五日內完成兩冊，固屬疑問，但若誠心定慮，摒除煩瑣，一意為之，亦非絕不可能。甚或其晚年虔心佛法，平日即以書經為日課，所書金剛經積累既多，遇父母忌辰，加款奉贈禪林，亦為可能之事。

由於此冊在清內府，未經石渠秘殿著錄，遂隨道釋經籍度藏圖文獻處，向不為人所注意。今特就原本景印，並略加考索如上，即或非張即之手蹟，亦當係乾隆以前之絕頂高手所為。而見於題記者，有裴曰修曾補華嚴經六卷，如出一手（見前揭穰梨館著錄）補書華經，今亦不可得而見。〔註29〕

張氏認為臺北故宮博物院藏本的字蹟，與樗寮形神相契，為真蹟的可能性極大，即使不是，亦當是乾隆以前的絕頂高手之所為，如裴曰修補張即之書《華嚴經》即是一例。至於在同年同月同日出現兩本《金剛經》，張氏認為「若誠心定慮，摒除煩瑣，一意為之，亦非絕不可能。」

一部長達五千一百五十九字的佛經，用帶有行書筆意的楷書書寫（嚴格說來還是屬於楷書），以六十八歲的高齡，一天書寫兩部，即使是誠心定慮，拼除煩瑣，一意為之，以一天二十四小時計算，扣除睡眠八小時，以五千一百五十九字除以十六小時，平均一小時須寫三百二十三字，則平均每一分鐘寫五、六個字以上，以楷書書寫可以如此快速嗎？更何況尚未將休息時間計算在內。

筆者較傾向於張氏後者的說法：「甚或其晚年虔心佛法，平日即以書經為日課，所書金剛經積累既多，遇父母忌辰，加款奉贈禪林，亦為可能之事。」應當是張即之平日即以寫經為日課，這對虔誠之佛教徒是相當自然的事，如每日讀誦大乘經典為早晚課，或以拜佛（一日三百拜）、拜經（一字一拜）、拜懺等為日課，都是修行的一種方式，寫經也是其中一種。由於平日的積累，所以才能於重要節日如遇父母忌日，題款贈僧受持讀誦，以資冥福。

傅申在〈張即之和他的中楷（補篇）〉中，對智積院本、故宮本和著錄本進行比較，除了肯定智積院本和故宮本為真蹟之外，並懷疑著錄本是偽跡本。但傅氏並無法舉出有力的證據證明著錄本是偽本，其本人也沒見過此本真蹟，因此傅氏本人也說：「我們並不急著下結論，用比較客觀的態度，還是存疑的

〔註29〕張光賓：〈跋宋張即之書金剛般若波羅密經〉，《文藝紹興：南宋藝術與文化·圖書卷》，頁144。

好。」〔註30〕故權且存疑，聊備一說。筆者則傾向於張光賓之見，期待這本著錄本有朝一日能被發現。

（六）《金剛經》刻石

關於張即之書《金剛經》刻石，目前僅有傅申提出研究報告，今概述如下：

1. 普林斯頓刻本

普林斯頓大學附屬美術館藏本——淳祐六年（1246）六月一日為父薦福所寫。此本墨蹟在明末時為畢懋康收藏，其子畢熙志即「手鈎勒石」，據畢熙志萬曆四十八年（1620）〈刻宋張樗寮手書金剛經後敘〉得知，在此時之前即已刻石，但在四十年後已零落不全。同治十一年（1872），普林斯頓本入於許樾身之手，七年之後才再度刻石，但這時的普林斯頓本，早先由於改卷成冊的關係，在一八六〇年後，在避亂之際，有了缺頁，於是在這次刻石時是鈎摹前後經字而補足所闕。然而刻石名手張逸田花了五年時間，卻未完工而過世，於是許氏又尋訪得蕭君際清而續成之，逾年乃峻工，前後費時六年。從同治十一年往後推算十三年，當於光緒十一年（1885）完成。傅申認為影印於平凡社《書道全集》中的《金剛經》刻本，如圖 12 所示，可能就是由許氏請張蕭兩君先後刻成的。〔註31〕

2. 康熙年間焦山刻石

江蘇焦山刻石，傅申的說法是根據張即之在寶祐二年（1254）為其配湯恭人所寫的墨蹟本入石，而此一墨蹟原本在張即之書後的明年寶祐乙卯，為同時人蔣困子所得，並有跋語「以為得此不啻拱璧」，可見當時人極寶愛其書。又由笪重光跋文知此本在「康熙初藏於華氏，建閣藏之，有同志者摹勒上石，送藏焦山。」直到乾嘉之際「其石刻為大江南北藝林所尊奉，而墨本手蹟則不得見。」〔註32〕

據梁巘《承晉齋積聞錄》所說：

> 張樗寮金剛經五千餘字，本出于歐而參以褚，結體頗緊，特其討巧處
> 多不大方耳。書時寶祐二年，六十九歲，碑在焦山，多王意。〔註33〕

依「書時寶祐二年，六十九歲，碑在焦山」這句話來看，與傅申所說當是同一

〔註30〕傅申：《書史與書蹟——傅申書法論文集》，頁 14～15。
〔註31〕《書史與書蹟——傅申書法論文集》，頁 128～129。
〔註32〕《書史與書蹟——傅申書法論文集》，頁 128。
〔註33〕〔清〕梁巘：《承晉齋積聞錄》，《中國書畫全書》第十冊，頁 521。

本，如此一來除了徐邦達《古書畫過眼要錄》所著錄：淳祐八年（1248）五月十三日為妻薦福所寫的《金剛經》之外，張即之又於寶祐二年再度為妻薦福而寫了一本《金剛經》，共有兩本。

圖12　張即之書《金剛經》刻石片段

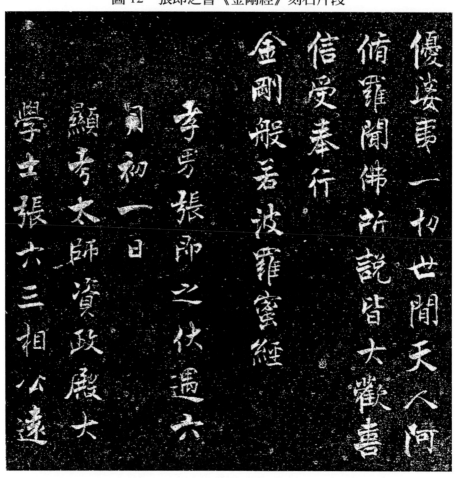

出處：《書道全集・第十六卷・中國 II　宋 II》，普林斯頓刻本。

不過，根據清人林則徐在張即之書《佛遺教經》中的跋語可知：

> 道光初年，余偶至焦山，見樗寮書金剛經石刻，竟覆醬瓿，乃重整之，並拓數十本。然視嘉慶間拓本已漫漶多矣，為之歎喟。〔註34〕

此塊碑石已整個傾倒覆地，可見保護不周，即使後來重拓數本，至嘉慶年間拓

〔註34〕〔清〕孔廣陶：《嶽雪樓書畫錄》卷二「南宋張樗寮楷書佛遺教經真蹟卷」，《續修四庫全書・子部・藝術類 1085～1086》，內頁 36～45，總書頁 55～59。

本漫漶，但至今也未見有留傳下來，十分可惜。

（七）卞永譽等人著錄本

此本著錄於郁逢慶《書畫題跋記》，汪珂玉《珊瑚網》、卞永譽《式古堂書畫彙考》、安歧《墨緣彙觀》。由於內容一致，出入不大，而以卞永譽《式古堂書畫彙考》中的著錄較為完整，故以此為例，摘錄如下：

> 張樗寮書遺志覺上人金剛經并跋正書經文不錄
>
> 樗寮即之七十八歲，喜再逢佛誕，以天台教主印講主所校本，敬寫此經，遺天竺靈山志覺上人受持讀通。我願有情不作，常觀般若，六如覺性永明，共悟實相本體，流通利益，均及有情。時景定四年，歲次癸亥。〔註35〕

由著錄內容得知，這本景定四年《金剛經》是為紀念佛誕日而寫，即農曆的四月初八，釋迦牟尼佛誕辰，當時張即之已經七十八歲，以如此高齡尚能寫經，誠屬不易。此本《金剛經》也是以天台教僧宗印所校本親寫此經。從淳祐八年（1248）為妻薦福本、寶祐元年（1253）智積院藏本及景定四年（1263）紀念佛誕日本，張即之皆是依據天台教僧宗印所校本書寫此經。至於淳祐六年（1246）、寶祐二年（1254）為父薦福本，張即之雖未說明但亦無理由再依據別種校本書寫。而從他寫經追薦之對象多是為父母而寫，這是佛教徒以寫經報父母恩的一種佛事的體現，在在顯示出張即之十分的盡孝道，極有孝心。

此外，張即之為何要慎選寫《金剛經》的版本，並註明是依據天台教僧宗印所校本的原因，黃啟江對此有詳盡的說明：

> 天台教僧宗印，應是天台名僧北峰宗印（1148～1213）。他兼攝禪講，法道頗盛，宋寧宗素聞其名，曾召對便殿問佛法大旨，見其語簡理明，大為悅服，賜賚甚渥，賜號慧行法師。日僧俊芿（1166～1227）於慶元五年（1199）入宋求法，曾拜於其門下。宗印著有《金剛新解》，又釋《彌勒偈》，「簡示天親、羅什同異之意，考正此經諸本即、則之文，最為有據。」即之曾手校史書，對各種版本甚為注意，故抄寫佛經也很講究。他知道宗印所校本為善本，特別於其題款中註

〔註35〕〔清〕卞永譽：《式古堂書畫彙考》卷十五「張即之」，《景印文淵閣四庫全書·子部·藝術類133～135》，內頁17～18，總頁數827之671。

明版本依據，表示他態度之認真及謹慎。〔註36〕

歷代解《金剛經》者，都比較《金剛經》經文與《彌勒菩薩八十偈》作解，因為《金剛經》之幾種譯本以鳩摩羅什之譯本為最通行，故在比較偈頌與經文時，自然就會比較「天親、羅什之異同」。此外，《金剛經》諸本譯文，於「即」、「則」二字之使用，多有互異之處，或以「即」為「則」，或以「則」為「即」，未必皆同，宗印考證諸本，予以校正，被視為最有根據。〔註37〕

由此可見，張即之除了如袁桷所說的「喜校書，經史皆手定善本」以外，對於佛典有相當的認知，故能慎選善本，以利施僧看轉，受持讀誦。此本寫成之後便遺贈天竺寺志覺上人受持讀誦，至於致贈的原因則未見說明。

在《金剛經》寫就之際張即之在跋文發願說：「我願有情不作，常觀般若，六如覺性永明，共悟實相本體，流通利益，均及有情。」關於這段發願文中「有情不作」中的「有情」二字，在郁逢慶《書畫題跋記》，汪珂玉《珊瑚網》、安歧《墨緣彙觀》的著錄中，均是寫作「執情」，因此筆者認為應當是卞永譽抄錯了，應訂正為「執情」，畢竟「有情」在佛教中多意指眾生，所謂是有情眾生；而「執情」是指「情執」即對人我及眾生的情執。《金剛經》於破執最為有力，因此說「執情不作」遠比說「有情不作」來得合情合理。

其次，對這段發願文的句讀，在郁逢慶、安歧的著錄中皆無句讀，而著錄於《中國書畫全書》第五冊汪珂玉《珊瑚網》的句讀，應是編輯者所加，上所引發願文之句讀即是依此。但黃啟江的句讀，筆者認為有些問題：「我願有情不作，常觀般若六如覺性，永明共悟實相本體，流通利益均及有情。」〔註38〕最主要的問題在於「永明共悟實相本體」，「永明」一詞似乎是無法與「共悟實相本體」湊在一起而成一完整的文義，反成為多餘的詞句，畢竟「永明」是形容「覺性」本體的作用，與「共悟實相本體」是兩樁事，不宜兜在一起。

對張即之這段發願文筆者的體會是，即是誓願依《金剛經》中佛對般若空義、實相本體的開示修持，常常提起般若觀照的工夫，體解恒常妙明的六如覺性。所謂的「六如」，即佛在《金剛經》末後所說的「一切有為法，如夢幻泡影，如露亦如電，應作如是觀。」「六如」即是「如夢」、「如幻」、「如泡」、

〔註36〕黃啟江：《一味禪與江湖詩：南宋文學僧與禪文化的蛻變》，頁632。

〔註37〕《一味禪與江湖詩：南宋文學僧與禪文化的蛻變》，頁632之註90。

〔註38〕《一味禪與江湖詩：南宋文學僧與禪文化的蛻變》，頁631。

「如影」、「如露」、「如電」，能對世間一切有為法作如是觀，自能破執，不再顛倒夢想，而能領解般若空義、體悟實相本體。而張即之亦祈願這部經典能廣為流通，使這部經所宣揚的般若空觀，能使有緣眾生破迷開悟，均霑法益。不過，很可惜的是，這本書蹟流傳到清代之後就亡佚，無法見到張即之晚年的書蹟。

四、《佛遺教經》

張即之書《佛遺教經》有兩種藏本，一是北京故宮博物院藏本，一是日本中村不折氏藏本。目前學者如傅申、徐邦達等書畫鑑定家一致認為北京故宮博物院藏本是為真蹟，日本中村不折氏藏本是為偽本，今分別簡介如下：

（一）北京故宮博物院藏本

此藏本著錄於清人安歧《墨緣彙觀》之中：

> 佛遺教經卷
>
> 白紙本，高九寸五分，長二丈五尺七寸餘，烏絲隔界，行書，大五分許，較金剛經更為精美。首書「佛遺教經」，後書「張即之七十歲寫，寶祐三年（1255）夏至日」後有文嘉、朱之蕃跋。〔註39〕

從著錄內容得知這部書蹟為一紙本，行書，有烏絲欄界格，卷末後張即之署款曰：「張即之七十歲寫，寶祐三年夏至日」。全卷由六張紙粘接。從現存書蹟得以看見，每一張粘接處皆有「儀周珍藏」的印記，卷首、卷尾均有「安儀周家珍藏」鈐印，可見這部書蹟原為安歧所珍藏。

全卷筆者依徐邦達《古書畫過眼要錄》中全卷彩色圖版的《佛遺教經》計算，包括署款的兩行，計有二百五十四行，共有二千四百字。〔註40〕

此外，依據北京故宮博物院的資料，縱為二八公分，橫為八六七‧九公分。由於其圖版為原尺寸，筆者用尺量了一下烏絲欄所隔開的每一個小格子，長三‧二公分，寬二‧五公分，可見每一小格不是正方形，而是寬扁的長方形，亦可見張即之所書寫出的書體就是寬扁的式樣。

這卷書蹟依安歧的著錄，應當還有明人文嘉與朱之蕃的題跋，但今已不存，經傅申的考證，是被拆裝在另一偽本之中，並著錄於孔廣陶（1832～1890）

〔註39〕〔清〕安歧：《墨緣彙觀》，《中國書畫全書》第十冊，頁342。

〔註40〕徐邦達著，故宮博物院編：《古書畫過眼要錄‧晉隋唐五代宋書法：3》，頁911。

《嶽雪樓書畫錄》中。〔註41〕

　　現今藏本卷尾有乾隆癸酉（1753）年春的兩則跋文，卷首有「采華取味」四大字引首，繼而有一標題「張即之書佛遺教經」，並鈐有「古希天子」、「秘殿珠林」、「三希堂精鑑璽」等清內府鑑藏印，可見這卷書蹟曾入清內府。傅申對這卷書蹟為何從安歧手中而轉由清內府收藏提出猜測：「或許就是在乾隆丙寅（1746）安氏家道中落時散出的。……此經可能是與〈富春山居卷〉同時入於清宮。」〔註42〕

　　對於這部書蹟安歧認為較《金剛經》更為精美，在孔廣陶著錄中原是真本中的文嘉、朱之蕃題跋，亦對此部書蹟稱譽不已，如文嘉稱其「年已七十矣，而猶精妍若此」、朱之蕃讚其「精思凝注，無一筆稍涉跳越于繩準之外」；雖然偽本中的陳其錕題跋，對偽本之作與《金剛經》相媲美說：「當與金剛經並傳不朽，固為異曲同工，未可軒彼輕此也」；評鑒對象雖非真蹟，但所言不虛。

　　確實，就寫經的書蹟而言，張即之傳世而有紀年的寫經書蹟，以這部七十歲時所寫的《佛遺教經》為最晚，亦與六十八歲時所寫的《金剛經》年歲相距不遠，這兩部在書法風格上可說是最為成熟的作品，而在張即之傳世的所有書蹟中，筆者最喜愛的除了《李伯嘉墓誌銘》、《杜詩七律二首》、智積院本《金剛經》之外，就屬這本《佛遺教經》，能在這四本書蹟好好下功夫臨寫，進而自運，相信當能把握住張即之的書藝風格與書寫技巧，在書寫功力上將有長足的進步。

　　此部書蹟除了上述提及有《古書畫過眼要錄》全卷彩圖影印之外，亦有《中華五千年文物集刊·法書篇五》全卷的黑白影印〔註43〕，但部分書蹟較為模糊，而天津楊柳青畫社則於 2005 年將其以法帖的形式出版，但書蹟亦有模糊的情形。〔註44〕故宮博物院所編的《中國書蹟大觀·第一卷·故宮博物院（上）》有幾頁黑白的部分書蹟，如圖 13 所示，十分清晰，可清楚看見烏絲欄界格，又是原尺寸，可作為臨帖的參考。

〔註41〕傅申：〈張即之和他的中楷（補篇）〉，《書史與書蹟——傅申書法論文集》，頁127。
〔註42〕《書史與書蹟——傅申書法論文集》，頁121。
〔註43〕吳哲夫總編輯；楊美莉主編：《中華五千年文物集刊·法書篇五》，頁4～40。
〔註44〕劉建超主編：《宋張即之書佛遺教經》（天津：天津楊柳青畫社，2005年），頁1～36。

圖 13 張即之書《佛遺教經》首尾片段

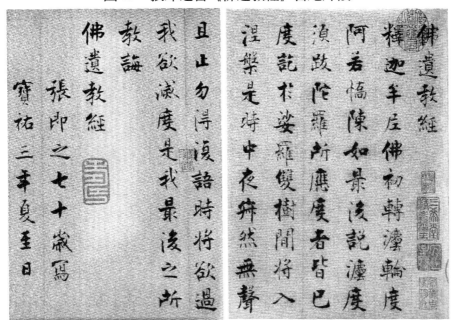

出處:《中國書蹟大觀·第一卷·故宮博物院(上)》,北京故宮博物院藏本。

(二)日本中村不折氏藏本

依傅申的考證,由平凡社於昭和六年(1931)《書道全集·35》印出的中村不折氏藏本,如圖 14 所示,是為偽本,著錄於孔廣陶《嶽雪樓書畫錄》卷二「南宋張樗寮楷書佛遺教經真蹟卷」:

紙本。高一尺,長二丈七尺二寸七分。紙凡六接,烏絲欄,計二百四十九行,字徑七分。前隔水綾有清河印、庚子拜經室印。卷首有純廟二小璽,中後有伍氏審定六印、張經之印、庚拜所藏印。

佛遺教經 張即之七十歲寫 寶祐三年夏至日

張即之,字溫夫,號樗寮,歷陽人,參政孝伯之子。官至直秘閣致仕,以能書聞天下,為世所重,與尚書陳正仲並以書名。此卷所書佛遺教經,蓋其年已七十矣,而猶精妍若此。細觀行筆,知為真蹟無疑。茂苑文嘉識。

樗寮公肄力學顏,運筆時兼用諸意,深穩中神彩弈□,有得心應手之妙。以險怪評之與耳食奚異矣。書此經時,年已七十,想深有味乎其言之故。其精思凝注,無一筆稍涉跳越于繩準之外。蕃謂此經如孔門四勿及門共聞非顏之□,愚不能請事,無論白衣沙門,確遵

此經，違佛不遠，但恐未易能耳。通此于書法未能為即之而哆口鍾
王，毋乃舍四勿而任為能時中也乎。恒齋子寶藏此卷宜已。金陵朱
之蕃書。〔註45〕

這則著錄末後除了文嘉與朱之蕃的題跋之外，尚有翁方綱、張維屏、陳其琨、
林則徐和孔廣陶等人的題跋，由於行文甚長，故不一一摘錄。

圖14　張即之書《佛遺教經》卷首

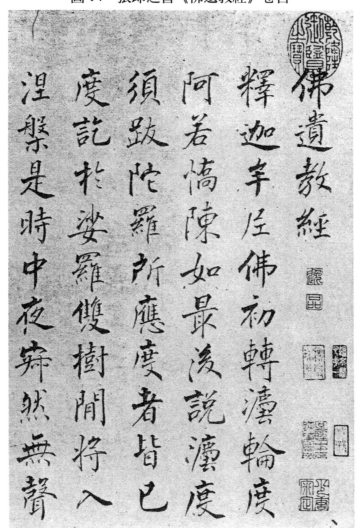

出處：《書史與書蹟──傅申書法論文集》，日本中村不折氏藏本。

〔註45〕〔清〕孔廣陶：《嶽雪樓書畫錄》卷二「南宋張樗寮楷書佛遺教經真蹟卷」，《續
　　　　修四庫全書・子部・藝術類 1085～1086》，內頁 36～45，總書頁 55～59。

　　傅申比較真蹟本和偽本在字蹟與書風上的差別，認為臨本的用筆勁挺而過於直來直往，不像張氏用筆剛中帶柔，於筆中用力。而且張氏運筆速度比較均勻，意態上很閑雅，但臨本則注意落筆收筆和轉折，致使動作稍多，棱角較顯，不似真蹟之自然。在結體上，真蹟較寬鬆，而臨本緊削近於狹長。此外，傅氏根據安儀周的紀錄，即真蹟本之後應當有文嘉與朱之蕃二人的題跋，但故宮本卻沒有，反而見於臨本之中，而著錄於《嶽雪樓書畫錄》中，可證明真蹟本在入藏於安儀周之後，到乾隆癸酉入於內府之前，曾為人臨寫偽作，並割去真本上之文、朱二跋接裝於偽本之後。因此，傅氏推斷臨本之作也許就是在安儀周晚年或卒後，家道中落，藏品外流的一段時期之內，也就是在一七五〇前後。〔註46〕目前對這件偽作的考證以傅申最為詳實，故從此說。

五、《雙松圖歌》

　　張即之書杜詩《戲韋偃為畫松圖歌》附在東坡畫〈古柏圖〉後，因杜詩《戲韋偃為畫松圖歌》又名《戲為韋偃雙松圖歌》，因此學者對這部書蹟多簡稱為張即之書《雙松圖歌》，如圖 15 所示。

　　此部書蹟著錄於《石渠寶笈》中，列為書畫合卷上等之作：

　　　　素絹本。前幅墨畫款署：「東坡作古柏圖」六字。

　　　　後幅大行楷，書：唐杜甫畫松歌。款識云：「張即之七十二歲寫。時積雨連霽，槐龍舞翠，與客小飲，醉中戲書。」下有「張字」、「張氏」、「即之」三印。前有「張字」一印。

　　　　拖尾陳新跋云：「坡翁為宋朝名臣，樗寮乃蓋世名士，人間得其片紙隻字，若獲至寶。今東俞庭器先生，購藏此卷，柏圖松翰，誠為合璧，實為希世之玩也。庭器以予言而惜之，必有能辨之者。時洪武壬戌花朝前二日，後學陳新識。

　　　　畫幅高一尺六分，廣二尺六寸七分。

　　　　書幅高一尺六分，廣三丈七尺三寸八分。〔註47〕

這部書蹟香港商務印書館所出版的《宋代書法》（本文引用其圖版）有全幅彩圖，相較於徐邦達《古書畫過眼要錄》略勝一籌。從卷後署款得知是在張即之

〔註46〕傅申：〈張即之和他的中楷（補篇）〉，《書史與書蹟——傅申書法論文集》，頁126～127。

〔註47〕〔清〕張照、梁詩正等纂修：《石渠寶笈》卷八「列朝人書畫目錄·書畫合卷上等」，《秘殿珠林石渠寶笈》，頁1076。

七十二歲時，與客小飲，醉中抱著遊戲態度所書寫的作品。

　　然而傅申在〈張即之及其大字〉一文中對此書作批評說：「用筆忽粗忽細，槎牙有芒刺，與『醜怪』之評相去不遠，或是在友人處醉後以劣筆所書。」〔註48〕其實張即之每一部書蹟的用筆都是粗細互作，無有定律，用筆忽粗忽細正是其特色所在，而是否因用劣筆以致槎牙有芒刺，即不藏筆鋒，落筆處鋒芒畢露，而與「醜怪」之評相去不遠。傅申之見應當是僭用元明反張即之書風之言，如孫曠《書畫跋跋》說：「溫甫書佻處得之李北海，而以柳河東筋骨行之，故槎牙四出，不免墮惡道，其失乃在不得斂鋒法」，〔註49〕即是一例。

　　筆者倒認為這件書作相當具有米芾書風，而且這部書蹟難得是張即之在醉中所寫的一部書作，一反以往嚴謹蕭穆的作品，如寫經、杜詩七律、待漏院記等，是其真性情的表現，因此筆者認為倒是不需要再在像用筆上、槎牙芒刺上那般的斤斤計較，當著眼大處，領解書家坦率任情的真實面。

圖15　張即之書《雙松圖歌》首尾片段

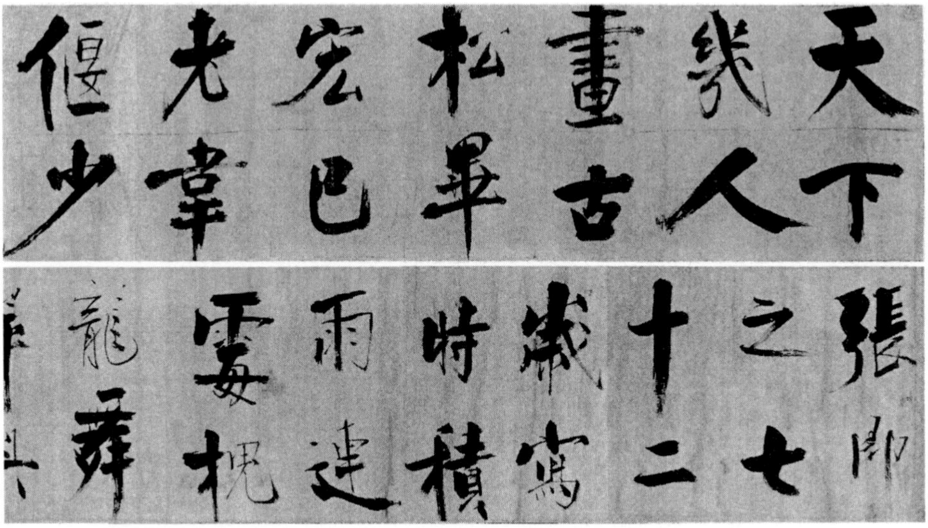

出處：《故宮博物院藏文物珍品全集——宋代書法》，北京故宮博物院收藏。

此部紙本書蹟卷前墨畫鈐有一「張」印，卷末書後鈐有「張」、「張氏」、「即之」等三方印，共計有四方印，如圖16所示。這是目前所有張即之書蹟中，

〔註48〕傅申：〈張即之及其大字〉，《文藝紹興——南宋藝術與文化學術研討會》，頁272。

〔註49〕〔明〕孫鑛：《書畫跋跋》，《中國書畫全書》第三冊，頁935。

唯一有張即之鈐印之作品，這反倒讓人懷疑是假。若張即之有書寫一件作品
即鈐印之習慣，則應當每部都會鈐印才是，但目前看來張即之似乎並無此習
慣，而且細看這四方印十分粗糙，無印風可言，又皆模糊，作假的可能性極
高，不可貿然當真。卷後有明洪武時陳新及夏彥良兩人的題跋，今藏於北京
故宮博物院。

圖16　張即之書《雙松圖歌》卷首末用印

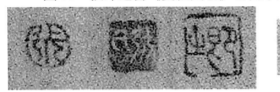

出處：《故宮博物院藏文物珍品全集——宋代書法》

六、樓鑰《汪氏報本庵記》

　　張即之書樓鑰《汪氏報本庵記》，曾入清內府，貯藏於寧壽宮，乾隆時刻
入《墨妙軒法帖》第四冊，〔註50〕如圖17所示；著錄於《石渠寶笈續編》第
五十四與阮元《石渠隨筆》。〔註51〕

　　此部寫卷墨蹟現藏於遼寧省博物館，在《中國書蹟大觀第四卷・遼寧省博
物館》這部書中，有兩頁精美彩圖〔註52〕；而《中國古代書畫圖目》第十五冊
〔註53〕、《中華五千年文物集刊・法書篇五》〔註54〕則有全卷黑白影印。上海
書畫出版社〔註55〕與吉林文史出版社〔註56〕以此書蹟出版法帖，其中以吉林
文史出版社為最佳，如圖18所示。

〔註50〕沈滌蓀發行：〈宋張即之書汪氏報本庵記〉，《初拓續三希堂原本》（臺南：華夏
　　　　圖書出版社，1971年）第四冊，無頁碼。

〔註51〕〔清〕阮元：《石渠隨筆》，《叢書集成初編》（北京：中華書局，1991年），頁
　　　　32～33。

〔註52〕遼寧省博物館編：《中國書蹟大觀第四卷・遼寧省博物館》（北京：文物出版
　　　　社；日本東京：株式會社講談社，1992年），頁21～22。

〔註53〕中國古代書畫鑑定組編：《中國古代書畫圖目》第十五冊，頁46：「遼1-045」。

〔註54〕吳哲夫總編輯；楊美莉主編：《中華五千年文物集刊・法書篇五》，頁40～
　　　　46。

〔註55〕盧輔聖主編：《張即之汪氏報本庵記》（上海：上海書畫出版社，2002年），頁
　　　　1～9。

〔註56〕孫寶文編：《南宋名家墨迹選》（長春：吉林文史出版社，2009年），頁36～
　　　　40。

圖17　張即之書《汪氏報本庵記》刻本卷首

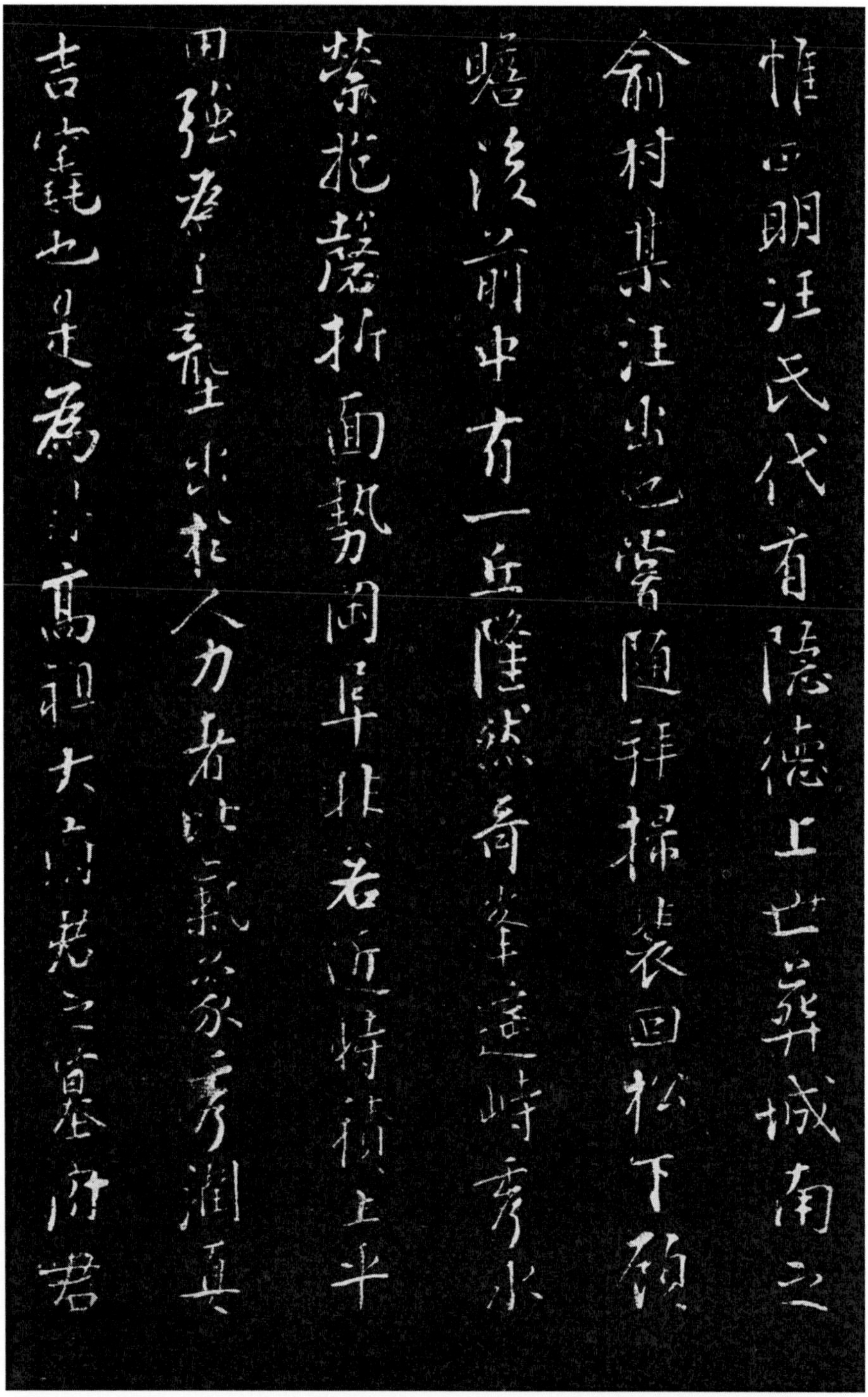

出處：《初拓續三希堂原本》第四冊

圖18　張即之書樓鑰《汪氏報本庵記》寫卷墨蹟（卷首）

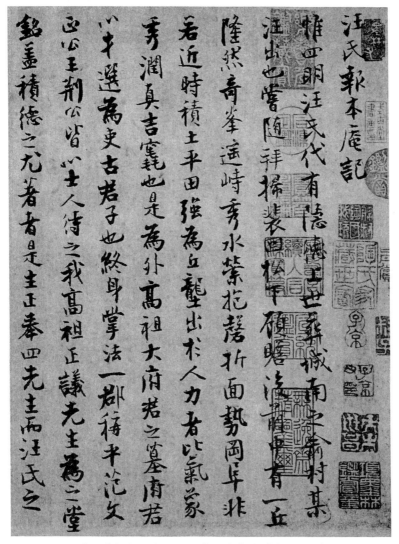

出處：《南宋名家墨迹選》，遼寧省博物館收藏。

在清著錄中以《石渠寶笈續編》的記載最為詳細，對張即之書寫內容有全文抄錄，今礙於篇幅限制，摘錄部分如下：

「張即之書樓鑰汪氏報本庵記」一卷

〔本幅〕素牋本。縱九寸二分。橫二尺八寸六分。行書。汪氏報本庵記。（內文甚長不錄）

〔後幅〕前人題跋：「右宋張即之書報本庵記。即之字溫夫，別號樗寮，參政孝伯之子。仕終太子太傅，直祕閣歷陽縣開國男。其書

當時所重，完顏有國時每重購其蹟。史稱即之博學有義行，而袁文
清〈師友淵源錄〉，亦言即之修潔喜校書，經史皆手定善本，語乾
道、淳熙事先後不異史官，書蔽其名。按皇宋書錄，即之安國之後，
甚能傳其家學。安國名孝祥，仕終顯謨閣學士。所謂于湖先生，孝
伯之兄，即之之伯父也。其書師顏魯公，嘗為高宗所稱。即之稍變
而刻急，遂自名家。然安國僅年三十有八，而即之八十餘歲，咸淳
間猶存，故世知有樗寮，而于湖書鮮稱之者。余每見即之好禿筆，
今觀此書，骨力健勁，精采煥發，大類安國所書盧坦河南尉碑，豈
所謂傳其家學者耶？誠不易得也。吾友湯君子重出示，遂疏其大略
如此。嘉靖乙未八月，文徵明書。」鈐印二：「衡山」、「停雲」。
謹按：是記見樓鑰《攻媿集》。集中鑰母安康郡太夫人行狀，敘汪氏
家世甚詳。曰元吉，即記中大府君也。曰洙，明州助教。贈正奉大
夫，即記中正奉四先生也。曰思溫，太府少卿累官贈少師，即記中
外祖少師也。思溫子大猷，權禮侍郎，兼權尚書，即記中仲舅尚書
也。汪氏為鄞名族，思溫以忤秦檜罷官，大猷復以言去，事見宋史。
校本集「卜葬」作「下葬」；文上脫「函」字，皆筆誤。卷末某年月
日即之志，蓋志書記之年月也。〔註57〕

從清內府著錄再依據遼寧省博物館對這部書蹟的簡介，得知此為一紙本，縱
二九·三公分，橫九一·四公分，行書。卷後有明文徵明小楷題跋及項元汴
題記。卷首卷尾有項氏諸印、卞永譽印、勝叔陶氏印、文徵明印和清乾隆、
嘉慶、宣統三朝的印璽，如圖 19 所示。

這篇《汪氏報本庵記》是南宋文學家樓鑰（1137～1213）所撰，收入其
文集《攻媿集》卷六十。〔註58〕據黃寬重的研究，樓鑰是四明望族樓氏家族
的第七代，其先祖約在唐末五代時，從浙東婺州遷徙到明州奉化縣。樓鑰是
樓氏家族中仕宦經歷最高者，歷任樞密院事、參知政事等官。其父親樓璩娶
四明鄞縣的汪氏家族汪思溫（1077～1157）的女兒為妻，因此汪思溫是樓鑰
的外祖父。汪思溫有三子，長子大雅、次子大猷、三子大定，因此樓鑰為此

〔註57〕〔清〕張照、梁詩正等纂修：〈張即之書樓鑰汪氏報本庵記〉，《石渠寶笈續編》
第五十四，《秘殿珠林石渠寶笈·續編·石渠寶笈（五）》，頁2700。
〔註58〕〔宋〕樓鑰：《汪氏報本庵記》，《攻媿集》卷六十，《景印文淵閣四庫全書·集
部·一六七—一六九》，內頁3～5，總書頁1153之54～1153之55。

三人的外甥。樓氏與汪氏的聯姻除了擴展其家族在四明的人際網絡，更重要的是，在建炎三年（1129）樓氏第五代樓异所建設的家園全燬，而樓璩的薪俸不加，家庭生計困窘，他的妻子不得已搬到汪家，受其照顧，因此，樓鑰的童年都是在外家渡過，他們的教育也是由汪家負責，對樓鑰兄弟的養育與提攜之功甚大。〔註 59〕

圖 19　張即之書樓鑰《汪氏報本庵記》末後文徵明題跋

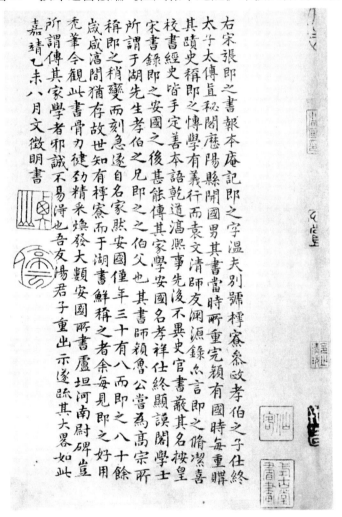

出處：上海書畫出版社《張即之汪氏報本庵記》。

〔註 59〕黃寬重：〈宋代四明士族人際網絡與社會文化活動——以樓氏家族為中心的觀察〉，《中央研究院歷史語言研究所集刊》（臺北：中央研究院歷史語言研究所，1999 年），頁 633、643。

然而阮元（1764～1849）在《石渠隨筆》中卻這麼記載：

> 張即之書報本庵記卷。庵為四明汪氏祠墓所在，溫夫乃汪氏出甥
> 也。〔註60〕

依黃寬重對樓氏家族與汪氏家族的研究，這兩家族與張即之並無任何關係，張即之更不可能是汪氏的外甥，反倒是樓鑰才是汪大猷的外甥。張即之之所以會寫這篇樓鑰的文章，目前沒有學者提出研究報告。

筆者以為有可能是因為同為明州人，樓氏家族與汪氏家族的事蹟應當是家喻戶曉之事，而且汪氏家族與張即之同是鄞縣人，樓鑰又與張即之的父親張孝伯，分別在趙汝愚、韓侂胄任宰相時，同為參知政事，他們之間有一定的關係存在，因此促使張即之書寫這篇樓鑰的文章。然此亦是假設之詞，期待史料的進一步發現。

張即之所書寫的這篇《汪氏報本庵記》，清人比對原文指出「卜葬」作「下葬」又脫略「函」字，皆是筆誤。但對於文後所署款：「淳熙十二年三月二日即之志」，卻不以為是假，而書後文徵明的題跋亦未指出，因為張即之出生於淳熙十三年，所署款的年份比張即之出生早了一年。那麼這件書蹟是否為偽仿之作？

近人啟功（1912～2005）〈鑒定書畫二三例〉一文中認為，全卷書法無論在用筆結體上都與張氏其他書蹟相符合，是為真蹟。只是文中提到撰文者皆作「某」，不應該是南宋時人所會用以自稱之詞，而是樓氏子孫代替「鑰」字之用，因此這篇文章不是張即之撰寫的，撰寫人是樓鑰子孫。此外，「即之記」三字，啟功依其故友張珩的看法，應當是全卷不止這一篇，或者文後還有跋語，作偽者把這三字從旁處移來，嵌在這裏，便成了張即之撰文自稱為「某」。〔註61〕雖然啟功把「即之志」說成「即之記」，但這是最早提出這部書蹟雖是真蹟，但書末署款是為造假的考證。

過兩年，徐邦達〈釋張即之書《報本庵記》被挖改之謎〉一文中，以原文比對刻本，提出他的考證報告：

> 其文查校樓集則稍有異處，如集中「鑰」字張書改「某」字，「展」
> 為「瞻」，「十二府君」為「大一府君」，「卜葬」改「下葬」等，除
> 「鑰」字是張即之書寫時有意改避之外，其「展」、「十二」、「卜」

─────────────

〔註60〕〔清〕阮元：《石渠隨筆》，《叢書集成初編》，頁32～33。

〔註61〕啟功：〈鑒定書畫二三例〉，《文物》第6期總301號（北京：文物出版社，1981年6月），頁49～51。

等字應都是刻本謬訛，可依寫卷改正。

……按原文（據刻本）「高祖正議先生為之志銘」句（原在張書七、八行間），被挖去「之志」二字。又原文「以淳熙十二年三月二日，奉神座于堂之東室，宗人雖故（徐氏應是誤錄，當為「墳」字）墓在遠，遇清明必合而祭者凡數十人，列于其次」句（原在張書第十八行「享亭」字下以及今已無存的原十九行），被挖去「以淳熙十二年三月二日」、「堂之」、「宗人雖故墓在遠，遇」等二十字。

……諸字被挖出之後，把原十九行中「堂之」二字切開，顛倒拼接，嵌入第八行被挖的「之志」二字原處，成為「為之堂銘」。將原十九行中「奉神座于東室」六字，嵌入第十八行「享亭」字下，又把原十八行、十九行中的「淳熙十二年三月二日」九字挪到最後空處嵌入，下接偽書一「即」字，又接嵌原第八行的「之志」二字，就成為現在見到的「淳熙十二年三月二日即之志」一款。其餘如「以」、「宗人雖故墓在遠，遇」九字，則廢棄不存了。於是由原來的無書者名款變為有書者年月和張即之名款，這就是挖改者的意圖。〔註62〕

徐氏說明被挖改的情形可謂詳實，而「鑰」字改寫為「某」字，徐氏以為是出自張即之之意，與啟功的看法不同。

不過，由於徐氏未註明文集中的原文，以及與原文校對的刻本是出自哪一出版社及哪一年出版的版本，因此在徐氏所指出的「展」字改為「瞻」字，依據筆者所找到的文集中的原文〔註63〕以及相對照的刻本〔註64〕，再加上彩色圖版的寫卷，並無此種情形，反而是將原文中的「顧瞻前後」改寫為「顧瞻後前」，即使是刻本也是刻成「顧瞻後前」，並不是徐氏所說的情形，因此懷疑徐氏所用的原文與刻本是否與筆者所見不同？

由於徐氏所校對的是刻本，今以寫卷為例，與原文對照，將徐氏之見重述一遍。首先是原文「高祖正議先生為之志銘」，在寫卷的第七行，其中「之志」二字被挖去，可參看圖18（頁105）中，正文算起第七行。

〔註62〕徐邦達：〈釋張即之書《報本庵記》被挖改之謎〉，《文物》第6期總325號，頁75、86。

〔註63〕〔宋〕樓鑰：《汪氏報本庵記》，《攻媿集》卷六十，《景印文淵閣四庫全書・集部・一六七—一六九》，內頁3～5，總書頁1153之54～1153之55。

〔註64〕沈滌蓀發行：〈宋張即之書汪氏報本庵記〉，《初拓續三希堂原本》第四冊，無頁碼。

其次，原文「享亭。以淳熙十二年三月二日，奉神座于堂之東室，宗人雖墳墓在遠，遇清明必合而祭者凡數十人，列于其次」這一段文，在寫卷的第十八行，可參看圖 20 中的第四至第五行，被挖去「以淳熙十二年三月二日」、「堂之」、「宗人雖墳墓在遠，遇」等二十字。

圖 20　張即之書樓鑰《汪氏報本庵記》寫卷墨蹟（卷中）

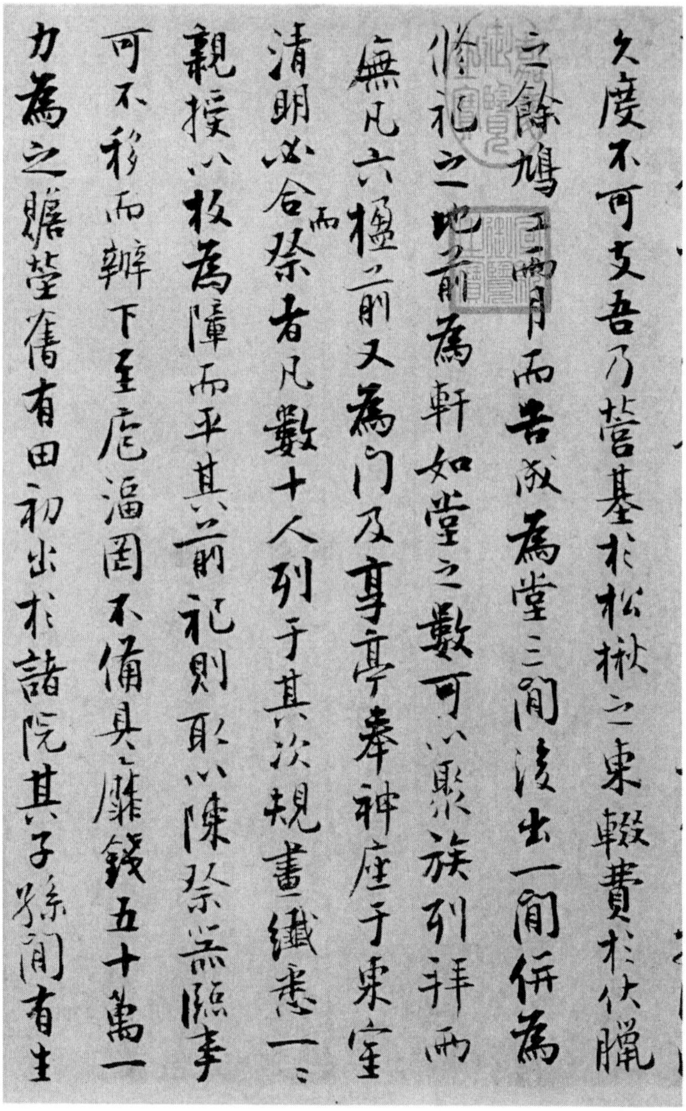

出處：《南宋名家墨迹選》

這二十個字的長度位置，筆者照這字距大致拿捏，大致是現在寫卷第十八行「奉」字的位置（圖 20 中的第四行），因此偽作者應該是將「奉」字以下的

這一行連同整卷平移，拼接在「享亭」之下，可說是十分妥當而天衣無縫。然後再將「堂之」切開，顛倒拼接，嵌入寫卷第七行「高祖正議先生為之志銘」被挖的「之志」二字原處，成為「為之堂銘」（圖 18 中的第七至八行）。

　　再將「淳熙十二年三月二日」九字移到最後空處嵌入，下接偽書一「即」字，又接嵌原寫卷第七行的「之志」二字，就成為現在見到的「淳熙十二年三月二日即之志」一款，如圖 21 所示。

圖21　張即之書樓鑰《汪氏報本庵記》寫卷墨蹟（卷末）

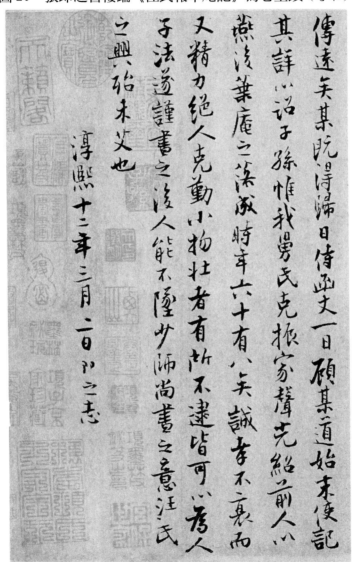

出處：《南宋名家墨迹選》

最後將「以」、「宗人雖墳墓在遠，遇」九字廢棄，於是就成了現在看到的一幅有名款的真蹟。從這樣大費周章的搬挪功夫，可見偽作者用心良苦，但百密一疏，竟使年款比張即之早生一年，實在是十分可笑。不過，從這麼清晰的彩色寫卷細看這幾處徐氏所指陳的挖改處，似乎看不見有被挖字的痕跡，不知道古人是用什麼辦法來進行這項工程？

至於「卜葬」改為「下葬」，在寫卷的第二十七行下方，如圖 22 所示。細看這個「下」字，似乎也不像是「下」字，倒像是一入筆時就意識到寫錯而停頓一下，仍將之寫回應該寫的「卜」字，所以這個字是否能說是張即之有意改寫成「下」字，筆者倒是不能苟同，還有商榷的空間。

圖22　張即之書樓鑰《汪氏報本庵記》寫卷墨蹟疑義片段

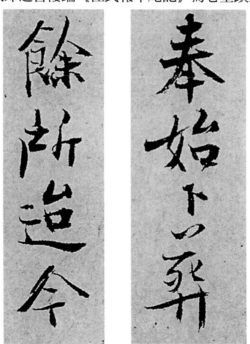

出處：《南宋名家墨迹選》

其他如將「鑰」字改成「某」字，分別在寫卷的第一行、第九行、第三十一行；將「十二府君」改成「大一府君」，這在寫卷的第十三行，刻本所改寫的情形與寫卷一致。

至於清人著錄中所說的脫略「函」字，在原文只出現在「日侍函丈」句中，在寫卷第三十一行，並無脫略，刻本亦有此字，因此讓筆者懷疑清人所看見的是否另有所本？

除了上述這些改寫的字例之外，筆者認為在寫卷第十三行中的「今」字的撇畫十分有問題，如圖 22 所示，似乎是重筆，又沒有寫在原來撇畫的位置，以張即之這樣的書家會犯這種錯誤嗎？

七、《李伯嘉墓誌銘》

張即之書《李衎（伯嘉）墓誌銘》有兩種藏本：日本藤井有鄰館藏本，〔註65〕如圖 23；臺北故宮博物院藏本，〔註66〕如圖 24。兩本皆是紙本且由五大張紙粘接而成，接縫處都有明項元汴（1525～1590）的收藏印，但臺北故宮藏本較不清晰。內容格式相同，楷書，凡一百五十八行，共一二〇六字，末後皆無署款紀年。

圖 23　張即之書《李伯嘉墓誌銘》卷首

出處：《宋張即之李伯嘉墓誌銘》，日本藤井有鄰館藏本。

內文方面，藤井有鄰館藏本首行第二字「兩」已缺，而臺北故宮藏本尚存；

〔註65〕藤井齊成會藏本；渡邊隆男發行：《宋張即之李伯嘉墓誌銘》（東京：株式會社二玄社，1962 年），頁 6～8。

〔註66〕國立故宮博物院編：《故宮歷代法書全集・第二卷》（臺北：國立故宮博物院，1982 年），頁 206～207。

藤井有鄰館藏本第三十二行「不可得見而見其子」完好無缺，而臺北故宮藏本則有「可得見而見」等五字殘泐。

在書後題跋上也有所不同，藤井有鄰館藏本依序有錢陳羣、梁同書、項元汴、潘奕雋、吳郁生、徐渭仁、姚椿等七人的題跋，而臺北故宮藏本則只有錢陳羣、項元汴兩人的題跋，而且這兩則題跋竟然與藤井有鄰館藏本一模一樣，實在令人匪夷所思；畢竟同一人重複再寫一遍，也不見得能夠一模一樣。

圖 24　張即之書《李伯嘉墓誌銘》卷首

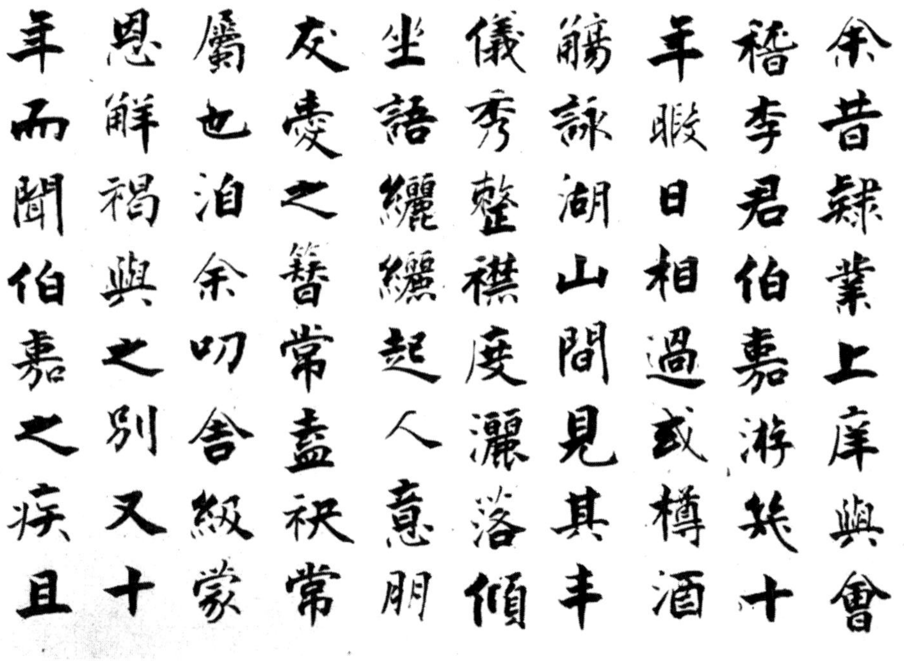
余昔隸業上庠與會
稽李君伯嘉游幾十
年暇日相過或樽酒
觴詠湖山間見其丰
儀秀整襟度灑落傾
坐語纚纚起人意朋
友亟之簪常盍袂常
屬也洎余叨舍級蒙
恩鮮禍與之別又十
年而聞伯嘉之疾且

出處：《故宮歷代法書全集．第二卷》，臺北故宮博物院藏本。

在收藏印方面，兩本皆有多方項元汴的收藏印，而臺北故宮本則多了幾方畢沅的印章，曾入清內府為「延春閣」藏品，編入《石渠寶笈三編》〔註 67〕之中，有鄰館本則未編入。筆者細看卷末收藏章，臺北故宮本的收藏章應是偽仿，與有鄰館本的收藏章有明顯的落差，尤其是「別部司馬」此方最為明顯，可當下立判，其他則不煩細說，這恐怕是不肖商人所製作的贗品，清廷是不辨真偽的予以收藏。

〔註 67〕〔清〕張照、梁詩正等纂修：《石渠寶笈（四）》「延春閣藏」十四．「列朝名人書畫」．「宋張即之書李衎墓誌銘」一卷，《秘殿珠林石渠寶笈．三編》（臺北：國立故宮博物院，1969 年），頁 1511～1514。

圖 25　兩種藏本收藏印（右為日本藤井有鄰館藏本）

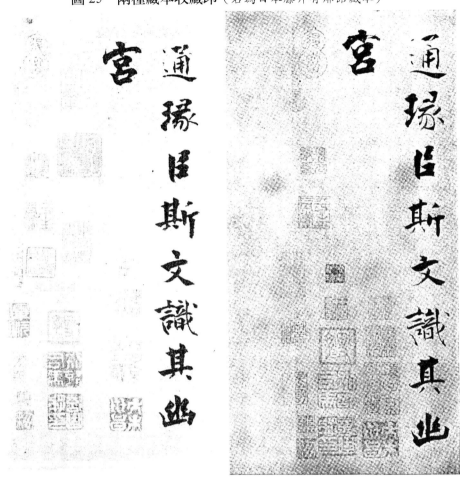

出處：《宋張即之李伯嘉墓誌銘》、《故宮歷代法書全集‧第二卷》

　　至於這兩本何者才是真蹟？傅申在〈張即之和他的中楷〉一文中認為，日本藤井有鄰館藏本是真蹟，而臺北故宮博物院藏本則是偽本、臨本：

　　　　真跡本藏於日本京都藤井有鄰館，偽本藏於台北故宮。……此一臨本，頗具程度，故得列入《故宮書畫錄》正目之中，結體用筆與神氣，都有六、七成的水準。但用我們前述張氏的書法特徵去細加比較觀察時，就能發現偽作在筆畫輕重的對比上，不能做到原作那種「重若崩雲，輕若蟬翼」的程度，粗是夠粗了，但不夠重；細的不夠細，而且沒有勁！筆畫之間帶出那一絲絲的銅汁也沒有了。……許多字的比例更寬扁了，加之筆畫中失去了那種勁秀之氣，神情比較癡呆。所以，如果有人說張即之當時就寫了兩本，從書法上看已

經是不可能了；加之，這兩本怎能巧到有同樣的收藏印，同樣的題跋呢？所以這是無可懷疑的臨本了。至於有鄰館的這一本，雖然較之一般真跡為粗肥，但與其他真跡細較其字法，筆法，不難看出是同一人的手筆的。〔註68〕

傅氏認為臨本「頗具程度，故得以列入《故宮書畫錄》正目之中，結體用筆與神氣，都有六、七成的水準」，此乃傅氏之見，似乎太抬舉偽本了。而對於傅氏對偽本的批判，筆者基本上認同，其實只要真蹟仍存世，偽本則已失去收藏的價值，因此也毋須再費筆墨為之琢磨。

另外，由於此件書蹟作品末後無紀年，因此傅氏從銘文中對李伯嘉的卒年推測，此書作當在 1245 年之後：

文中述及銘主李伯嘉卒於淳祐四年（1244）七月二十一日，而其長子伯魚卒於後一年，據此知此銘文不能早於一二四五年，而張即之此書當在一二四五年後。〔註69〕

從一二四五年到張即之卒年一二六六年，還有二十一年的時間，究竟以那一年為近似？傅氏先列舉了日本學者的看法：

神田喜一郎先生在一九六七年《書道全集》的解說中，並沒涉及作品年代問題，松井如流先生在一九六二年二玄社《墨跡名品本》解說中，以為是張氏六十以後，到六十八歲書智積院〈金剛經〉以前的這幾年中所書。西林昭一先生在一九七二年中央公論社出版的《書道藝術》一書中，對此書的說明中，以為在李氏卒後一、二年間，張氏六十歲左右所書。〔註70〕

然而，傅氏並不認同日本學者的看法，卻認為可能是張氏七十歲以後所書寫的：

如果誠如西林昭一氏所云：此書為李伯嘉卒後一、二年，張氏六十或六十一歲時所書，則其書風為何與張氏六十一歲所書〈金剛經〉（普林斯頓）有如許的差距？即使比較起六十八歲的〈金剛經〉，七十歲的〈佛遺教經〉，此銘書風雖然較近後者，但仍然較粗較黑，用筆細微處也較鬆放自然，這是否說明此書可能是張氏七十歲後所書

〔註68〕傅申：〈張即之和他的中楷〉，《書史與書蹟——傅申書法論文集》，頁 125。
〔註69〕《書史與書蹟——傅申書法論文集》，頁 116。
〔註70〕《書史與書蹟——傅申書法論文集》，頁 132。

呢？至少以下數點並不與此衝突：

1. 七十歲之後，張氏還有十一年的生命，七十歲時的寫經還是精力旺盛，也有七十八歲所書的〈金剛經〉傳世。
2. 此書用筆粗重豪放，而不在細處求精微的筆趣，亦以晚年相宜。
3. 從張氏自署官銜：「太中大夫直秘閣致仕」來看，是張氏致仕後所書，以張氏之高壽，若在六十歲就致仕，也許稍微早了一點。〔註71〕

對於傅氏上述對張即之可能在七十歲以後書寫《李伯嘉墓誌銘》的推論，筆者認為應當是錯誤的。

首先，從上一章第二節對張即之仕宦經歷的考證，根據《康熙桃源鄉志》與《民國鄞縣通志》的記載，張即之於五十一歲時因「觸目時艱，切齒貪吏，無心仕祿」，於是引年致仕，里居三十年而自適園池之樂，比傅氏所推測更早九年致仕，這應當是傅氏疏於考證之處。

其次，既然張即之自適園池之樂三十年，可見生活十分優閑，時間相當寬裕，何以一篇在淳祐四年（1244）即寫好的墓誌銘，張即之卻要等到七十歲（1256）時才來書寫呢？這並不合常理。

再者，就傅氏認為《李伯嘉墓誌銘》與《佛遺教經》的書風相近而言，筆者認為，《佛遺教經》的書風與張即之大多數寫經書蹟相一致，尤其是與分別在寶祐元年七月十三、十八日所書寫的《金剛經》很接近，但《李伯嘉墓誌銘》卻是別樹一幟，另有特色，兩者並不能稱得上相近。

筆者認為《李伯嘉墓誌銘》在用筆上，較其寫經書蹟來得圓厚飽滿，而且也較張即之其他書作所呈顯的方勁古拙的書風有所不同，顏體的書風相當濃厚，尤其與其書杜詩所呈顯的歐體險峻書風相對立。在粗細互作的程度上更加的強烈，不管是個別的字或是一整個篇幅，都能產生十分明顯的對比，整體看來有一種立體的視覺效果。

就結體而言，有顏體的寬厚平實；就細筆的刻畫而言，有歐體的險峻；就運筆的速度與整體的韻律感而言，有褚體的輕靈。這篇墓誌銘的書體，可說是顏體、歐體、褚體三者完美結合的呈現，有其獨特的風格，而其他寫經作品則多呈現褚體與歐體相融合的書風，於顏體書風的呈現則遠不及《李伯嘉墓誌銘》來得突顯。因此，筆者傾向於認同西林昭一的說法，此書當在李氏卒後一、二年時所寫。

〔註71〕《書史與書蹟──傅申書法論文集》，頁132～133。

八、《度人經》

　　張即之書《度人經》，書後無名款，著錄於《秘殿珠林續編》，收藏於乾清宮，現由北京故宮博物院收藏，〔註72〕是目前僅有的一部書寫道教經典的傳世書蹟。

　　「張即之書度人經」一冊

　　〔本幅〕素牋本。五十七對幅，每幅縱九寸五分，橫九寸二分。楷書「太上洞元靈寶無量度人上品妙經」經文不錄。無名款。後書李蒙孫名印受持鈐印三：「山水中人」、「梅江李氏」、「山水印」。

　　〔前副葉〕御題：「豪素通靈」，鈐寶一：「古稀天子之寶」。

　　〔後副葉〕錢陳群跋

　　樗寮墨妙，南渡後，矜貴特甚。金人重其名，每貢使至，輒攜金餅購之。其所繕內典道經，世傳能辟火災，流傳人間，惟誥身制勅獨多。此冊字數至四千有奇，嚴整秀勁，無暇可擊，為張君中壽時所作無疑。甬里錢陳羣跋。鈐印：「臣錢陳群」、「字曰敬主」。

　　〔鑒藏寶璽〕八璽全。八徵耄念之寶。

　　謹按：張即之，字溫夫，號樗寮，歷陽人。中進士舉，歷司農寺丞，授直秘閣，以能書聞天下。見宋史本傳。〔註73〕

從著錄內容得知，這部書蹟前幅有乾隆自題：「豪素通靈」四大字，並鈐印「古稀天子之寶」一方。而這部書蹟經歷乾隆、嘉慶、宣統三朝的收藏，上有清內府諸印，如圖26所示。書後餘紙書「李受持」三字，其「李」字下鈐「蒙孫」一印，而在「李」字上鈐「山水中人」、「梅江李氏」（朱白文）及山水肖形印一方。後幅頁有甬里錢陳群的題跋，「甬」音「路」，「甬里」是複姓的意思，意即錢陳群是姓錢陳名群，加一「甬里」在於強調提醒罷了，如圖27所示。

　　這部書蹟陳根民批評他將重複字寫得過於雷同而無有變化，以致索然無味：

　　他把那些重複字寫得過於雷同，缺少變化，以至於機械單調，索然無味。例如，此《度人經》中多次出現「天」、「人」、「神」、「之」等字，有的甚至相與為鄰，上下左右相伴，但作者沒有加以巧妙合理

〔註72〕　王連起主編：《故宮博物院藏文物珍品全集——宋代書法》（香港：商務印書館，2001年7月初版），頁227〜247。

〔註73〕　〔清〕張照、梁詩正等纂修：《秘殿珠林續編》，《秘殿珠林石渠寶笈‧續編》，頁233。

的藝術處理，而是寫得如同鉛印翻版一樣，所謂「千紙一類，一字萬同」。〔註74〕

圖26　張即之書《度人經》卷首

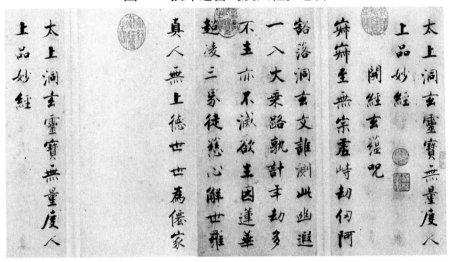

出處：《故宮博物院藏文物珍品全集——宋代書法》，北京故宮博物院收藏。

圖27　張即之書《度人經》卷後書字與題跋

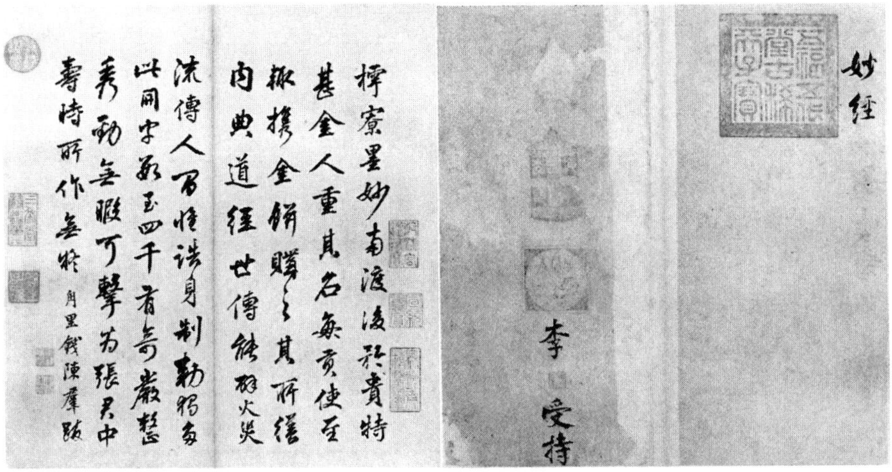

出處：《故宮博物院藏文物珍品全集——宋代書法》

筆者無法苟同陳氏之見，且以為陳氏未曾細看張即之《度人經》中相同字的細微變化，即使是所例舉的字例，也並非如陳氏所說的一模一樣。更何況寫經本身就存在著許多的限制，佛、道教經典本身的功用在於受持讀誦，若如米芾般

〔註74〕陳根民：《書藝珍品賞析25‧兩宋系列‧張即之》，頁22。

的飛躍迭宕，將使讀誦者無法字字句句讀得清楚，而達到澄意淨心的功效。在這種先天的條件限制下，張即之尚能有所變化，使之不像唐人寫經般的刻板單調，橫畫恆細，直畫恆粗，已是難能可貴。近有研究生以反對陳氏之見為研究動機，撰文發表研究心得，可見第一章中的文獻探討中的簡介，故不再費筆墨論述。

九、《楞嚴經》

這部傳為白居易書《楞嚴經》，最早由明人李日華於《味水軒日記》中提到：

> 客言余前所見馮權奇家白香山書《楞嚴經》，本張即之筆，朱為補款，并作鐵崖跋，跋語則出馮手構，余固疑其類即之諸跋，忽未察耳。〔註75〕

李氏的客人對收藏在馮奇權家中的這部書蹟：白香山書《楞嚴經》，認為本是張即之手筆，而為朱氏（朱肖海）所補款，並作楊維楨跋語，跋語內容由馮奇權所撰；李氏固然也與客人有相同的懷疑，但沒有進一步考證。

依傅申的考證，這部書蹟著錄於《秘殿珠林石渠寶笈》，張照認為是白居易真蹟。曾經清內府收藏，貯存於乾清宮，列為上等，而以「唐白居易書《楞嚴經》一冊」為收藏名目。後來傅申在民國四十九年臺北世界科學社發行的《唐宋金元明清名賢墨寶》一大冊中（今已絕版筆者尚未尋見），看到僅止一頁的影印，而且是有白居易款識的最一後頁，對此產生懷疑而開始進行考證。如圖28所示。

隨後在 1976 年發表〈張即之和他的中楷〉，將這部書蹟歸屬於張即之；之後又於 1985 年 5 月發表〈真偽白居易與張即之〉，對這部書蹟有全面性的考證報告；這兩篇論文皆收錄於其論文集《書史與書蹟──傅申書法論文集》〔註76〕。

2010 年 11 月 22 日至 11 月 24 日，國立故宮博物院舉辦「文藝紹興──南宋藝術與文化學術研討會」，傅申在此會中發表一篇論文〈張即之及其大字〉，其中一小節「張即之書〈楞嚴經〉偽改成白居易書的真相」，對部這書蹟又有進一步的考證報告。

〔註75〕〔明〕李日華：《味水軒日記》，《中國書畫全書》第三冊，頁 1117。
〔註76〕傅申：《書史與書蹟──傅申書法論文集》，頁 122～124、163～182。

圖28　張即之書《楞嚴經》數行

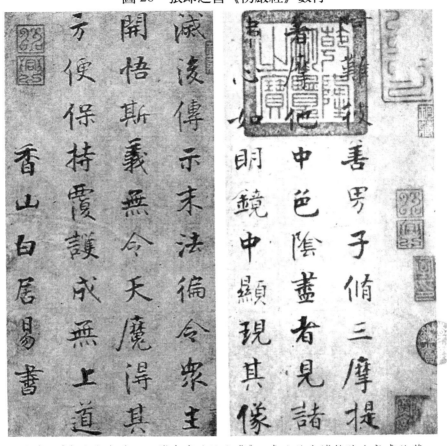

出處：《書史與書蹟——傅申書法論文集》，臺北故宮博物院文獻處收藏。

目前國內外學者對這部書蹟的考證就屬傅申為最詳實，可以確定相傳為白居易書《楞嚴經》，其實就是張即之書蹟，現收藏於臺北故宮博物院文獻處。在此只將書蹟圖版轉引，不再另行考證。

不過，筆者找到一則著錄，清人姜湛英《湛園集》中這麼說道：

> 張即之，號樗寮，書法歐陽率更，加之險峭，遂自成家。今停雲館收
> 刻只數行，余家有其所寫楞嚴經全卷，遭亂播遷，僅存此二十二頁。
> 停雲所刻有云慈溪、有王昇者，出入吾家二十餘年。吾邑多張書，其
> 皆王君所得乎！世傳其為水晶，書能禳火，故藏書家多寶之。〔註77〕

姜湛英看見停雲館所收刻僅有幾行的張即之《楞嚴經》書蹟，於是說自己家中

〔註77〕〔清〕姜宸英：《湛園集》卷八，《四庫全書珍本》第十二集，頁54。（亦見《中
　　　國書畫全書》第七冊，頁968。）

曾經收藏張即之所寫的《楞嚴經》全卷，但是後來遭亂播遷而僅存二十二頁。從姜氏這段文來看，從頭到尾都沒提到有白居易偽款的字蹟，因此讓筆者懷疑，姜氏所收藏的會不會是另一部張即之所寫的《楞嚴經》呢？而且《楞嚴經》還有刻石的存在，這些在傅氏的考證中並未提到，是否未曾留意而疏忽？

　　這部偽託白居易所寫的書蹟，雖然為臺北故宮博物院文獻處所收藏，但截至今日未曾看見臺北故宮相關的出版品，實在很難進行考證，因此目前只能依從傅申先生的考證，而將疑問提出，期能搜得更多資料，留待來日能目睹真蹟，釐清心中疑雲。

十、《華嚴經》

　　《華嚴經》全名為《大方廣佛華嚴經》，向來被大乘佛教諸宗視為「經中之王」，是對佛教世界觀最完整的說解。這部經依漢譯本的卷數不同而有「四十華嚴」、「六十華嚴」、「八十華嚴」的區別。張即之所書寫的《華嚴經》依清人的題跋內容及傳世書蹟可知，是「八十華嚴」，有八十卷，為張即之一生書寫的佛教經典中卷數最多，份量最大的一部佛教經典。

　　根據清人阮元《石渠隨筆》中所說：

> 張即之墨書《華嚴經》一部，精神腕力，獨出冠時。因內府所藏獨缺失一卷，上以裘曰修書法相近，命摹補之，極能媲美，優詔褒賞。〔註78〕

阮元所看見的清內府收藏，是一部張即之所書寫的《華嚴經》，不是多部。而這時已經遺失了一卷，皇上命裘曰修摹補而能媲美真蹟故得優賞。

　　類似的說法則是陸心源《穰梨館過眼錄》所說的：

> 張即之所書《華嚴經》全部，在內府失去六卷。康熙間裘曰修補全，如出一手。〔註79〕

陸心源所說的「《華嚴經》全部」即是指一部而言，這部已遺失六卷，不同於阮元的說法，多遺失了五卷，而修補的時間是在康熙年間，同樣由裘曰修補全。

　　然而，繆荃孫《雲自在龕隨筆》則說：

> 張樗寮《華嚴經》冊，白紙本，八十行烏絲闌，行書。有清朝王文

〔註78〕〔清〕阮元：《石渠隨筆》，《叢書集成初編》，頁33。
〔註79〕〔清〕陸心源：「張即之書華嚴經冊」，《穰梨館過眼錄》卷三，《續修四庫全書·子部·藝術1087》，內頁15，總書頁39。

治、祝德麟跋。樗寮生平好寫佛經，《華嚴經》有正副本，正本久入
《石渠寶笈》，副本向藏內閣庫中，旋以蠹爛散佚，此本即內閣散出
者。正本在內府，缺六卷，高宗命裘曰修補書。杭州海潮寺有三卷，
梁山舟題作鎮山之寶。又一卷歸穰梨館；又兩卷歸沈仲復中丞；不
知與此何如？〔註80〕

繆荃孫的說法有幾點不同於前二者的說法，一是張即之所寫的《華嚴經》有正
副本，正本久入《石渠寶笈》，副本藏於內閣庫中。然而筆者查考《石笈寶笈》
並沒有張即之書《華嚴經》的記錄，可見並沒有入《石渠寶笈》之中。至於張
即之所寫的《華嚴經》為何會有副本？這副本所指者何？是摹本嗎？還是第二
部張即之所寫的《華嚴經》？如果是第二部為何稱它為副本？這在在教人起疑
而倍感不合常理，但卻苦於無有證據證明錯誤。

　　第二點，依繆荃孫的說法，正本在內府，缺六卷，由高宗乾隆皇帝命裘
曰修補書。這說法與陸心源的說法相近，不同的是修補的時間不是在康熙年
間而是在乾隆皇帝的時候。因此繆荃孫的說法若要成立，則關鍵在於裘曰修。
裘曰修（1712～1773）是乾隆四年（1739）殿試二甲第七名的進士，歷任禮
部尚書、刑部尚書、工部尚書，可見是乾隆年間的人，由此可證，陸心源說
是在「康熙間」命裘曰修補全，這一時間點是錯誤的，而以繆荃孫為正確。

　　第三點，繆荃孫所見之《華嚴經》卷，正是王文治所見之散佚本，因為
有王文治與祝德麟的題跋。依繆氏說法這本是藏在內閣中的副本，因蠹爛而
散出。這卷散佚出的《華嚴經》卷，從前文所引王文治的題跋可以得知是為
何卷：

……樗寮生平多以翰墨為佛事，……乃《華嚴經》又復累書，不一
書。……是冊為祝芷塘太史贈吾雷峰者，雷峰將自京師歸蜀，三千
里外乞余題跋，并乞蓮巢書籤。余為校訂而歸之，冊後到有一頁半
乃「昇夜摩天偈贊品」之文，闌入「二法界品」後，殊覺倒置，余
乃取而有之，且將撫勒諸石，以公同好。明告雷峰，不欲犯盜戒故
也。〔註81〕

依王文治這段題跋可知，王氏所看見的是冊裝的《華嚴經》，但不知道是從第

〔註80〕　〔清〕繆荃孫撰：《雲自在龕隨筆》卷二「書畫」，《中國學術名著‧第六輯：
　　　　　讀書劄記叢刊‧第二集‧第38冊》（臺北：世界書局，1963年），頁45。
〔註81〕　〔清〕王文治：〈張樗寮華嚴經真蹟〉，《快雨堂題跋》卷四，《國家圖書館藏古
　　　　　籍藝術類編17～18》，頁324～325。

幾卷起迄至第幾卷，依據繆荃孫的說法，這已經不是完整的《華嚴經》了。又依王氏的說法，在這冊不完整的《華嚴經》中有一頁半是「昇夜摩天偈贊品」之文，闌入「二法界品」後。據筆者所知，《華嚴經》中有「昇夜摩天宮品」、「夜摩宮中偈贊品」、「入法界品」，就是沒有王氏所謂的那幾品，可見王氏對這些品名沒有記得很清楚，有搞混的現象，而且在《華嚴經》中「入法界品」是最後一品，所以王氏調整其先後次序者，當是「昇夜摩天宮品」或「夜摩天偈贊品」，最後才是「入法界品」。其次，就一頁半的長度而言，有可能是寫「昇夜摩天宮品」當中唯一的偈頌，或是「夜摩宮中偈贊品」好幾段偈頌中的一個。從現存的傳世書蹟，由安徽省博物館所收藏的「夜摩宮中偈贊品第十九」，〔註82〕則有可能是王氏與繆荃孫所見的書蹟，如圖 29 所示：

這卷書蹟上有梁巘私印，可見曾由梁氏收藏過，至於如何流傳最後由安徽省博物館收藏，目前筆者尚未找到相關的文獻資料，故無法得知。

第四點，繆荃孫說正本在內府，缺失六卷，高宗命裘曰修補書。接著即說杭州海潮寺有三卷，梁山舟題作鎮山之寶。又一卷歸穰梨館；又兩卷歸沈仲復中丞；依文意似乎正本所缺失之六卷，皆教繆荃孫指出其歸處，但是否真如繆氏所說？則須考證一番。

首先，查梁同書《頻羅庵遺集》中確有一則〈樗寮書華嚴經第三十六卷跋〉的跋文：

向聞潮鳴寺有戴文進功德畫若干幅，不聞有張樗寮手寫華嚴經也。是冊不知又從何處流傳到此，雖全經零散，僅存八十卷中之一，而閱世六、七百年，紙墨如新，不可多得。住僧當善藏之，永為潮鳴鎮山之寶。〔註83〕

梁同書在潮鳴寺所看到的是《華嚴經》第三十六卷，此卷亦著錄在徐邦達《古書畫過眼要錄》中，說明此卷本文從「自相弋無礙智」至「無礙智知諸法」，共書九十行，前後多已殘缺。無書蹟圖版，但有何紹基與李輔耀的題跋內容，而關於這一卷陳根民與方愛龍皆指出目前由北京故宮博物院所收藏，不過，筆者至今尚未找到這卷的圖版，也未看見《中國古代書畫圖目》有這一卷的圖版，因此無法確定是否真實存在，只能暫時依從這幾位學者之說。

〔註82〕 中國古代書畫鑒定組編：《中國古代書畫圖目》第十二冊，頁 178：「皖 1-005」。

〔註83〕 〔清〕梁同書：〈樗寮書華嚴經第三十六卷跋〉，《頻羅庵遺集》卷十，《續修四庫全書‧集部‧別集類》第 1145 冊（上海：上海古籍出版社，2002 年），內頁 11，總書頁 530。

圖29　張即之書《華嚴經》卷第十九「夜摩宮中偈贊品第十九」片段

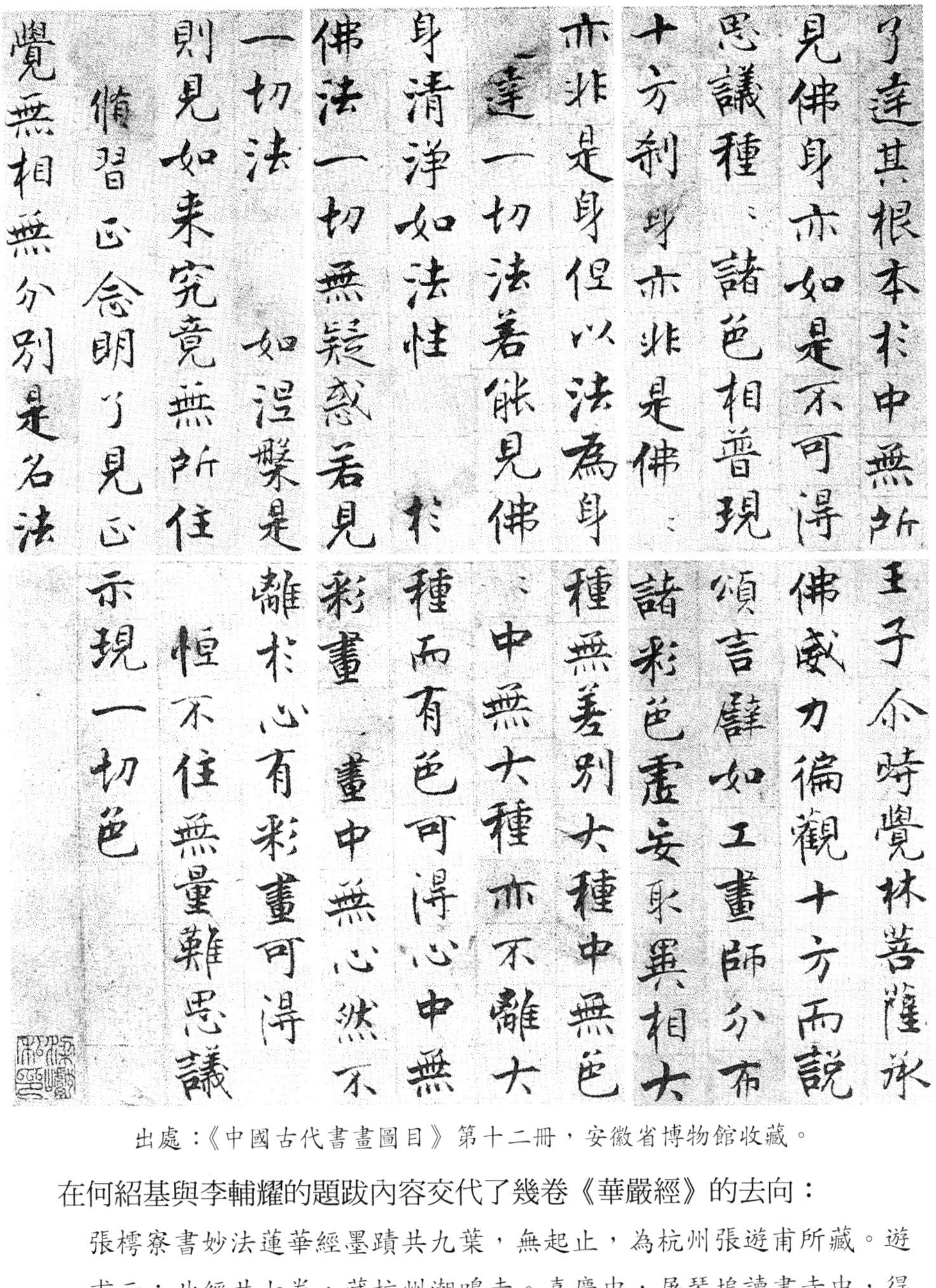

出處：《中國古代書畫圖目》第十二冊，安徽省博物館收藏。

在何紹基與李輔耀的題跋內容交代了幾卷《華嚴經》的去向：

> 張樗寮書妙法蓮華經墨蹟共九葉，無起止，為杭州張遊甫所藏。遊
> 甫云：此經共七卷，藏杭州潮鳴寺。嘉慶中，屠琴塢讀書寺中，得
> 其一卷，共五十七頁，數傳歸魏稼孫。咸豐庚申兵燹中，稼孫以付
> 遊甫，時遊甫宦遊吳門也。既以事至通州，為張岯堂分去四十八葉，
> 自留此九葉。

右張樗寮書華嚴經九葉，錢唐丁修甫中翰所藏，於癸卯臘月十一日
同人小集懷懷廬，攜以見示。修甫之言曰：「此經舊藏武林潮鳴寺，
乾隆中，屠琴塢、陳曼生讀書寺中，各向寺僧乞得一卷，餘卷亦就
散佚。此九葉為經第三十六卷十地品之三。同治初，藏張氏，曾乞
何蝯叟先生跋其後，誤為妙法蓮華經，蓋旅中率爾落筆，未暇繙閱
全經也。」此經共八十一卷，近日流傳尚多，歸安陸存齋藏第七十
一卷，江寧吳氏藏第五十八卷，聞揚州蕭雲浦亦藏有二卷，雖未知
其次第，聞係高旻寺舊物，殆非虛語。〔註84〕

梁同書、何紹基與李輔耀都說是在潮鳴寺看見《華嚴經》第三十六卷「十地品
之三」，可見繆荃孫說是在海潮寺恐怕是記錯了。依李氏之說，陸存齋藏有第
七十一卷，而第五十八卷為江寧吳氏所藏，揚州蕭雲浦亦藏有二卷。

關於第七十一卷，在陸心源《穰梨館過眼錄》卷三有這筆記錄——「張即
之書華嚴經冊」：

紙本。高一尺一寸，長九寸二分，計六十二頁，共長五丈七尺四分。
大方廣佛華嚴經卷第七十一經文不錄

張即之所書華嚴經全部，在內府失去六卷。康熙間裘日修補全，如出
一手。……此第七十一卷得之杭城潮鳴寺僧，僧藏有三卷：一為梁山
舟題，作鎮山之寶，劫後不知存亡矣。予得之卷，退光漆原，板面尚
存雕漆，金嵌題籤，亦樗寮書，精絕尤為難得。鈕福惇記。〔註85〕

而在《儀顧堂續跋》卷十五則有更進一步的說明：

右紙十接，長五丈七尺四分，高一尺一寸。梵經式六十二葉，葉二
十行，行十五字。烏絲方格，字幾萬，始終一筆不懈。其全部在內
府（明），缺六卷。杭州潮鳴寸有三卷，見太平清話，此即潮鳴寸三
卷之一。道光中為烏程鈕明經福惇所得，明經身故，歸於余。其漆
報裂紋如古琴，面刻大方廣佛華嚴經第七十一，十一字，亦樗寮書，
非即冊之首行摹刻者。七百年來裝池無恙，尤為難得。尚有二卷，
今歸沈仲復中丞，不及此冊之完善也。〔註86〕

〔註84〕徐邦達著，故宮博物院編：《古書畫過眼要錄‧晉隋唐五代宋書法：3》，頁
914～915。

〔註85〕〔清〕陸心源：「張即之書華嚴經冊」，《穰梨館過眼錄》卷三，《續修四庫全
書‧子部‧藝術1087》，內頁15，總書頁39。

〔註86〕〔清〕陸心源：〈張樗寮書大方廣華嚴經卷七十一跋〉，《儀顧堂續跋》卷十五，

從陸氏這兩段跋文可知，他所收藏的是潮鳴寺三卷中的第二卷，即《華嚴經》第七十一卷，本來由鈕福惇從潮鳴寺的寺僧手中得到，鈕氏身故之後則歸陸氏所有。這一卷目前由北京故宮博物院收藏，《中國古代書畫圖目》第一冊〔註 87〕有全卷的黑白影印，但圖版十分小，以致於讓字蹟看起來猶如米粒一般，很難讓人欣賞此卷書作，十分可惜。今選錄前數行，如圖 30 所示。

圖 30　張即之書《華嚴經》卷第七十一「入法界品第三十九之十二」卷首

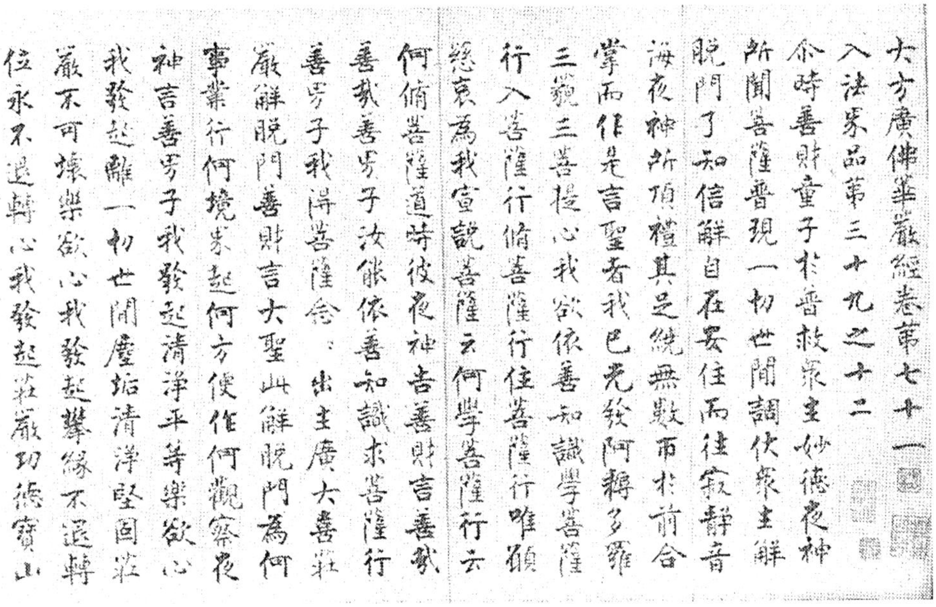
大方廣佛華嚴經卷第七十一
入法界品第三十九之十二
爾時善財童子於普救眾生妙德夜神
所聞菩薩普現一切世間調伏眾生解
脫門了知信解自在安住而往寂靜音
海夜神所頂禮其足繞無數匝於前合
掌而作是言聖者我已先發阿耨多羅
三藐三菩提心我欲依善知識學菩薩
行入菩薩行修菩薩行住菩薩行唯願
慈哀為我宣說菩薩云何學菩薩行云
何修菩薩道時彼夜神告善財言善哉
善哉善男子汝能依善知識求菩薩行
善男子我得菩薩念念出生廣大喜莊
嚴解脫門善財言大聖此解脫門為何
事業行何境界起何方便作何觀察夜
神言善男子我發起清淨平等樂欲心
我發起離一切世間塵垢清淨堅固莊
嚴不可壞樂欲心我發起攀緣不退轉
位永不退轉心我發起莊嚴功德寶山

出處：《中國古代書畫圖目》第一冊，北京故宮博物院收藏。

至於江寧吳氏所藏的第五十八卷，有可能是潮鳴寺三卷中的第三卷，目前無文獻著錄，很可能已經佚失。而李輔耀所說的：「揚州蕭雲浦亦藏有二卷」，是否就是徐邦達《古書畫過眼要錄》中所考證的卷第三十八與卷第五？

依徐氏的考證，卷第三十八書蹟為一冊紙本摺裝，有烏絲欄，縱三四．七厘米，通長一三六三厘米共四七．五頁，卷後有張廷濟的題跋，但徐氏並無提供書蹟圖版。

其實這卷書蹟在《中國古代書畫圖目》第六冊〔註 88〕有首尾片段的書蹟圖版，現由蘇州博物館收藏，如圖 31 所示：

《國家圖書館藏古籍題跋叢刊》（北京：北京圖書館出版社，2002 年）第十九冊，頁 118。

〔註 87〕中國古代書畫鑒定組編：《中國古代書畫圖目》第一冊，頁 2～5：「京 1-004」。

〔註 88〕中國古代書畫鑒定組編：《中國古代書畫圖目》第六冊，頁 1：「蘇 1-002」。

圖31　張即之書《華嚴經》卷第三十八「十地品第二十六之五」片段

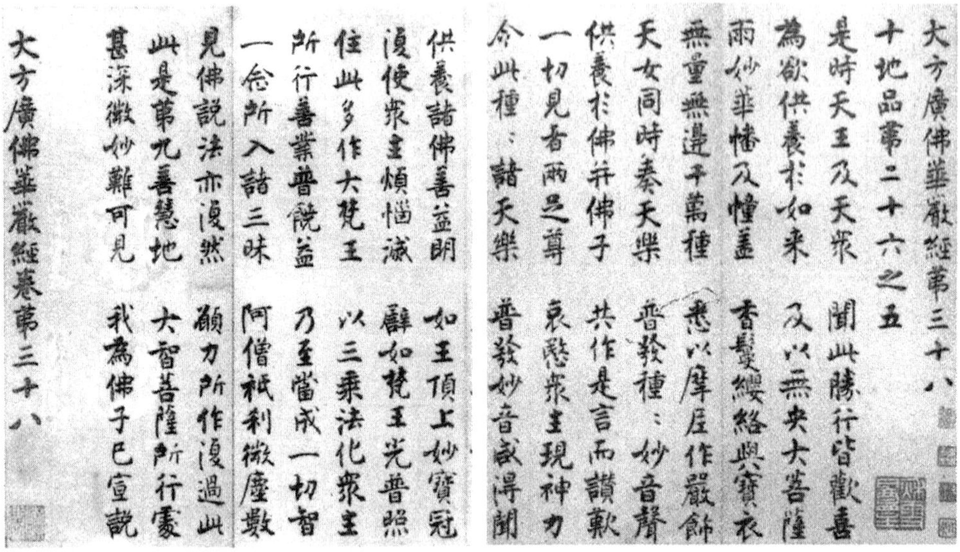

出處：《中國古代書畫圖目》第六冊，蘇州博物館收藏。

張廷濟的題跋對這卷書蹟的流傳透露一些訊息：

> 武林東里潮鳴寺多古經筴，叢殘委積，緇徒不之重。嘉慶甲子，胡
> 兄秋白先生，偕查梅史、屠琴塢、范小湖，多積堂讀書寺中，搜得
> 華嚴殘經六卷。既付裝後，以其半歸寺僧，一以與伯氏，一為陳曼
> 生取去，而留此第三十八卷之一卷。〔註89〕

從張氏的題跋文中可以確定這一卷也是從潮鳴寺流出的，另外還有一部分為
陳曼生（陳鴻壽）取去。陳曼生所取的是《華嚴經》的第幾卷？在徐氏所考證
的《華嚴經》卷第五「世主妙嚴品第一之五」郭麐的題跋中，明確的說明陳曼
生所取走的正是卷第五：

> 南宋張溫夫秘閣，在當時以書名天下。武林僧寺題榜，多出其手，
> 遊客過者，必指相誇稱。其手書《華嚴經》，向藏艮山門內之潮鳴
> 寺，有其署款，後稍稍為人所知，巧偷豪奪，遂至割裂。胡君秋白
> 有三冊，此華嚴第五卷不全本，為曼生所得，凡三百五十六行，行
> 十五字，約五千字，尋其源流，亦自寺中出，其為張溫夫真蹟無疑
> 也。〔註90〕

〔註89〕徐邦達著，故宮博物院編：《古書畫過眼要錄·晉隋唐五代宋書法：3》，頁914
　　　　～915。

〔註90〕《古書畫過眼要錄·晉隋唐五代宋書法：3》，頁913。

由郭氏這段文可以知道，藏在潮鳴寺中《華嚴經》真蹟被巧偷豪奪，以致割裂不全，胡秋白手中就有三冊，但究為哪三冊目前尚未有文獻資料可得知。而陳鴻壽手中的第五卷雖然約有五千字，卻是冊殘本，此卷殘本，依陳根民的說法，目前由北京故宮博物院收藏〔註91〕，但未提供書蹟圖版，筆者亦查無所獲，無可確認所說是否屬實。

　　此外，卷五殘本的一部分，據潘正煒《聽帆樓書畫記》的記載與題跋可知，早在嘉慶六年時由陳鴻壽轉贈給吳榮光：

> 宋張溫夫書華嚴經卷紙本，高九寸二分橫一尺六寸
>
> 爾時華藏莊嚴世界海，以佛神力，其地一切六種，十八相震動。所謂動遍動、普遍動、起遍起、普遍起、踊遍踊、普遍踊、震遍震、普遍震、吼遍吼、普遍吼、擊遍擊、普遍擊。此諸世主，一一皆現不思議諸供養雲，雨于如來道場眾海。所謂一切香華莊嚴雲，一切摩尼妙飾雲，一切寶焰華網雲，無邊種類摩尼寶圓光雲，一切眾色寶真珠藏雲，一切寶栴檀香雲，一切寶蓋雲，清淨妙聲摩尼王雲，日光摩尼瓔珞輪雲，一切寶光明藏雲，一切各別莊嚴具雲，如是等供養雲，其數無量不可思議。此諸世主，一一皆現如是供養雲，雨于如來道場眾海，靡不周遍，如此世界中，一一世主，心生歡喜，如是供養，其華藏莊嚴，世界海中，一切世界，所有世主，悉亦如是而為供養，其一切世界中，悉有如來，坐于道場，一一世主，各各信解，各各所緣，各各三昧方便門，各各修習助道法，各各成就，各各歡喜。
>
> 宋張即之書華嚴經第五卷第十四紙
>
> 曼生得之古剎中，攜來都門分贈荷屋太史珍鑒，曼生題記。
>
> 張溫夫書華嚴經殘頁，余以嘉慶辛酉歲得之陳曼生，越五載乙丑諸君子集桐壽山房觀題。又越六載庚午以贈雲谷農部，又越廿一載為道光庚寅九月雲谷屬補題此卷。吾與雲谷互藏卅餘年題者幾廿人，惟雲谷、荔峰、楚翹、伯臨俱無恙，而年皆耆艾良可感也。吳榮光記。〔註92〕

〔註91〕陳根民：《書藝珍品賞析25・兩宋系列・張即之》，頁18：「北京故宮博物院藏有三種：第五卷「世主妙嚴品・第一之五」（手卷殘本）」。
〔註92〕〔清〕潘正煒：《聽帆樓書畫記》，《中國書畫全書》第十一冊，頁895～896。

吳榮光的題跋對這第五卷十四紙的流傳有所說明，即在嘉慶六年（1801）辛
酉，陳鴻壽贈給了吳榮光，而五年後曾邀好友在桐壽山房觀賞題記，又過六
年即嘉慶十五年（1810）庚午，吳榮光轉贈給葉夢龍。而這部書蹟之所以會
記載在潘正煒的《聽帆樓書畫記》中，足以證明這部書蹟最後歸潘正煒所收
藏，然時至今日已不知下落，甚為可惜。

　　除了上述從書蹟題跋內容查考而得的《華嚴經》殘卷之外，在傅申〈張即
之和他的中楷〉一文中，亦鑒賞一件《華嚴經》殘卷，為卷第六十四「入法界
品第三十九之五」：

> 此為日本東京高島菊次郎魂安居所藏，此經部份曾影印於平凡社舊
> 版《書道全集》及高島氏藏品目錄：《槐安居樂事》一書中，向無全
> 本影印，諸書說明亦向未討論其作書年代。全冊共十六紙，十二至
> 十六紙為後人補書。冊後有王文治、祝德麟、潘恭壽等十五家題跋，
> 曾經端方氏收藏。
>
> 此經用筆，細多粗少，即較之上述較細的一二四六年〈金剛經〉為
> 尤細，為張氏傳世諸書中最為輕靈的一件書跡，可能也與字跡較他
> 經為小有關，如他經每行多十字，此經每行十五字。而且此書結體
> 較為瘦長，也比較近於較早的〈金剛經〉。〔註93〕

還有一部書蹟為《華嚴經》卷第十一「毗盧遮那品第六」，由遼寧省博物館收
藏，《中國古代書畫圖目》第十五冊〔註94〕與《中華五千年文物集刊·法書篇
五》〔註95〕整卷黑白影印，為一紙本冊頁，縱三五·一公分，橫二九·一公分。
不過，因為無題跋內容，筆者亦無尋獲相關的文獻資料，而且無學者對此書蹟
發表考證報告，只能留待來日再進行研究。

〔註93〕傅申：〈張即之和他的中楷〉《書史與書蹟——傅申書法論文集》，頁 121～
　　　　122。
〔註94〕中國古代書畫鑒定組編：《中國古代書畫圖目》第十五冊，頁 45～46：「遼1-
　　　　044」。
〔註95〕吳哲夫總編輯；楊美莉主編：《中華五千年文物集刊·法書篇五》，頁 110～
　　　　158。

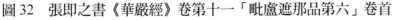

圖32　張即之書《華嚴經》卷第十一「毗盧遮那品第六」卷首

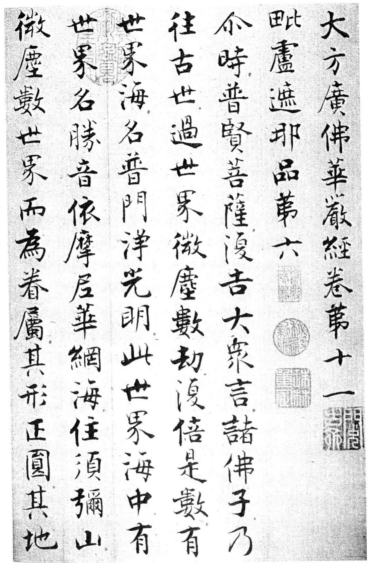

出處:《中華五千年文物集刊‧法書篇五》,遼寧省博物館收藏。

　　另外,在 2002 年 4 月 1 日出刊的《典藏古美術》,刊載了香港佳士得將於 4 月 28、29 日於萬國酒店拍賣的宋元墨跡,其中主要的焦點集中在張即之書《華嚴經》第六十五卷身上,如圖33 所示。香港佳士得對這件書蹟作品的介紹如下:

　　宋朝張即之(1186～1263)〈大方廣佛華嚴經卷第六十五〉冊頁 52 開
　　(每頁 34.4x14.4 公分),水墨紙本,……。此件拍品亦為中楷寫經

之作，烏絲界格，筆畫上雖不見如東京博物館所藏〈大方廣佛華嚴
經卷第六十五卷第十一〉張即之典型明顯的粗細與輕重變化，但宋
楷字的結體、形態與筆性皆與台北故宮所藏張即之 68 歲所作〈金剛
經〉十分近似，結體整嚴、筆力勁秀。

此件拍品具元朝書學博士柯九思、14 方包括石渠寶笈在內的乾隆
印鑑，還有乾隆年間進士王鼎、晚清南方大藏家何媛玉、清末民初
大藏家完顏景賢與民國時期葉恭綽等人的鑑藏印；明大收藏家王世
懋、清史學大家姚世鈺、19 世紀碑拓藏家覺羅崇恩於冊末題跋；阮
元《石渠隨筆》著錄。姚世鈺於題跋中敘述此物件曾經宋元秘珍而
後由其得手，覺羅崇恩則於題跋中指出寫經仍為宋代原本裝潢（前
後扉頁除外），道光時由殷學士以五百金自北京琉璃海王村購得，
後連同北宋拓〈聖教序〉（墨皇本聖教序）一起轉賣給他。〔註96〕

由此可見這部書蹟原為清內府所收藏，但《秘殿珠林石渠寶渠》卻無此卷之
著錄，可能早已散出。此書蹟經過不少位收藏家收藏，從乾隆年間進士王鼎
直到民初葉恭綽，然不知為何會淪為拍賣品，又為何人所賣出？這段簡介說
到此部書蹟著錄於阮元《石渠隨筆》中，恐怕不真，因此段著錄如前文所引
可知，阮元並未說明其所看到者是為何卷，所以目前看到的每一卷都有可能，
恐怕是撰文者為抬高此書蹟的身價而不經考證的添加一筆。

其次撰文者認為這部書蹟的結體、形態與筆性皆與臺北故宮所藏張即之
六十八歲〈金剛經〉十分近似，筆者倒是認為比較接近張即之書寫的《觀無量
壽佛經》，包括上文所查考出的張即之《華嚴經》各卷，皆較接近《觀無量壽
佛經》字蹟，應當是他六十歲以前書作，是他晚年將近七十歲時書作的可能性
不高。然亦有可能是從五十一歲致仕之後開始書寫，一直到晚年才全卷寫完也
說不一定，因此愈是卷數愈大的書蹟就愈接近他晚年的書作。然而由於無法親
見這幾部書蹟而細加比對，所以只能主觀的提出個人看法。

其他在這篇介紹這部書蹟的文章中所提到的諸如印章、題跋內容等等，
必須等看過這部真蹟，細讀考究題跋內容才能定讞，所以筆者無法在此為之
評價。但從這段文中可知，尚有一卷張即之的書蹟目前為日本東京博物館所
收藏，筆者目前尚未看見有學者對此進行考證，也未看見東京博物館對此件

〔註96〕熊宜敬編：《典藏古美術》第 115 期（臺北：典藏雜誌社，2002 年 4 月 1 日），
頁 40。

作品有相關的介紹，因此對這件書蹟的考證只能留待日後資料較為充足之時才能進行。

圖33　張即之書《華嚴經》卷第六十五「入法界品第三十九之六」卷首

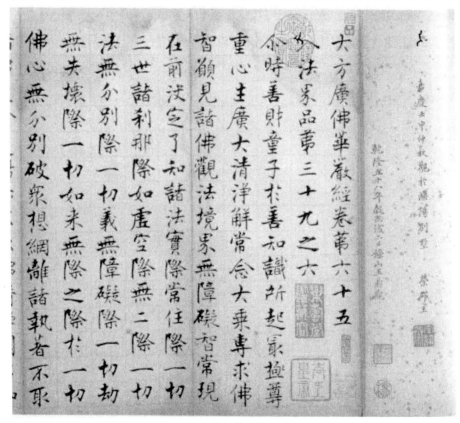

出處：《典藏古美術》

這卷書蹟據秦傑〈古舊書刊拍賣十年回顧與思考〉一文中所說：

> 2002 年 4 月 29 日，香港佳世得春拍中一件宋代張即之《大方廣佛華嚴經》（卷第六十五共 104 頁，保留宋代原裝冊子），以 887.41 萬港幣創中國手抄本古籍海外拍賣最高價，打破 1996 年以 429 萬港幣（約 55 萬美元）拍出的宋代曾鞏信札。〔註97〕

〔註97〕 秦傑〈古舊書刊拍賣十年回顧與思考〉http://big5.china.com.cn/chinese/archive/
331009.htm，2011 年 9 月 12 日瀏覽。其他相關的報導亦可參看以下網址：
http://www.dashuhua.com/zixun/40004560.html、http://yz.sssc.cn/index/item?id=
1122316&past=true
http://big5.xinhuanet.com/gate/big5/news.xinhuanet.com/collection/2004-08/08/cont
ent_1735748.htm、http://art.big5.enorth.com.cn/system/2002/04/25/000320148.shtml

從 1 港幣＝3.7327 台幣的匯率來換算，887.41 萬港幣相當於 3312.4353 萬台幣，三千三百多萬台幣真可以說是天價，也創下香港佳士得有史以來最高價的世界紀錄。

從以上的考證，筆者認為對於張即之《華嚴經》各卷書蹟的考證，尚有很大的研究空間，留待日後有心者對這一區塊有進一步的研究報告發表。由於這段查考行文甚長，故將上述的書蹟下落，除卷第五十八與卷第五十四紙佚失外，依卷名與收藏地整理如下：

（一）北京故宮博物院

　　1.《華嚴經》卷第五「世主妙嚴品第一之五」

　　2.《華嚴經》卷第三十六「十地品之三」

　　3.《華嚴經》卷第七十一「入法界品第三十九之十二」

（二）安徽省博物館：《華嚴經》卷第十九「夜摩宮中偈贊品第二十」

（三）蘇州博物館：《華嚴經》卷第三十八「十地品第二十六之五」

（四）日本東京高島菊次郎槐安居藏本：《華嚴經》卷第六十四「入法界品第三十九之五」

（五）遼寧省博物館：《華嚴經》卷第十一「毗盧遮那品第六」

（六）香港佳士得拍賣：《華嚴經》卷第六十五「入法界品第三十九之六」

（七）日本東京國立博物館：《華嚴經》卷第六十五「入法界品第十一」

十一、楷書自書詩翰

這部書蹟，筆者是從周伯益〈舟齋藏古代名家翰墨〉一文中得悉張即之尚有這件書作傳世，而從周氏的介紹亦可得知相關這部書蹟在哪些書籍刊載，今將周氏介紹的要點轉載如下：

張即之楷書冊

此冊氏紙本，縱二六・五、橫一三・六厘米。原來以為手卷，後經割裱為冊。每頁兩字，字大如碗，錄詩一首：「斂襟談老氏，……即之書。」此詩不知何時何人所作，至今尚未查到。末鈐「玉堂中人」朱文方印……。此冊前有「宋張即之真迹，言朝標題籤。」……末有翁方綱題跋，說到「水屋先生」攜此冊與翁共賞，翁乃作此題跋。……查臺北文海出版所出「手稿叢書」中翁方綱《復初齋文集》……其中「復初齋文稿十九」中載有這一題跋的原稿，年月日相符。原稿有三段，此冊只錄了末段。由此可證此冊確實曾藏於張

道渥處，又曾請翁方綱共同鑒定。……此冊為舟齋舊藏。「文化大革命」前曾經著名書法家白蕉先生鑒定為真迹，一九六四年，他將此冊照片推薦給安徽省博物館鑒定家石谷風先生，建議出版，并題了簽。……此次刊載之前，藏者特攜此卷請啟功先生鑒定，啟先生說，張即之大字學唐人，不主一家，有自己的特點。並親在此冊鈐印一枚。又此冊上鈐印雖多，但有些不真，可能為商家所為。〔註98〕

由此可見，這冊書蹟至少經由翁方綱、白蕉、石谷風與啟功等四人的鑒定，均認定是為真蹟。目前尚未有其他學者專家對此書蹟提出考證報告，而上述四人的鑒定報告，筆者也尚未找到。不過，此件書作已由中國嘉德國際拍賣公司於 2007 年 5 月春季拍賣會賣出，如圖 34 所示。〔註99〕

圖 34　張即之楷書自書詩翰

出處：《書法叢刊》

　　筆者認為這部書蹟與其他張即之所書寫的《李伯嘉墓誌銘》、杜甫詩七律二首、《待漏院記》、《雙松圖歌》以及後文將介紹的《李賀過高軒詩》等，有很大的差別，即十分方正而顯得呆板，雖有歐陽詢勁直的險勁，但少有褚遂良輕靈的姿態與米芾跌宕跳動的韻律。一些字的寫法也異於張即之的書寫習慣，

〔註98〕周伯益：〈舟齋藏古代名家翰墨〉，《書法叢刊》（北京：文物出版社，2005 年 1 月），頁 28～29。

〔註99〕請參看相關網站：http://pm.findart.com.cn/980472-pm.html，於 2011 年 11 月 11 日瀏覽。

如「搭鋒」不明顯，而「無」字的寫法，筆者未曾在其傳世書蹟中見過這種寫法，其次是每個字都太過於「中正」，這不符合張即之書風，張即之書風欹側跛偃有米芾書風，再者重筆過圓而顯得肥腴，與張即之「方勁」的筆力有些許差距。假設這是一件臨倣之作，則肯定是位高手；如果這是一件真蹟，有可能是早年之作，在承傳家學習寫顏體之際，尚未在六朝唐人書蹟下深刻工夫之時。不過，筆者認為不是真蹟的可能性極高，留待日後專文研究。

十二、《待漏院記》

此卷書蹟現藏上海博物館，無歷代著錄。《中國古代書畫圖目》第二冊〔註100〕、《中國真蹟大觀　宋・金》〔註101〕有全卷的黑白影印，如圖35所示。依出版品圖版目錄，為紙本，縱三四・六公分，橫一二八・七公分。無署名、無紀年，但依此書蹟書風直可斷定為張即之真蹟，尚未有學者提出反對意見，而傅申則認為可能是五十餘歲時所寫。〔註102〕書寫內容為北宋王禹偁名篇《待漏院記》，卷後有吳寬、李東陽、湯貽芬、王芝林等人的題跋，對此書蹟各有評價。至於為何書寫此篇的動機，據陳根民的分析，可能與其密友吳潛於淳祐年間（1241～1252）由紹興府入為參知政事，累進為左丞相，封許國公。此《待漏院記》或許是饋贈禮品，或作為官府廳堂之類場所之用而設的。此外陳氏亦舉出此卷內容與原篇少量異字的現象，對此卷的說解可謂詳實。〔註103〕

圖35　張即之書《待漏院記》前數行

出處：《中國真蹟大觀　宋・金》，上海博物館收藏。

〔註100〕中國古代書畫鑒定組編：《中國古代書畫圖目》第二冊，頁44：「滬1-0074」。
〔註101〕株式會社同朋舍社、文物出版社編集：《中國真蹟大觀　宋・金》（東京：株式會社同朋舍出版，1995年），頁126～148。
〔註102〕傅申：〈張即之及其大字〉，《文藝紹興——南宋藝術與文化學術研討會》，頁272。
〔註103〕陳根民：《書藝珍品賞析25・兩宋系列・張即之》，頁6～7。

十三、尺牘

　　張即之的尺牘書作計有：〈與殿元學士書〉、〈與大歇和尚尺牘〉、〈與廿二弟知縣承議尺牘〉、〈台慈帖〉、〈致尊堂太安人尺牘〉、〈引年得謝帖〉等六種，除了〈引年得謝帖〉目前尚未看見書蹟以外，但著錄於卞永譽《式古堂書畫彙考》〔註104〕與梁同書《頻羅庵遺集》卷十〈跋樗寮引年帖〉〔註105〕中，其他皆是傳世書蹟，而且已經由不少位學者鑑定賞析，確定是為真蹟，因此不再一一詳述考證過程，只將上述各帖作一簡介。

（一）〈與殿元學士書〉

　　〈與殿元學士書〉，又稱〈從者來歸帖〉。此卷現由臺北故宮博物院收藏，而最近出版的《文藝紹興──南宋藝術與文化・書畫卷》中有全帖的彩色影印〔註106〕，如圖 36 所示。

　　此帖著錄於明人顧復《平生壯觀》卷三〔註107〕、清人卞永譽《式古堂書畫彙考》卷十五、安歧《墨緣彙觀》〔註108〕；曾入清內府著錄於《石渠寶笈・續編》卷八〔註109〕之中。徐邦達、陳根民等皆考證為真蹟。其中陳根民認為：

> 　　顧復《平生壯觀》卷三著錄張即之《季氏殿元札》，不知兩「殿元」
> 　　是否為同一人？若是，則本札之「殿元學士」應姓季氏。〔註110〕

陳氏是以顧復《平生壯觀》卷三中對此帖的著錄「季氏冊中二札　殿元　大歇」這一行字，提出合理的懷疑，但目前仍無直接證據可以證明。

〔註104〕〔清〕卞永譽：《式古堂書畫彙考》卷十五「張即之」，《景印文淵閣四庫全書・子部・藝術類 133～135》，內頁 17～18，總頁數 827 之 671。

〔註105〕〔清〕梁同書：〈跋樗寮引年帖〉，《頻羅庵遺集》卷十，《續修四庫全書・集部・別集類》第 1145 冊，內頁 9～10，總書頁 529～530。

〔註106〕何傳馨主編：《文藝紹興：南宋藝術與文化・書畫卷》（臺北：國立故宮博物院，2010 年），頁 274～275。

〔註107〕〔明〕顧復：《平生壯觀》卷三，頁 27。亦見《中國書畫全書》第四冊，頁 910。

〔註108〕〔清〕安歧：《墨緣彙觀》，《中國書畫全書》第十冊，頁 315。

〔註109〕〔清〕張照、梁詩正等纂修：《石渠寶笈續編・第八》「宋人法書四冊」，《秘殿珠林石渠寶笈・續編》，頁 469。

〔註110〕陳根民：《書藝珍品賞析 25・兩宋系列・張即之》，頁 24。

圖 36　張即之尺牘〈與殿元學士書〉（〈從者來歸帖〉）

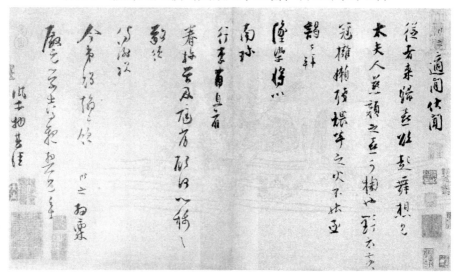

出處：《文藝紹興：南宋藝術與文化・書畫卷》，臺北故宮博物院收藏。

（二）〈與大歇和尚尺牘〉

〈與大歇和尚〉尺牘又稱〈裴茗帖〉，現藏於日本東京博物館，日本《書道全集》第十六卷中有黑白影印，〔註111〕如圖 37 所示。著錄於顧復《平生壯觀》卷三、卞永譽《式古堂書畫彙考》卷十五。

黃啟江說在〈南宋書家張即之的方外遊〉中說：

> 寫經要看季節，天寒地凍時，甚不易為，故張即之所寫之經，多半寫於夏季五至七月間。他曾以「筆凍手龜，恐未能即承命也」為由，回帖給向他求字的某大歇和尚老禪師。因為大歇老禪師贈送張即之喻為珍品的「裴茗」，意在求字，但因為時逢寒冬，故即之「筆凍手龜」無法承命。〔註112〕

而對大歇和尚為何人，黃氏亦有提出他的推測：

> 按：此大歇和尚或許是慶元雪寶寺的大歇仲謙（生卒年不詳），為松源崇岳（1132～1202）法嗣，因為年紀遠較張即之為大，故以「大歇和尚老禪師」稱之。〔註113〕

〔註111〕下中邦彥編集：《書道全集・第十六卷・中國 II　宋 II》（東京：株式會社平凡社，1980 年），頁 87。

〔註112〕黃啟江：《一味禪與江湖詩：南宋文學僧與禪文化的蛻變》，頁 629～630。

〔註113〕黃啟江：《一味禪與江湖詩：南宋文學僧與禪文化的蛻變》，頁 630：該文中之註84。

　　這是目前比較具體說出張即之寫這帖子的動機並對所寫對象有明確的考察。

圖 37　張即之尺牘〈與大歇和尚〉（〈裴茗帖〉）

出處：日本《書道全集》第十六卷，日本東京博物館收藏。

（三）〈與廿二弟知縣承議尺牘〉

　　〈與廿二弟知縣承議〉尺牘又稱〈溪莊帖〉，但對於「溪莊帖」之名稱，徐邦達認為不妥，因文義「思溪」應為地名，「莊幹」似為人名，故不能以「溪莊」二字割出成為帖名，因此徐邦達稱此帖為〈莊幹帖〉。〔註114〕此帖現為日本東京博物館收藏，如圖 38 所示，著錄於卞永譽《式古堂書畫彙考》。

〔註114〕徐邦達著，故宮博物院編：《古書畫過眼要錄・晉隋唐五代宋書法：3》，頁 920。

圖 38　張即之尺牘〈與廿二弟知縣承議〉

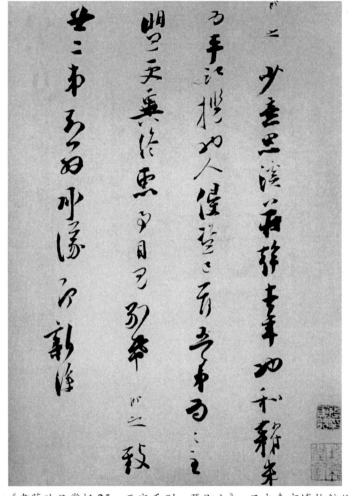

出處：《書藝珍品賞析 25·兩宋系列·張即之》，日本東京博物館收藏。

（四）〈台慈帖〉

〈台慈帖〉今由北京故宮博物院收藏，著錄於李佐賢《書畫鑑影》卷十一《名賢手簡集冊　宋附元》中。〔註 115〕《宋代書法——故宮博物院藏文物珍品全集》有全帖彩圖影印，〔註 116〕如圖 39 所示。

徐邦達在《古書畫過眼要錄》中，依此帖署款中銜稱「致仕」，認為此帖與〈致尊堂太安人尺牘〉、〈與大歇和尚尺牘〉、〈與殿元學士書〉等三帖，應

〔註 115〕　〔清〕李佐賢：《書畫鑑影》卷十一《宋附元·名賢手簡集冊》，《續修四庫全書·子部·藝術類 1085～1086》，內頁 8～9，總書頁 765～766。
〔註 116〕　王連起主編：《故宮博物院藏文物珍品全集——宋代書法》，頁 226。

當是在景定年間所書寫，而陳根民認為札中有「即之年來衰病日侵，視聽久
廢」、「若小字，則目視茫茫，如隔煙霧，度不復可下筆矣」等語，認定此乃
暮年所作。不過，徐氏與陳氏之見只能算是合理的推測之詞，目前無有直接
論據可以證明是在何年何月何日即之幾歲時所寫。看此帖字蹟不像前述三帖
那般的輕快靈活，似乎是在抱病的情況下所書寫也說不一定。

圖39　張即之尺牘〈台慈帖〉

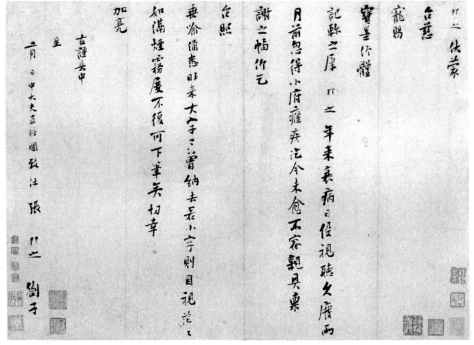

出處：《宋代書法──故宮博物院藏文物珍品全集》，北京故宮博物院收藏。

（五）〈致尊堂太安人尺牘〉

〈致尊堂太安人〉尺牘又稱〈上問帖〉，由臺北故宮博物院所收藏，《故宮
歷代法書全集》第十三冊有全帖黑白影印，〔註117〕如圖40所示，著錄於顧復
《平生壯觀》卷三，曾入清內府，貯於乾清宮，著錄於《石渠寶笈續編》第八
「宋人法書」四冊之中，〔註118〕並刻入《三希堂法帖》第十七冊中。〔註119〕

〔註117〕　國立故宮博物院編：《故宮歷代法書全集》第十三冊，頁106～107。
〔註118〕　〔清〕張照、梁詩正等纂修：《石渠寶笈續編》第八「宋人法書」四冊，《秘
　　　　　殿珠林石渠寶笈・續編》，頁469。
〔註119〕　沈滌蓀發行：《初拓續三希堂原本》第十七冊，無頁碼。

圖40　張即之尺牘〈致尊堂太安人〉(〈上問帖〉)

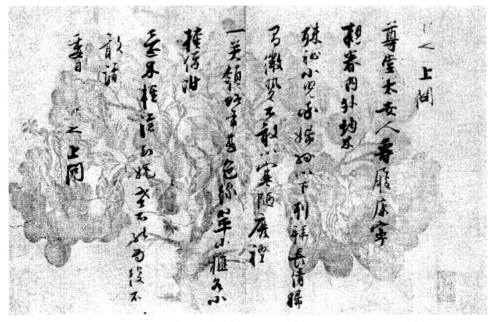

出處:《故宮歷代法書全集》第十三冊,臺北故宮博物院所收藏。

　　此卷未有署款,如前所述徐邦達認為是在景定年間所書寫,而方愛龍則認為此札書法安詳淳美,遠較〈從者來歸帖〉、〈台慈〉二帖顯得溫潤厚實,因此認為應是張即之於景定元年(1260)前後所書。方氏是比較此帖的書風而推測所書寫的時間,這與傅申憑藉《李伯嘉墓誌銘》文中銘文與書蹟書風,而判斷當是在致仕之後,而且還認為張即之六十歲致仕還嫌太早,有可能是在七十歲以後所書寫,但傅氏卻未料到張即之早在五十一歲就退休,其判斷亦當下錯誤。可見依憑一己主觀對書蹟書風之感受,而判定所書寫之時間,如此推斷出的時間點並不可靠,除非有史料證據作為推測的根據,不然,筆者認為只能聊備一說,不能當真。

(六)〈致公使都運制府書〉

　　〈致公使都運制府書〉,見於日本二玄社所出版的《宋元明清書法叢刊》中,[註120]如圖41所示。目前未見有學者對此一尺牘發表考證報告。此書可能為日本所收藏,從其所出版的書中未見有任何的資訊。在這則尺牘的內容中提到「《金剛經》抵家即遣納」一語,由此可知張即之平日應當積累不少部《金

[註120] 黃君實編:《宋元明清書法叢刊》第一卷(東京市:株式會社二玄社,1996年),頁28。

剛經》，以作為饋魄之用。

圖 41　張即之尺牘〈致公使都運制府書〉

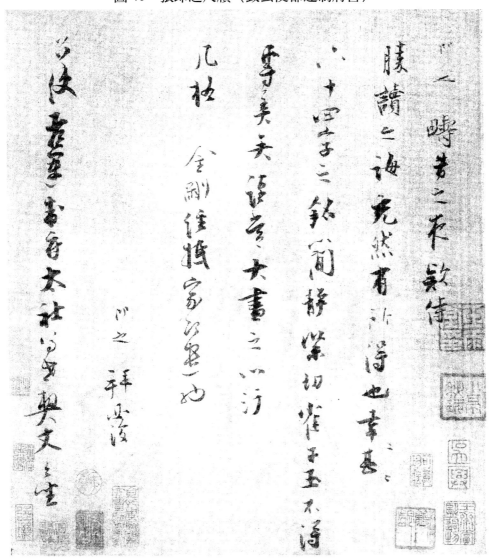

出處：《宋元明清書法叢刊》

（七）七律詩帖

　　張即之詩帖著錄於《石渠寶笈續編》「宋賢遺翰」一冊當中，可見收入於清內府的是為墨蹟本，其著錄內容如下引文，並以此刻入《三希堂法帖》第十七冊中，如圖 42 所示。

圖42　張即之七律詩帖（刻本）

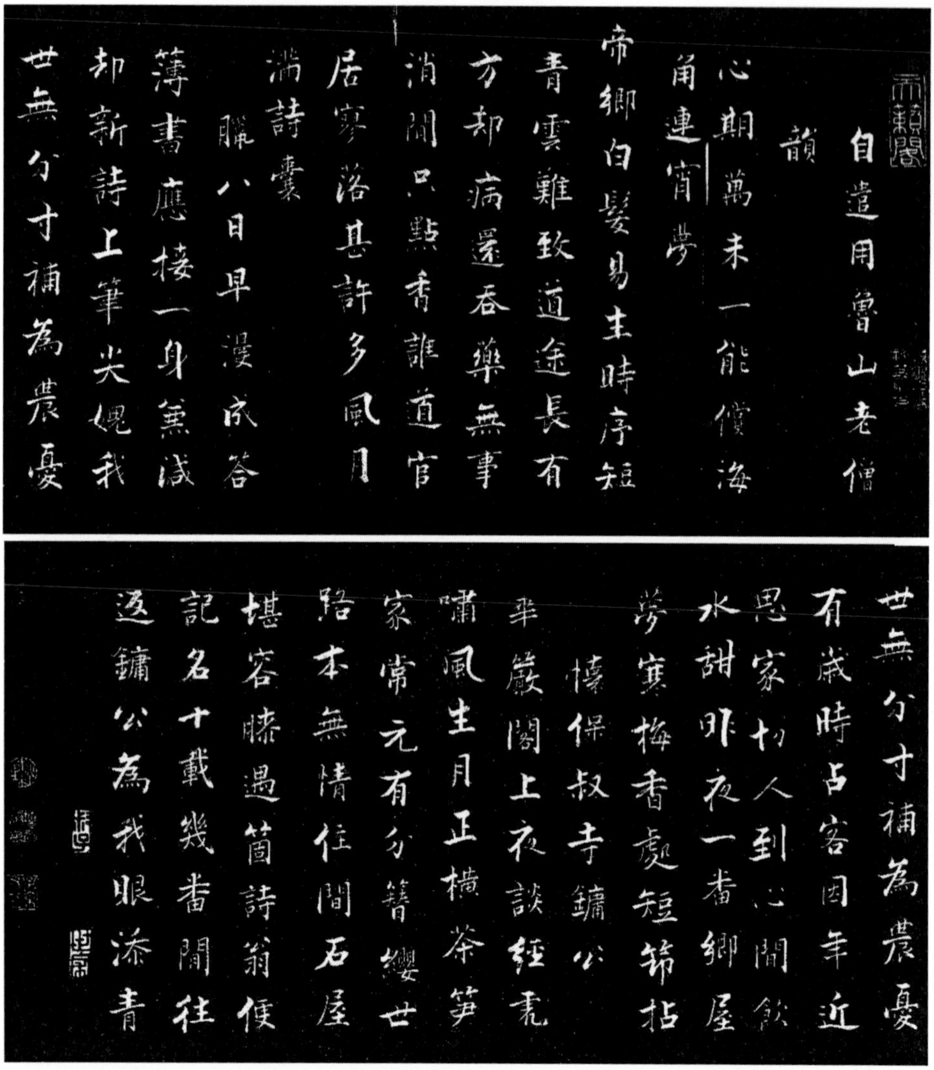

出處：《初拓續三希堂原本》第十七冊

第九張即之詩帖。綠牋本分二幅，俱縱八寸四分。前幅橫一尺一寸
七分。後幅橫一尺三分。

自遣用魯山老僧韻

心期萬一未能償，海角連宵夢帝鄉。白髮易生時序短，青雲難致道
途長。有方卻病還吞藥，無事消閒只點香。誰道居官寥落甚，許多
風月滿詩囊。

臘八日早漫成答

簿書應接滿一身，減卻新詩上筆尖。媿我世無分寸補，為農憂有歲
時占。客因年近思家切，人到心閒飲水甜。昨夜一番鄉屋夢，寒梅
香處短笻拈。

懷保叔寺鏞公

華嚴閣上夜談經，虎嘯風生月正橫。茶笋家常元有分，簪纓世路本
無情。住間石屋堪容膝，遇簡詩翁便記名。十載幾番閒往返，鏞公
為我眼添青。

謹按此帖，刻入三希堂法帖。〔註121〕

傅申懷疑這部書蹟是出於臨倣之本，因其用筆與結體皆有些微不妥處，筆法
雖似，但筆中無力，有疲軟之感。而且根據傅氏的考證，在乾隆三十六年
（1771）吳江汪鳴珂所集刻的《澹慮堂墨刻》八卷的第四冊中，也有張即之
律詩。經傅氏將《澹慮堂墨刻》八卷的內容與三希堂帖兩者對校發現，除了
張即之此帖外，其他諸家均無重複之帖，因此傅氏確定汪鳴珂並不是翻刻《三
希堂法帖》，進而認定乾隆時代張即之的這三首律詩墨跡本，不止清宮所著
錄的一本而已。於是傅氏呼籲讀者當中藏有《澹慮堂墨刻》者，能將之發表，
才能證明自己的假設是否成立。〔註122〕

　　傅氏所看的《澹慮堂墨刻》八卷中的內容，依他行文中的括號附註，是指
容庚《叢帖目》第二冊頁474中的內容，再加上傅氏呼籲有收藏此墨刻者能早
日發表，可見傅氏所看見的是文字的著錄內容，其與《三希帖法帖》兩相校對，
所校對的也只是辨別文字記錄上有無出入，傅氏本人應該沒有看過《澹慮堂墨
刻》中的刻本書蹟，筆者也查找不到這一本《澹慮堂墨刻》，那麼經由辨別文
字記錄上有無出入，而斷言張即之七律詩不只清內府所著錄的一本，這種方法
是否客觀則有待商榷，畢竟著錄者，有的會一字一句不漏的照抄記錄，但有的
會只摘錄最要點，如前述明人顧復《平生壯觀》與清人卞永譽《式古堂彙考》，
對張即之尺牘書蹟的記錄，就是明顯的例子。

　　至於這部石刻的詩帖是否是真蹟或是臨倣之作，實在不易下斷言，畢竟這
除了牽扯到鐫刻、傳拓等技術層面的問題，還有刻工本身的工夫也是十分關
鍵，再加上時代久遠，相關資料亦十分難得，恐怕不是一時之間可以論斷的。
只能暫時當作傳世書蹟看待，以作為未來繼續研究的課題。

〔註121〕沈滌蓀發行：《初拓續三希堂原本》第十七冊，無頁碼。
〔註122〕傅申：《書史與書蹟——傅申書法論文集》，頁151～152。

十四、榜書、署書、擘窠大字

　　所謂「榜書」，古時稱為「署書」，今稱之為「擘窠大字」、「擘窠書」、「匾額」。如康有為、朱履貞與費瀛的說解：

> 榜書古曰署書，蕭何用以題蒼龍、白虎二闕者也。今又稱為擘窠大字，作之與小字不同，自古為難。其難有五：一曰執筆不同，二曰運管不習，三曰立身驟變，四曰臨仿難周，五曰筆毫難精。有是五者，雖有能書之人，精熟碑法，驟作榜書，多失故步，蓋其勢也。〔註123〕
>
> 書有擘窠書者，特為詳擘窠之義。意者擘，巨擘也；窠，穴也。把握大筆，在大指中之窠，即虎口中也。〔註124〕
>
> 署書者，以大字題署宮殿匾額也，漢高帝未央宮前殿成，令蕭何題額，覃思三月乃以禿筆構隸體書之，……又題蒼龍、白虎二觀，此署書之始也。〔註125〕

由此可知，「榜書」、「署書」、「擘窠書」、「擘窠大字」、「匾額」，一義數詞。相對於寫小字的不同，是拿大筆寫大字，所以康氏列出五項不容易寫好大字的特點，就算精熟碑法能書之人，突然間要寫大字，也不容易寫好的，是需要特別練習。

　　對於張即之大字行楷卷與榜書的考證，目前以傅申〈張即之及其大字〉〔註126〕一文中的考證較為詳實，其所見張即之榜書者，大抵是每行只書寫兩字到三字的書蹟，亦因字大，卷子的長度相當可觀，甚至有長達三千二百公分者，可能為古代書法卷子中最長之一。因此筆者根據此文，將確定是張即之榜書的書蹟名稱整理如下，其中除了傅氏在文中所提到的大字行楷：〈杜甫七律二首〉、〈待漏院記〉、〈雙松圖歌〉等書蹟，由於是完整書蹟，已在前文論及，故不再此論列之中。此節著重將無紀年的斷簡、殘卷、匾額，已經專家考證過之書蹟，集中在此節介紹。

〔註123〕〔清〕康有為：《廣藝舟雙楫》卷六「榜書第二十四」，《續修四庫全書·子部·藝術類·1089～1093》，內頁1，總書頁60。

〔註124〕〔清〕朱履貞：《書學捷要》卷下，《叢書集成初編·1625》（北京：中華書局，1985年），頁28。

〔註125〕〔明〕費瀛：《大書長語》卷下，《續修四庫全書·子部·藝術類·1065》，內頁1，總書頁183。

〔註126〕傅申：〈張即之及其大字〉，《文藝紹興──南宋藝術與文化學術研討會》，頁271～286。

（一）杜詩斷簡

1. 美國麻州 Barnet, Burto 夫婦藏本

每行二字，書杜甫〈樂遊園歌〉中的八字：「幕排銀傍，拂水低徊」八字，如圖 43 所示。

圖 43　張即之榜書杜詩〈樂遊園歌〉斷簡

出處：傅申：〈張即之及其大字〉，《文藝紹興──南宋藝術與文化學術研
　　　討會》，頁 292。

2. 京都圓光寺藏本

每行二字，書杜詩〈洗兵馬行〉：「已喜皇威清海岱，常思仙仗過崆峒。」如圖 44 所示。

圖 44　張即之榜書杜詩〈洗兵馬行〉

出處：《書道全集・第十六卷・中國 II　宋 II》

3. 京都智積院藏本

每行二字，書杜詩〈黃草〉：「……濕羅衣。莫愁劍閣少堪据。」，如圖 45。

圖 45　張即之榜書杜詩〈黃草〉斷簡

出處：《書道全集・第十六卷・中國 II　宋 II》

4. 書蘇軾〈赤壁〉斷簡

「出於東山之上，徘徊於斗牛之間。」，二行直幅。

圖46　張即之榜書蘇軾〈赤壁〉斷簡

出處：《書道全集第十六卷・中國 II 宋 II》

5. 日本京都東福寺所藏匾額

「方丈」、「首座」、「知客」、「三應」、「書記」、「浴司」、「東西藏」、「旃檀林」、「解空室」。

圖 47　張即之題額

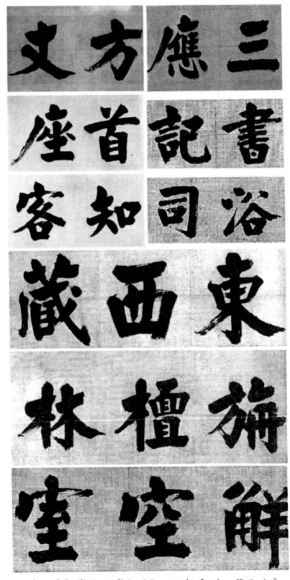

出處：《書藝珍品賞析 25 · 兩宋系列 · 張即之》

十五、其他

　　張即之還有一些傳世書蹟，有幾件雖然有圖版亦見於著錄，但未有學者專家的專文考證，而筆者亦未有足夠的資料與能力可以鑒定；有的是在學者介紹張即之書家時概略帶過，而也有只知道現在為何人所收藏，而未有歷代著錄，更無學者專家的考證，因此，筆者將之歸於其他這一類中，簡單的介紹這些傳

世書蹟，作為日後研究的參考。

（一）宋人畫《司馬光獨樂園圖》卷後張即之題跋

此部書蹟為臺北故宮博物院所收藏，《故宮書畫圖錄（十七）》有黑白影印，〔註127〕如圖48所示，但此卷著重在圖畫的部分，對於卷後張即之的題跋內容，其字蹟顯得十分的細小，並不是很清楚，有些可惜。

圖48　宋人畫《司馬光獨樂園圖》卷後張即之題跋

出處：《故宮書畫圖錄（十七）》，臺北故宮博物院收藏。

此卷曾入清內府，貯於重華宮，著錄於《石渠寶笈續篇》中。在歷代著錄方面，分別有明人王世貞《弇州四部稿》卷一百三十、清人裴景福《壯陶閣書畫錄》卷三、魯峻《宋元以來畫人姓氏錄》、梁同書《頻羅庵遺集》卷十等人著錄：

> 宋賢遺墨一卷。曰光者，司馬太師溫國文正公。……曰孝伯者，即之之父，參知政事。《宋史》不為孝伯立傳，《即之傳》第云：「參政孝伯子」，又不載邑里，可謂挂漏。〔註128〕
>
> 絹本，厚密如布。高工尺三尺八寸四分，寬一尺二寸四分。
>
> 紫桃軒雜綴云：司馬公嘗寫山水小景，酷倣李思訓。余家有其獨樂園圖，張即之題語云：「公自作，驗楮色墨采與其格度，果非南渡以後物。」《容臺集》又謂：「公山水極似大李將軍，李營邱矜為罕

〔註127〕國立故宮博物院編輯委員會編輯：《故宮書畫圖錄（十七）》（臺北：國立故宮博物院，1998年），頁25～26。

〔註128〕〔明〕王世貞：《弇州四部稿》卷130「文部‧墨蹟跋上三十八首‧宋賢遺墨」，《景印文淵閣四庫全書‧集部218～223‧別集類》，內頁16，總書頁1281之177。

見。」公陝州夏縣人，乃晉安平獻王孚之裔孫。司馬氏篡魏，惟孚
痛哭流涕，自稱為魏室忠臣。予每讀史至此，亦悲感出涕，天之報
施忠孝宜矣。睫庵注。〔註129〕

司馬光字君實，陝州夏縣人。尚書左僕射兼門下侍郎，諡文正。宋
史本傳　司馬公嘗寫山水小景，酷倣李思訓。余家有其獨樂園圖，
張即之題語云：「公自作，驗楮色墨采與其格度，果非南渡以後物。」
紫桃軒雜綴〔註130〕

右樗寮書劉元城語錄一紙，明李太僕曾纇刻於棗木板上，今全秩歸
壽松堂孫氏。此帖首尾已斷爛不完，獨紙本經六百餘年，翰墨如故，
為友泉施君彭齡得之，可寶也。卷末名印，後人所加，裝時宜去之。
古人真跡自有識者，又安藉此作證也。〔註131〕

筆者查看這卷畫後題跋，查無上述著錄中紫桃軒雜綴中所提到的張即之題語：
「公自作，驗楮色墨采與其格度，果非南渡以後物。」而看本幅畫作末後與題
跋相接之處，似乎是另外再接上去，相鄰於騎縫處的幾方鈐印，似乎有被裁切
掉，如「天籟閣」、「宮保世家」等。題跋的內容多節錄與司馬光相關的事蹟，
對畫作少有評價。

　　題跋末後署款「事載　劉元城先生語錄　即之記」，無年月日。而根據上
述梁同書〈跋樗寮書劉元城語錄後〉的著錄，張即之書〈劉元城語錄〉這件書
蹟曾由明人李太僕刻於棗木板上，但首尾已斷爛不完，獨紙本經六百年，翰墨
如新。劉氏之意是否即指此件書蹟？而梁氏又指出，卷末的名印為後人所加，
在裝褙時應當去除。但是，這題跋後的名印卻都存在。從這一行字看來，實在
不像是張即之的書風，尤其是「劉」字與「即之記」三字，因此筆者以為梁氏
之說是為可信。

　　又筆者觀其字蹟，其書風比較接近《汪氏報本庵記》，但由於字蹟過小，
又不是很清晰，只能如此猜測。這部畫後書蹟目前沒有學者專家對其進行考
證，而筆者亦未能親見這件題跋的字蹟與鈐印，在相關資料未搜集具備之際，

〔註129〕〔清〕裴景福：〈宋司馬溫公山水立軸〉，《壯陶閣書畫錄》卷三，內頁30～
　　　　 31，總書頁167～168。
〔註130〕〔清〕魯駿：《宋元以來畫人姓氏錄》，《中國書畫全書》第十三冊，頁439。
〔註131〕〔清〕梁同書：〈跋樗寮書劉元城語錄後〉，《頻羅庵遺集》卷十，《續修四庫
　　　　 全書·集部·別集類》第1145冊，內頁11，總書頁530。

只能暫時視為是張即之的書蹟，留待日後研究。

（二）《賀秘監逸老堂碑》

此碑刻書蹟著錄於清人全祖望《鮚埼亭集》卷三十八〈賀秘監逸老堂碑跋〉〔註132〕與錢大昕《潛研堂金石文跋尾》〈逸老堂記　開慶元年七月〉〔註133〕等兩篇跋文之中。從錢大昕跋文所署的紀年可知，這件碑刻書蹟刻於開慶元年七月。再者從這兩篇的跋文內容可知，賀秘監（賀知章）逸老堂碑的碑文是由當時官居左丞相的吳潛所撰文，而碑額是擔任侍郎的趙汝楳以篆書題額，碑文則是張即之以楷書為之。據陳根民之說，此祠堂立於鄞縣月湖，而這塊碑碣書蹟現在寧波天一閣中。〔註134〕《北京圖書館藏中國歷代石刻拓本匯編·兩宋·八》第四十四冊〔註135〕，有全碑的拓片，高122公分，寬75公分，但已十分殘破，字蹟已磨損缺壞，不易辨視，如圖49所示。

圖49　張即之書《賀秘監逸老堂碑》

出處：《北京圖書館藏中國歷代石刻拓本匯編·兩宋·八》第四十四冊

〔註132〕〔清〕全祖望：〈賀秘監逸老堂碑跋〉，《鮚埼亭集》卷38，《四部叢刊初編》，頁404～405。

〔註133〕〔清〕錢大昕：《潛研堂金石文跋尾》，《中國書畫全書》第十四冊，頁543。

〔註134〕陳根民：《書藝珍品賞析25·兩宋系列·張即之》，頁2。

〔註135〕北京圖書館金石組編：《北京圖書館藏中國歷代石刻拓本匯編》（鄭州：中州古籍出版社，1990年），頁126。

（三）《息心銘》

此件刻石拓片與《賀秘監逸老堂碑》同由《北京圖書館藏中國歷代石刻拓本匯編·兩宋·八》第四十四冊所出版，〔註136〕如圖50所示。依其釋文，此件刻石於南宋淳祐元年（1241）九月十七日刻。依其紀年推算，這時張即之年僅五十六歲，退休後不久。這方刻石在山東城武。分拓四紙，兩紙高115厘米，一紙高111厘米，一紙高135厘米，均寬55厘米。尾刻明萬曆二十二年五月五日張居仁題跋，以及成化八魁正月楊朝重題跋等。雖然拓片已多有磨損破敗之處，但觀其字蹟筆者認為與《三希堂法帖》中的三首七律的書風相近，亦與《觀無量壽佛經》的書風相近，既然《息心銘》是在五十五歲時所書寫，那麼刻入《三希堂法帖》中的三首七律，有可能是在淳祐年間所寫的。目前尚未有學者專家的鑒定報告。

圖50　張即之書《息心銘》刻石拓片

出處：《北京圖書館藏中國歷代石刻拓本匯編·兩宋·八》第四十四冊

〔註136〕　《北京圖書館藏中國歷代石刻拓本匯編》，頁95。

（四）書李賀〈高軒過詩〉

　　此件書蹟由上海博物館收藏，《中國古代書畫圖目》第二冊影印，〔註137〕如圖 51 所示。無歷代著錄，亦無學者專家的考證，看其書蹟書風與書〈杜詩七律二首〉如出一轍，故認為是張即之的真蹟，不是摹本或臨傲本。

圖 51　張即之書李賀〈高軒過詩〉局部

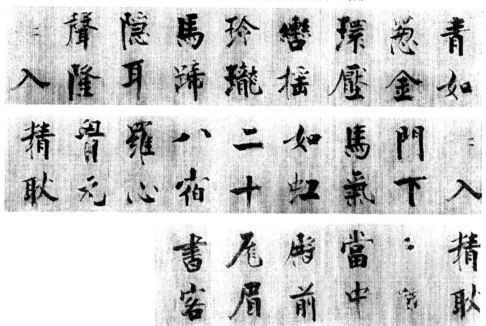

出處：《中國古代書畫圖目》第二冊，上海博物館收藏。

（五）拍賣網站書蹟

　　由於資訊發達，書家書蹟亦可於拍賣網站中尋獲。在這許多標名為張即之書蹟的拍賣品中，筆者將幾件標榜是張即之書蹟的拍賣品作一介紹，以供日後進一步研究。

1.「半畝」鏡心紙本

　　此件書蹟如圖 52 所示，於 2009 年 3 月 29 日，由中國嘉德國際拍賣有限公司，在北京國際飯店會議中心所舉辦的「嘉德四季第十七期拍賣會」中賣出，成交價不詳。〔註138〕

〔註137〕中國古代書畫鑑定組編：《中國古代書畫圖目》第二冊，頁 44：「滬 1-0073」。
〔註138〕此件書蹟拍賣網址：http://pm.findart.com.cn/808886-pm.html，筆者於 2011/12/15 瀏覽。

圖 52　張即之書「半畝」鏡心紙本

出處：拍賣網站

2. 宋張即之孔明廟古柏行長卷

這件署款於「淳祐十一年人日」所書寫的「古柏行」著錄書蹟，有「張氏」「即之」鈐印，內容是杜甫詩「古柏行」，外籤寫道：「宋張即之孔明廟古柏行長卷　劍庸珍藏　景旗敬署」，印文石蓀。

這件書蹟如圖 53 所示，在 2010 年 6 月 4 日，由北京保利國際拍賣有限公司於北京亞洲大飯店，舉辦五週年春季拍賣時賣出，具體成交價並未標示。〔註 139〕

圖 53　宋張即之孔明廟古柏行長卷

由於提供的書蹟圖版十分的小，不易辨識，無法斷定是否為張即之真蹟。但觀其書風與運筆及篇幅格局，與張即之《雙松圖歌》相近，為真蹟的可能性極大。

而且筆者認為此筆書蹟，極有可能是《石渠寶笈》卷四所著錄的「宋張即之書古柏行一卷」（見後文第二節著錄書蹟，二、詩賦類（二）杜甫〈古

〔註 139〕 此件書蹟拍賣網址：http://pm.findart.com.cn/1928156-pm.html，筆者於 2011/12/15 瀏覽。

柏行〉）。由於未能親見此書蹟，故持保留態度。

3. 珂羅版印《蘇文忠謝翰林表》

此件書蹟如圖 54 所示，於 2010 年 6 月 26 日，由大唐四季拍賣有限公司，在北京市朝陽區世紀遠洋賓館 6 樓所舉辦的「2010 年夏季書畫拍賣會」中賣出，成交價不詳。備註中說明有「羅振玉、溥儒等題」。〔註140〕

這件書蹟在陳根民《書藝珍品賞析 25·兩宋系列·張即之》中有一番介紹，且圖版十分清晰，亦有羅振玉題字與溥儒的題跋，但從陳氏行文之中無法確定是否即是此件拍賣品，筆者以為可能性即高。

陳氏認為此作是為偽作，就陳氏所提供的圖版來看，筆者肯認其說。〔註141〕至於此件拍賣品，由於拍賣網站所提供的圖版不清，不易辨識，但筆者以為張即之應當不會書寫兩遍〈蘇軾謝翰林學士表〉，因此很有可能陳氏所介紹的即是這件拍賣品。

圖 54　珂羅版印張即之書《蘇文忠謝翰林表》

出處：拍賣網站

4. 寫經冊頁

此件書蹟如圖 55 所示，於 2011 年 6 月 5 日，由北京保利國際拍賣有限公司，在北京亞洲大酒店所舉辦的「2011 年春季拍賣會」中賣出，成交價不詳。〔註142〕此件書蹟與張即之智積院本《金剛經》十分相近，筆者以為是真蹟，但不知其所抄錄是何經典，有可能是抄錄自如淨禪師語錄，觀其文義大抵是《金剛經》義，不少來自經中的文句。

〔註140〕此件書蹟拍賣網址：http://pm.findart.com.cn/1968241-pm.html，筆者於 2011/ 12/15 瀏覽。

〔註141〕陳根民：《書藝珍品賞析 25·兩宋系列·張即之》，頁 16〜17。

〔註142〕此件書蹟拍賣網址：http://pm.findart.com.cn/2744958-pm.html，筆者於 2011/ 12/15 瀏覽。

圖 55 張即之寫經冊頁

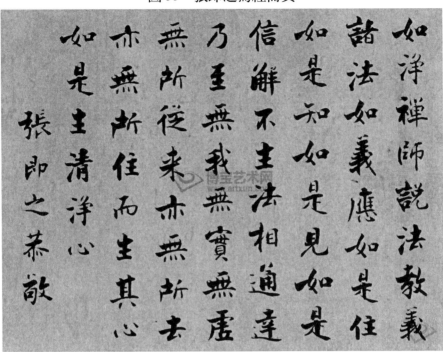

如洋禪師說法教義
諸法如義應如是住
如是知如是見如是
信解不生法相通達
乃至無我實無虛
無所從來亦無所去
亦無所住而生其心
如是生清洋心
張即之恭敬

出處：拍賣網站

5. 杜詩刻帖拓片

此件書蹟如圖 56 所示，於 2011 年 7 月 9 日，由廣州市藝術品（公物）拍賣有限公司，在廣州畫院美術館所舉辦的「第 42 期藝術品拍賣會」中賣出，成交價不詳。

圖 56 張即之書杜詩刻帖拓片

出處：拍賣網站

第二節 著錄書蹟

所謂著錄書蹟，即是僅見於歷代著錄，未曾有相關的收藏訊息或書籍雜誌等報導，更未有學者專家的考證報告，因此將之歸屬於著錄書蹟。今依筆者所蒐集得到的資料，大分為四類，茲分別概述如下：

一、寫經類

（一）《維摩經》

《維摩經》三冊，於嘉熙三年（1239）所寫，張即之時年五十四歲，著錄於《秘殿珠林》卷三「名人書釋氏經冊」中：

> 宋張即之書維摩經三冊　次等地一　貯乾清宮
> 素箋本，行楷書。末冊款識云：「嘉熙三年歷陽張即之焚香敬書。」首冊經前有素絹本，畫維摩像，款云：「龍眠居士李公麟敬畫」，後有杜本跋一。上冊計五十六幅，中冊計五十五幅，下冊計四十二幅。〔註143〕

由此可見這三冊張即之書《維摩經》曾入清內府，貯於乾清宮。首冊有李公麟所畫的維摩像，末冊有杜本的一則題跋。此書作為目前張即之最早的寫經作品。

（二）《法華經》

張即之書《法華經》的著錄，在康熙年間所編的《御定佩文齋書畫譜》轉載明人安世鳳《墨林快事》中的著錄如下：

> 四明有宋刻張即之妙法蓮華經一秩，其木今不識為何材。中雖有蛀孔，字皆堅緻如石，似有物訶禁之者，歷世靈顯不可一二舉。余宦四明，得廿餘秩。往歲佛屋災，像經皆灰，余驚痛不已。火後撥燎爐，乃得二三秩完者，周緣焦糜，字幸無損，豈比地天龍未習瑰寶，既取諸有餘而又不忍盡邪？乃為裝褙成帖，以存數百年之遺。樗寮昔人斥為惡札，今詳其筆意，亦非有心為怪。惟象其胸懷，元與俗情相違逆，不知有勻圓之可喜，峭挺之可駭耳。自開天以來，千奇萬異，日新不已，何獨字法不得任情哉！墨林快事。〔註144〕

〔註143〕〔清〕張照、梁詩正等纂修：《秘殿珠林》卷三「名人書釋氏經冊」，《秘殿珠林石渠寶笈》，頁60。

〔註144〕〔清〕孫岳頒等奉敕撰：《御定佩文齋書畫譜》卷七十八「歷代名人書跋九·宋張即之書蓮華經」，《景印文淵閣四庫全書·子部·125～129·藝術類》，內頁67，總書頁822之390。

從安世鳳的文中可知，張即之所寫的《法華經》在當時已經刊刻在木板上流通，就是現在所謂的善書、善本，一直流傳到明代。安世鳳至四明浙江當官時，曾得二十餘秩，後來燬於大火，只剩下二三秩，邊緣燒焦但字蹟無損，安氏將這剩下的二三秩裝褙成帖，以使此書作能得以繼續保存下來。

到了清代乾隆年間所編集的《秘殿珠林續編》中，著錄一則「宋刻張即之書妙法蓮華經」七冊如下：

〔本幅〕素牋本，摺裝，七冊。每幅縱一尺一分，橫八寸四分。宋槧妙法蓮華經，姚秦三藏法師鳩摩羅什譯。經文不錄。第一冊，八十四葉。第二冊，八十六葉。第三冊，八十四葉。第四冊，一百九十葉。第五冊，九十六葉。第六冊，九十三葉。第七冊，七十七葉。品目見前。款：淳祐四年，歲次甲辰六月旦，張即之書。

〔鑒藏寶璽〕八璽全。〔註145〕

《秘殿珠林續編》所著錄的內容大不同於上述安世鳳的敘述，相對於安世鳳所裝褙成帖僅剩二、三秩的《法華經》而言，清內府所藏有七冊之多，應當是完整版。《法華經》一共有七卷，約八萬多字，從其分為七冊看來，有可能是一卷一冊作為摺裝。這七冊的《法華經》是在淳祐四年（1244）六月所寫，這時張即之五十八歲，在書寫《佛說觀無量壽佛經》兩年之後。

在《國立故宮博物院善本舊籍總目》中亦有七卷《法華經》的著錄：

妙法蓮華經七卷　姚秦鳩摩羅什譯　明刊宋張即之寫本　七冊〔註146〕

從文中所稱「明刊宋張即之寫本　七冊」來看，有可能又是一套善本。

另外，清人裴景福《壯陶閣書畫錄》也有一則張即之《法華經》第二冊的著錄：

宋張樗寮書妙法蓮華經第二冊

宋紙摺疊，共六十三開。高工尺九寸三分，上下有烏絲橫闌。每開十行，寬七寸六分。每行端楷十六字，風格在顏褚之間，與焦山刻筆鋒尖勁者迥異。余見王子展藏溫夫書經殘冊，兩種筆意俱同。而夢樓喜其類己，以尖勁者為真，以渾圓者為偽。楊惺老亦從而和之，殊不可解。惟汪柳門侍郎駁之，不愧真鑑。此冊首有費印、念慈西

〔註145〕〔清〕張照、梁詩正等纂修：《秘殿珠林續編》「宋刻張即之書妙法蓮華經」七冊，《秘殿珠林石渠寶笈‧續編》，頁279。

〔註146〕國立故宮博物院：《國立故宮博物院善本舊籍總目（上）》（臺北：國立故宮博物院，1983年），頁946。

蠡所藏、吳興玉齋賞鑒過物、臣許乃普、項印篤壽、項子張甫鑒定。
尾有張氏圖書檇李、項氏子長、萬卷堂藏書記、元之審定、桐城姚
氏、小紅鵝館收藏、吳興玉齋賞鑒過物、養園老人諸印。前有姚元
之分書內外二筬，又夢樓屺懷二筬。

經文不錄〔註147〕

裴景福所著錄的第二冊，是否是上述七冊中的第二冊呢？從「摺疊，共六十
三開」來看，代表有六十三葉，與清內府「第二冊，八十六葉」的著錄容不
同，可以斷定是不同的版本，因此，這是第四套張即之所書寫《法華經》中
的第二冊。

同時，清人王文治也見過張即之《法華經》第三卷：

以書作佛事，唐人中鍾紹京極多，宋元以來則趙鷗波、張樗寮二公
為最也。樗寮《華嚴經》蓋數部，余所見皆其散佚者。《金剛經》則
經眼者已三部，此《蓮花經》第三卷必有全文，亦散佚耳。靈巖山
人將分乞今對世善書之家足成之，誠盛舉也。《蓮華經》為佛末後所
說，天台標為圓宗，書經功德曷可稱量哉。〔註148〕

《法華經》又稱《蓮華經》，全名為《妙法蓮華經》，是釋迦牟尼佛將入涅槃之
前所說的一部大經，天台宗以《法華經》立宗，與《華嚴經》相比擬，皆是佛
所說的圓頓大法，究竟一生成佛。王氏文中所說「此《蓮花經》第三卷必有全
文，亦散佚耳」，所謂「必有全文」即指有全部完整的《法華經》，以一卷一冊
而言，也必定有七冊，但都散佚不存，只剩第三冊留存。如此一來，這是第五
套張即之所寫的《法華經》，以八萬多字的份量，竟然抄寫五套之多。

從目前可考的張即之書《金剛經》有七部之多、《法華經》亦有五部之強
的現象，再來檢視王文治所說：「乃《華嚴經》又復累書，不一書」〔註149〕、
「樗寮《華嚴經》蓋數部，余所見皆其散佚者」〔註150〕，此話應當不是虛言。
雖然《華嚴經》有八十卷是《法華經》的十倍，但是張即之也相當高壽，活到
八十一歲，而且五十一歲即提早致仕，里居三十年。即使兩天寫就一卷，應當

〔註147〕〔清〕裴景福：「宋張樗寮書妙法蓮華經第二冊」，《壯陶閣書畫錄》卷五，內
頁35～36，總書頁309～310。
〔註148〕〔清〕王文治：〈樗寮法華經真蹟〉，《快雨堂題跋》卷四，《國家圖書館藏古
籍藝術類編17～18》，頁325。
〔註149〕〈張樗寮華嚴經真蹟〉，《快雨堂題跋》卷四，頁324～325。
〔註150〕〈樗寮法華經真蹟〉，《快雨堂題跋》卷四，頁325。

半年多就能寫就一部八十卷的《華嚴經》。因此，由《金剛經》、《法華經》，甚至是《華嚴經》多次書寫的情況來看，更可以確定張即之是以寫經為日課，作為其對佛法的修持工夫，其精進的程度猶如一位修苦行的出家人，王文治稱其為「精進頭陀」、「以翰墨為佛事」，可說是十分的貼切。

（三）《清淨經》

《清淨經》一卷，寶祐三年（1255）七月，張即之七十歲時所寫，著錄於《秘殿珠林》卷十六「名人書　道氏經卷上等目錄」中：

> 宋張即之書清靜經一卷上等宙一　貯乾清宮
>
> 素箋本，楷書。款識云：「張即之七十歲寫，寶祐三年歲在乙卯秋七月甲寅。」
>
> 引首有許初篆書：「標案真蹟」四大字。款云：「後學吳郡許初敬題。」
>
> 前有「九如清玩」、「信公珍賞」、「真玩」、「會侯珍賞」、「公字」諸印。
>
> 前隔水有「也園珍賞」、「東平」、「槐庭清玩」「耿會侯鑒定書畫之章」、「千山耿信公書畫之章」、「御賜忠孝堂」、「長白山索氏珍藏」諸印。
>
> 卷前有「會侯珍藏印」一。押縫有「勃海主人珍藏」、「半古軒珍賞」二印。又「寶之」半印。卷中押縫有「半古軒」、「會侯珍藏」「瞻袞堂」諸印。又「雪舫」、「耿嘉祚」、「湛恩記」、「丹誠」、「耿會侯鑒定書畫之章」諸印。經後有⋯⋯「子孫保之」諸印。〔註151〕

此卷書蹟曾入清內府，貯於乾清宮，列為上等書作。此卷末後尚有樓鑰、鄭清之、吳志淳、虞淳熙等人的題跋，行文甚長，故不一一抄錄。明人詹景鳳曾見過這卷書蹟，而對張即之的書法風格有所批評，異於其對張即之書杜長律的讚賞：

> 張即之行書紙寫《清淨經》一卷，字徑寸大，筆精熟而俗，乏高古之趣。蓋其意欲為古乃失古而淺，為蒼又失蒼而濡；欲為拙又失拙而卑，病在不超世，著意用工為之爾。法自東坡墨豬、紫陽爛柴末，至乃又下一解，則其才使然也。史彌遠以為蟲魚之變，斯鑒矣。〔註152〕

〔註151〕〔清〕張照、梁詩正等纂修：《秘殿珠林》卷十六「名人書　道氏經卷上等目錄」，《秘殿珠林石渠寶笈》，頁175。

〔註152〕〔明〕詹景鳳：《東圖玄覽編》卷三，《美術叢書‧21》（臺北：藝文印書館，1975年），頁131。

可能詹氏對張即之的寫經書風不甚滿意，而較喜愛張即之的大字如杜長律般
的書法作品。這相關於對張即之書風的評價，則留待下一章中另行討論。

（四）《道德經》

清代楊賓：《大瓢偶筆》：

> 老子《道德經》見諸記載者有十，一為逸少換鵝書，一為唐玄宗御
> 注在邢州龍興觀，一玄宗御書在閿鄉縣祥符觀，一在明州不知何人
> 書，一蒲云雙鈎本，一岑宗旦書，一終南山說經臺本，一張即之書，
> 一朱希真，一松雪本。〔註153〕

明代張寧：《方洲集》卷二十一「跋仲彥暉所藏張即之書老柏行」：

> 溫夫特善大書、扁額字，如作小楷，不煩布置，而清勁絕人。余屢
> 見所書《楞嚴》、《道德經》，雖甚纖小，皆得筆興。〔註154〕

楊賓但是例舉，未能確指，而張寧雖屢見張即之書《楞嚴》、《道德經》，但也
未知具體內容。不過可以證明張即之確實寫過老子《道德經》，故列為著錄書
蹟之一。

二、詩賦類

（一）酒僊詩

張即之於淳祐八年（1248）六月一日所書寫的〈酒僊詩〉，著錄於卞永譽：
《式古堂書畫彙考》卷十五「張即之」：

> 張溫夫書酒僊詩卷
>
> 酒僊詩
>
> 癡兀兀，兀兀癡，落花流水自依依。酒飽摩娑簡肚皮，儂家元是林
> 公兒。
>
> 金罍又聞泛，玉山還報頹，莫教更漏促，趁取月明迴。
>
> 門前綠樹無啼鳥，林下蒼苔有落花。聊與東風論箇事，十分春色屬
> 誰家。
>
> 楊子江頭浪最深，行人到此盡沈吟。他時若到無波處，還似有波時
> 用心。

〔註153〕〔清〕楊賓：《大瓢偶筆》，《中國書畫全書》第八冊，頁784。

〔註154〕〔明〕張寧：《方洲集》卷二十一「跋仲彥暉所藏張即之書老柏行」，《四庫全
　　　　書珍本》，頁20～21。

秋至山寒水冷，春來樹綠桃紅。一點動，隨萬變，江村煙雨濛濛。
有不有，空不空，笊籬撈取西北風。

一六二六，其事已足。一九二九，我要喫酒。長伸兩腳眠，一忽起
來，天地還依舊。

貴買朱砂畫月，等米（闕）用工夫。醉臥綠楊陰下，起來強說真如。
泥神再三叮囑，莫教失卻衣珠。

綠水紅桃花，前街後巷走百餘遭。張三也識我，李四也識我，我我
我不識。我兩箇拳頭那箇大？兩箇之中一箇大，曾把虛空一戳破，
摩娑令教卻怎麼拈取須彌枕頭臥。

醒也街裏走，醉也街裏走。無錢買酒乞來噇。昏昏惶惶，忘前失後。
開張兩眼見北斗，拈得斗柄酌海水，望空直拔瀉入口。悞呷火龍歸
五臟，自午夜半大哮吼。隨我來，隨我來，與你安身法，上竿子打
筋斗。

生在閻浮世界，人情幾般愛惡。只要喫箇酒子，所以倒街臥路。死
後只產婆婆，不願超生淨土。何以故？西方淨土無酒得酤。

右吳中東禪林酒僊語，歷陽張即之，為寺僧惟一書。歷陽上官必昌
命工刻石。淳祐八年，歲在戊申六月一日。

酒僊名遇賢，俗姓林氏，在宋為蘇城東禪寺僧人。傳其事甚異，至
號聖僧，以其嗜酒，故又號酒僊。此卷皆其所作詩也。詩意有高絕
處，若寒山子之流，故張即之特書以刻石，其石已亡，寺之東林房
獨藏此本。夫寒山子之詩，雖晦庵朱夫子亦賞之，此酒僊之言所以
不可廢也，吳寬書。〔註155〕

從末後著款得知，這卷〈酒僊詩〉是為寺僧惟一，於淳祐八年六月一日所書
寫。歷陽上官必昌命工刻石。據吳寬的題跋得知，此刻石已經亡佚，但寺中
的東林房尚收藏這本寫卷。不過，時至今日也已經亡佚。

（二）杜甫〈古柏行〉

張即之書杜甫〈古柏行〉，以清人陸時化編《吳越所見書畫錄》中的著錄
為最早，也是目前書蹟紀年中最早的一件書作：

〔註155〕〔清〕卞永譽：《式古堂書畫彙考》卷十五「張即之」，《景印文淵閣四庫全書·
　　子部·藝術類133～135》，內頁17～18，總頁數827之671。

宋張樗寮古栢行冊

紙本，以立軸割裂為冊。名即之，字溫夫，號樗寮，歷陽人，參知政事孝伯子。中進士舉，歷司農寺丞，授直祕閣。以能書聞於天下，金人尤寶其翰墨。王弇州集謂：「喜作擘窠大字，好書少陵古柏行。」詩不錄。

第一幅高七寸四分 闊一尺三寸五分	墨寶篆	明安 國玩	桂坡安 國監賞	水晶宮 道人
第二幅高九寸 二分半闊三寸	古栢行	開國文 成世家	明安 國玩	大明陽山 安國珍藏
第三幅高九寸三分 半闊四寸六分雙駢	字二行			
……	……			
第二十三幅高九寸二 分闊四寸四分款四字	右庚辰歲	大宰伯 大冢宰		
第二十四幅高九寸二 分闊二寸三分款四字	書老杜詩	大宮保 大學士		

明安 國玩	桂坡安 國鑒賞	郭衢 賞鑒	天放 居士	李氏 珍賞

跋一紙高一尺零五分
闊一尺四寸八分

樗寮翁即之，書法高古，名重四夷，上禁止之，雖千金，欲求一字，不易得也。觀此帖沉著痛快，如硬弩踏箭，勁鐵屈銀。超越古今，不可悉得而形容者，誠謂希世之寶。子孫當永珍，襲而傳之於無窮也耶！至正二十四年清和夏月望日，南陽宋廣昌裔，書於水晶宮之碧雲深處。〔註156〕

從陸氏的著錄得知，此件書作原是立軸，後來割裂為冊，為明人安國桂坡所收藏。立軸的書法作品最早出現在南宋末期，以吳琚（生卒年不詳）《七絕詩軸》為目前所知最早的立軸作品，現由臺北故宮博物院收藏。今張即之〈古

〔註156〕〔清〕陸時化編：「宋張樗寮古柏行冊」，《吳越所見書畫錄》卷三，《歷代書畫錄輯刊・7》，內頁1～2，總書頁357～359。

柏行〉亦為立軸作品，可見張氏也已嘗試立軸的表現形式，可惜未能流傳下來。末後署款：「右庚辰歲，書老杜詩」，查庚辰年在南宋時期，為嘉定十三年（1220），下一個庚辰年則已經是元代至元十七年（1280）。嘉定十三年，張即之時年三十五歲，為目前紀年最早的書法作品，但由於末後署款只有寥寥八個字，未有署名或署別號，因此只能權且相信著錄之言，信為張即之書蹟。方愛龍在《中國書法全集 40》中末後所製作的張即之年譜中，在嘉定十三年對張即之的事蹟記載為：「張即之三十五歲。是年，書杜甫《古柏行》詩，署款『樗寮』。」〔註157〕而在其著作《南宋書法史》中說：

> 據陸時化《吳越所見書畫錄》卷三記：張即之行楷書杜詩《古柏行》，「紙本，以立軸割裂為冊」，署款曰「右庚辰歲書老杜詩。樗寮」云，冊後有宋廣（昌裔）至正二十四年（1364）長跋一則。可見嘉定十三年庚辰（1220），三十五歲的張即之已見款署別號「樗寮」。〔註158〕

方氏所根據的陸時化《吳越所見書畫錄》卷三的著錄內容，正是筆者前引之文。從前引之文可知，張即之並未署款別號「樗寮」，方氏之說實教人不解。筆者以為方氏應該是在斷句上出現了錯誤。由於署款「右庚辰歲，書老杜詩」之後，緊接著就是宋廣的跋文「樗寮翁即之，書法高古……」，方氏應該是將其看成「右庚辰歲書老杜詩，樗寮。翁即之書法高古……」，所以才會以為三十五歲時張即之即自署號為「樗寮」。其實古人要在幾歲自署別號，並無定數，吾人無法得知，更不能以單一紀年較早的書蹟上之別號來作斷定，因為孤證不立，只憑一件證據就要斷定在幾歲開始有此別號，這是不客觀的，故在此提出反駁。

　　另外，有一件張即之所寫的〈古柏行〉書蹟曾入清內府，貯於乾清宮，著錄於《石渠寶笈》卷四「列朝人書畫目錄」：

> 宋張即之書古柏行一卷上等宇一　貯乾清宮
> 素箋本，大楷書。款署：「即之」。下有「國史經延官」一印。又自識云：「淳祐十一年人日書」。下有：「張氏即之」、「翰墨流聲」二印。卷首有「草堂」、「學士之章」、「古柱下史」、「懷氏鐵松收藏」、半印四，又半印不可識。卷末有「中南山人」、「馬位」二印。又「高昌正

〔註157〕方愛龍：〈張即之年譜〉，《中國書法全集40》，頁299。
〔註158〕方愛龍：《南宋書法史》，頁219。

臣」、「四益之齋圖書之府」、半印二。通卷押縫有「茆」字印凡七。

卷高一尺三寸四分，廣二丈五尺二寸。〔註159〕

從這段文中可知，張即之於淳祐十一年（1251）人日書杜甫〈古柏行〉，這一年張即之六十六歲。「人日」是指農曆元月七日，依中國傳統習俗，這一天是大眾的生日，所以又稱「人慶節」、「七元節」、「人口日」、「人七日」等等。因此這卷〈古柏行〉即是在淳祐十一年元月七日所寫。在 2010 年 6 月 4 日，由北京保利國際拍賣有限公司所拍賣的「宋張即之孔明廟古柏行長卷」，筆者懷疑即是此件書蹟。

此外，明人張寧《方洲集》〔註160〕、王世貞《弇州四部稿》〔註161〕、張丑《清河書畫舫》〔註162〕、《真迹日錄》〔註163〕；都有相關張即之書杜甫〈古柏行〉的記載，但未見紀年，不過，誠如王世貞所說：「張溫甫好書少陵古柏行」，其一生必定多次書寫這首杜甫詩，因此才能見於許多著錄當中。

（三）杜甫〈春日戲題詩〉

〔清〕張照、梁詩正等纂修：《石渠寶笈（三）》第二十八「張即之書杜甫春日戲題詩」一卷：

〔本幅〕素牋本。縱九寸七分，橫二尺七寸七分。行書。杜甫春日戲題詩。使君意氣凌青霄，憶昨歡娛常見招。細馬時鳴金騕褭，佳人屢出董嬌嬈。東流江水西飛鶩，可惜春光不相見。願攜王趙兩紅顏，再騁肌膚如素練。通泉百里近梓州，請公一來開我愁。無處重看花滿面，樽前還有錦纏頭。淳祐十一年，三月既望。樗寮寫，時年六十六歲。有郭衢階題。

宋張即之書，萬歷十三年，郭衢階鑒定真蹟。鈐印二：「亨父」、「無懷氏人」。

〔鑒藏寶璽〕八璽全。

〔註159〕〔清〕張照、梁詩正等纂修：《石渠寶笈》卷四「列朝人書畫目錄」，《秘殿珠林石渠寶笈》，頁 352。

〔註160〕〔清〕楊賓：《大瓢偶筆》卷二十一「跋仲彥暉所藏張即之書老柏行」，《中國書畫全書》第八冊，頁 20～21。

〔註161〕〔明〕王世貞：《弇州四部稿》卷一百三十，《景印文淵閣四庫全書·集部 218～223·別集類》，頁 16。

〔註162〕〔明〕張丑：《清河書畫舫》，《中國書畫全書》第四冊，頁 258、261。

〔註163〕《真迹日錄》，《中國書畫全書》第四冊，頁 396。

〔收傳印記〕郭亨父。

　　謹按：張即之，字溫夫，號樗寮，歷陽人。理宗朝參知政事。〔註164〕
文中所載「杜甫春日戲題詩」全名為「春日戲題惱郝使君兄」，全詩內容於著
錄文中，於淳祐十一年三月十六日寫，時年六十六歲。

（四）杜詩〈公孫大娘舞劍行〉

　　張即之書杜詩〈公孫大娘舞劍行〉，著錄於元人朱德潤《存復齋文集》卷
十〈題張樗寮楷書公孫大始（娘）舞劍行〉：

> 飛仙墮翮堆成山，堂堂楷法留人間。宜官無徒梁鵠往，隱鋒藏角
> 尤為難。大書五寸徑方丈，字貴緊健力出腕。八訣具全真足高，
> 不學謾草鸚鵡嬌。黃華老人在金國，宋李獨數張樗寮。似聞高藝
> 兩不下，各抱地勢奪雄豪。今觀張書勁且奇，筆力欲抵三軍師。
> 吳鈎斫斷怒蛟尾，瘦竹折石迴風枝。君不見庾征西，何須野鶩論
> 家難。〔註165〕

這件書蹟朱德潤見過而為之題跋，從這段跋文可知這是一件字徑約五寸的大
字書作，有可能像是杜長律那般大的字蹟。朱氏稱讚張即之其勁且奇的筆力能
抵敵三軍，在有宋一代可謂是獨一無二的大書家。

（五）屈原〈九歌〉

　　在釋道燦的《無文印》中，有不少相關於張即之的資料，其中提到了張即
之經常書寫屈原的作品〈九歌〉：

> 樗寮先生多書九歌，擘窠大字如此本者，人間無第二本。沈著而不
> 重滯，痛快而不輕浮，藹然詩書之氣流動其間，于湖死，百年無此
> 作矣。雖然，先生豈獨以書學誇後世哉？忠君愛國不能自制，孤悶
> 隱憂寄之翰墨。先生之心，屈平之心也。竊竊東游，行李中載此而
> 返，無乃大富也歟！〔註166〕

從道燦的跋文可知這是一件大字的書法作品，而且經常書寫，在道燦的認知底

〔註164〕〔清〕張照、梁詩正等纂修：《石渠寶笈（三）》第二十八「張即之書杜甫春
　　　　日戲題詩」，《秘殿珠林石渠寶笈・續編》，頁1537。

〔註165〕〔元〕朱德潤：〈題張樗寮楷書公孫大始（娘）舞劍行〉，《存復齋文集》卷十，
　　　　《四部叢刊續編》（臺北：商務印書館，1966年），頁8。

〔註166〕〔宋〕釋道燦：〈跋樗寮書九歌〉，《無文印》卷十，《宋集珍本叢刊》第八
　　　　十五冊，內頁7，總書頁620。

下，認為是張即之的愛國情懷，藉由書寫屈原《九歌》來表現，所謂「忠君愛國不能自制，孤悶隱憂寄之翰墨。先生之心，屈平之心也。」由此推測這件書作可能是晚年時所寫，張即之歿後十年南宋滅亡，對於無法挽回國家頹勢的書家，只好藉由書法來表達心中的孤悶與隱憂。

（六）〈三省示眾手軸〉

（宋）釋道燦《無文印》卷十四〈跋橫寮書三省示眾手軸〉：

> 佛眼父子以心法淑後學，橫翁以書法惠後學，皆不朽事也。士氣益陋，求心法者不多見，求法書者又幾何人哉！堅藏主以貧自負而寶此，惟謹將求心法乎？求書法乎？入乎目，著乎心，不礙於此，則礙於彼矣。〔註167〕

既然在道燦《無文印》中有此則跋文，則可說明曾有此件〈三省示眾手軸〉的書蹟作品存在過。只是道燦未提及此書蹟的內容形式，只能權且將之歸屬於詩賦類，待來日有進一步的資料發現。

三、文類

張即之所書寫的文類書蹟，除了前文頁29所引用《乾隆鄞縣志》中，書歐陽修《醉翁亭記》屏風這件書蹟以外，尚有以下幾件著錄於文獻中的書蹟，總計有四件：

（一）〈祭笑翁和尚〉

在《阿育王山志》卷八中有一篇張即之所寫的祭文〈祭笑翁和尚〉：

> 維淳熙八年，歲次戊申三月己酉朔二十六日甲戌，奉直大夫賜紫金魚袋張即之，謹以薰茗致祭，于圓寂育王堂頭笑翁禪師之靈曰：師之道德淵淳莫測，贊之毀之皆不可得。師今示亡，哲人其萎，事關叢林，非我所知。憶我與師，兄弟莫擬，闊三十年，一日相似。師住南山，我添周行。扁舟絕江，明發西陵，師亦至止，共載而歸翠岩之趾。高風勁節，從容可觀。芬納堂中，朝遊暮還。我孰世味，山深林密。粗有樂地，繄師之力。帝念遺老，尺一飛來，起廢鄮峰，曰：徃欽哉！去我五年，相望二舍，不見兼旬。我心夙夜半間亡恙，尚擬相從，何物二豎廼賊。其躬旨哉遺言，斯世良藥，不鄙謂余，

〔註167〕《無文印》卷十，《宋集珍本叢刊》第八十五冊，內頁5，總書頁646。

亦有所託。遺像山立，英氣如存。嬉笑怒罵，不復可聞。平生益友，

今焉已矣。拜；手几前，老淚如洗。〔註168〕

這篇祭文一開頭的「淳熙八年，歲次戊申」是有問題的，因為淳熙八年（1181）的歲次是辛丑而非戊申，而歲次戊申之年是淳祐八年（1248）。由於淳熙八年張即之尚未出生，不可能與笑翁和尚有三十年交情，而淳祐八年張即之六十三歲，是為合情合理，應當是傳刻上的錯誤，今訂正之。因此，這篇祭文是在淳祐八年三月二十八日時所寫，祭悼與他有三十年交情的笑翁和尚。文情並茂，讓人為之動容，也是目前唯一的一篇祭文，能讓人從中體會張即之的文學造詣與真性情的一面。

（二）〈張樗寮請堪笑翁住翠巖書〉

在宋人姚勉《雪坡集》有一則跋文：〈跋張樗寮遺墨〉，提到了兩篇文章：

璨上人示予以〈張樗寮請堪笑翁住翠巖書〉及〈祭笑翁文〉，詞翰俱

美，予三復三嘆。〔註169〕

其中〈祭笑翁文〉如前所述，而〈張樗寮請堪笑翁住翠巖書〉則未見流傳，幸見於《雪坡集》中，故歸屬於文類的作品中。

方愛龍在《中國書法全集40》中，末後所製作的張即之年譜，在嘉熙元年這年的記載為：「張即之五十二歲，居鄉桃源。書《佛遺教經》贈翠巖。約是年，有《與殿元學士書》。」〔註170〕筆者對這則記載困惑不解。首先，翠巖是張即之隱居之地桃源鄉翠巖山，並非是人，又如何寫經贈翠巖？又根據目前所查找到的書蹟，張即之只在寶祐三年七十歲時寫過一部《佛遺教經》，不曾在五十二歲時寫此經。筆者以為應當是寫這篇著錄在《雪坡集》中的〈張樗寮請堪笑翁住翠巖書〉一文，因為張即之在五十一歲致仕，與母隱居在翠巖山，隨即邀請與他有三十年交情的妙堪笑翁和尚來住山，因此有此篇邀請書，如此推論較為合情合理。

（三）書歐陽修《醉翁亭記》屏風

《乾隆鄞縣志》卷二十三「金石」，頁四十五：

〔註168〕〔明〕郭子章纂；（清）釋畹荃續補：〈祭笑翁和尚〉，《阿育王山志》卷八，《中國宗教歷史文獻集成・藏外佛經・第二十二冊》，頁17～18。

〔註169〕〔宋〕姚勉：《雪坡集》，《景印文淵閣四庫全書・集部・二二一》，內頁11～12，總書頁1184～289。

〔註170〕方愛龍：〈張即之年譜〉，《中國書法全集40》，頁299。

張即之書《醉翁亭記》屏風　在青山。元編修葉恒故宅。〔註171〕

文義如此，不必多費筆墨說明，只是著錄在「金石」類中，則此張即之書《醉翁亭記》屏風，莫非是石刻？或石刻拓本？

（四）書韓愈《進學解》

清孫岳頒等奉敕撰：《御定佩文齋書畫譜》卷三十五「書家傳十四·宋張即之書進學解」：

> 右宋張即之書韓文公進學解。即之，字溫夫，別號樗寮，參政孝伯之子，仕終太子太傅直秘閣，歷陽開國男。其書當時所重，完顏有國時，每重購其蹟。史稱即之博學有義行，而袁文清〈師友淵源錄〉亦言：「即之修潔，喜校書，經史皆手定善本。語乾道、淳熙事，先後不異史官，書蔽其名。」按：《皇宋書錄》：「即之，安國之後，甚能傳其家學。安國，名孝祥，仕終顯謨閣學士，所謂于湖先生，孝伯之兄，即之之伯父也。其書師顏魯公，嘗為高宗所稱。即之稍變而刻急，遂自名家。然安國僅年三十有八，而即之八十餘，咸淳間猶存，故世知有樗寮書，而于湖書鮮稱之者。」此書無歲月可考，而老筆健勁，大類安國所書《盧坦河南尉碑》，豈所謂傳其家學者邪？周誥、商盤下缺一字：「寔」，徽宗御名，韓文商本作「殷」，豈亦以諱避就邪？故浙江參政崑山張公敬之舊藏此冊，公卒無子，圖書散失。從孫比部員外郎允清，以重直購之。允清所謂惓惓於此，豈直字畫之妙而已，後之子孫尚知所寶哉！甫田集〔註172〕

這則著錄是轉錄自文徵明《甫田集》中。在這篇跋文中，對張即之書家小傳的敘述內容，與文徵明跋張即之《汪氏報本庵記》的內容一樣，而對書作《進學解》的介紹則著墨在最後五行，說道這卷書蹟曾經浙江參政崑山張敬收藏，逝世後因無子而散失，其從孫比部員外郎張允清以重金購得，並十分的珍惜。

四、榜書、署書、擘窠大字

張即之大字榜書匾額散見於地方方志、文人文集、書畫題跋等相關書籍中，今將筆者所蒐集到的資料，依出處羅列於下。若見有疑義之處，將提出一

〔註171〕《乾隆鄞縣志》卷二十三「金石」，頁45。

〔註172〕〔清〕孫岳頒等奉敕撰：《御定佩文齋書畫譜》卷三十五「書家傳十四·張即之」，《景印文淵閣四庫全書·子部·125～129·藝術類》，內頁65，總書頁822之389。

己之見，餘則不多贅言。

（一）吳關外門「駐節」大字

明郁逢慶：《書畫題跋記》：

> 宋張樗寮正書金剛經
>
> 昔吳關外門有「駐節」字，大可二尺許，古雅遒勁，極得大書之
> 體。〔註173〕

這是書後跋語，提到在吳關外門有張即之題的「駐節」二字，大約二尺。宋元時一尺約三十一多公分，二尺至少有六十公分，是相當大的字了。

（二）「龍虎福地」、「大義道場」

明宋濂《宋學士文集》卷二十五，〈題張樗寮手帖〉：

> 張溫夫年八十時，嘗為周法師竹泉書「龍虎福地」四大字，此其所
> 答書也。……溫夫為鵝湖寺書「大義道場」扁已八十又四，其挺特
> 之氣至老不衰。因并書之，使覽其字者，可以知其為人。〔註174〕

宋濂說張即之為鵝湖寺書「大義道場」匾額時，已經八十有四，這說法與史實不合，據第一章第一節的考證，張即之只活了八十一歲，而就目前筆者所收集到的資料，沒有第二人說張即之活到八十四歲以上，因此，若非宋濂記錯，即是所見並非張即之真蹟。

（三）「小峨嵋」

《光緒處州府志》卷二「山川」：

> 有一石孤聳高十餘丈，四明張即之題曰：「小峨嵋」。〔註175〕

張即之在處州一孤立高聳約十餘丈的大石上題字曰：「小峨嵋」。處州即今浙江省麗水市。

（四）「湖山勝槩」

《民國杭州府志（一）》卷三十五「寺觀二 保叔寺」：

〔註173〕〔明〕郁逢慶：《書畫題跋記》卷四，《景印文淵閣四庫全書·子部·122·藝術類》，頁17。

〔註174〕〔明〕宋濂：〈題張樗寮手帖〉，《宋學士文集》卷二十五，《四部叢刊初編》，頁216。

〔註175〕〔清〕潘紹詒修；周榮椿纂：《光緒處州府志》卷二「山川」，《中國地方志集成7·浙江府縣志輯·63》，內頁58，總書頁96。

保叔塔……附保叔塔……塔門舊有張即之書「湖山勝槩」四字，今
移置淨慈寺。《西湖遊覽志》。〔註176〕

浙江省杭州市西湖北緣寶石山巔，有一保俶塔，又名保叔塔、寶石塔、應天
塔。張即之在其塔門書「湖山勝槩」四大字，應當是一區額。

（五）「勝功德海」、「妙莊嚴海」

《民國海寧州志稿》卷七「寺觀　惠力寺」：

惠力寺　在縣東北硤石紫薇山下，俗名西寺。……殿前為大士殿，殿前
左為鐘樓，東為飯僧堂，宋張即之書「勝功德海」額，今不存。〔註177〕

位於浙江省海寧市硤石西山南麓的惠力寺，張即之為該寺中的飯僧堂書寫「勝
功德海」區額，現已不存。

此外，明人豐坊《書訣》中著錄一則大字書蹟：

張即之，字溫夫，于湖之姪，官至直秘閣。書學米元章而變以奇勁，
有春花秋水之勢。小楷、中楷《金剛經》、《法華經》、《度人經》、《清
淨經》；大字「妙莊嚴海」。〔註178〕

豐坊這則著錄交代了張即之官職、與張孝祥的關係、書學淵源，以及小、中
楷的寫經作品，大字書蹟。可惜並無記載於何處見過此大字書蹟，看其內容
「妙莊嚴海」，也許是某一寺院中的區額。

（六）「景德」、「永明」

著錄於張即之書《清淨經》中，虞淳熙跋文：

溫夫墨妙在武林，惟「景德」、「永明」二額，師李北海，而微見丁
頭鼠尾。〔註179〕

武林是舊時杭州的別稱，因武林山而得名。這兩幅區額「景德」、「永明」的書
風，虞氏認為是學李北海的書法風格，而且少數的筆畫有「丁頭鼠尾」，即指

〔註176〕〔清〕陳璂修；王棻纂：《民國杭州府志（一）》卷三十五「寺觀二　保叔
寺」，《中國地方志集成7・浙江府縣志輯1》，內頁20～21，總書頁787～
788。

〔註177〕〔清〕李圭修；許傳霈纂；劉蔚仁續修；朱錫恩續纂：《民國海寧州志稿》卷
七「寺觀　惠力寺」，《中國地方志集成7・浙江府縣志輯・22》，內頁19，總
書頁230。

〔註178〕〔明〕豐坊：《書訣》，《中國書畫全書》第三冊，頁850。

〔註179〕〔清〕張照、梁詩正等纂修：《石渠寶笈》卷十六「名人書　道氏經卷上等目
錄」，《秘殿珠林石渠寶笈》，頁175。

筆畫的起筆與收筆的形狀，像是釘頭與鼠尾，這都是不好看的樣貌，可見此言帶有貶意。

（七）「江寺」、「流光堂」

《乾隆紹興府志》卷三十九「祠祀志四　寺下」與卷七十一「古蹟志一　堂」：

> 覺苑寺　在縣東北一百三十步，齊建元二年江昭元捨宅建，會昌廢。大中二年重建，賜名昭元寺，祥符中避國諱改今額。……明嘉靖十三年寺毀于風雨，二十一年僧懷瑢重建大雄殿，今畫壁漫滅，張即之書「江寺」二字扁于山門。〔註180〕
>
> 流光堂　〔萬曆蕭山縣志〕在江寺，張即之題。〔註181〕

位於浙江省蕭山市城內的覺苑寺，又稱江寺。山門「江寺」二字與寺內的「流光堂」皆是張即之所題。黃啟江於〈南宋書家張即之的方外遊〉一文中，對於「江寺」二字，說是書於「紹興府祇園寺山門」。〔註182〕據筆者的考證，《乾隆紹興府志》對於「祇園寺」與「覺苑寺」的介紹，前後相鄰，有可能是黃氏沒有留意而看錯了。其他如《康熙蕭山縣志》〔註183〕、《民國蕭山縣志稿》〔註184〕都是記錄「江寺」二字匾是書寫於覺苑寺的山門，皆可證明是黃啟江看錯了。

（八）「直指堂」

明張岱《西湖夢尋》卷二「靈隱寺」條：

> 正統十一年，玹理建直指堂，堂額為張即之所書，隆慶三年燬。〔註185〕

直指堂由玹理建於明英宗正統十一年（1446），堂額為張即之所書，燬於明穆宗隆慶三年（1569）。

〔註180〕〔清〕李亨特修；〔清〕平恕、徐嵩纂：《乾隆紹興府志》卷三十九「祠祀志四　寺下」，內頁3，總書頁930。

〔註181〕《乾隆紹興府志》卷七十一「古蹟志一　堂」，內頁17，總書頁706。

〔註182〕黃啟江：《一味禪與江湖詩：南宋文學僧與禪文化的蛻變》，頁599註7。

〔註183〕〔清〕劉儼修；張遠纂：《康熙蕭山縣志》卷十四「寺庵志　覺苑寺」，《中國地方志集成7·浙江府縣志輯·11》，內頁20，總書頁128。

〔註184〕〔清〕劉儼修；張遠纂：《民國蕭山縣志稿》卷八「建置門　寺觀一　覺苑寺」，《中國地方志集成7·浙江府縣志輯·11》，內頁3～4，總書頁419。

〔註185〕〔明〕張岱：《西湖夢尋》卷二「靈隱寺」，《叢書集成續編·64·史部·地理類》（上海：上海書店，1994年），頁6～7，總書頁17～18。

（九）「魚塘福地」、「慶源」、「桃源福地」

《康熙桃源鄉志》（南京圖書館藏清抄本）：

> 漁塘市　桃源之後市也，在應□口。廣德湖未廢前，凡魚鰕之類，
> 皆在於此交易，自湖廢而此市亦廢矣。杜思泉曰：「昔太和道士養魚
> 於塘中，能致雨澤利民，故謂之魚塘。」宋張樗寮書「魚塘福地」
> 四字於華表，今石柱猶存。〔註186〕
>
> 慶源門　在向月街鳴玉閣。慶源者，有福慶之源流也。臧氏先世代
> 有顯官，故扁其門內堂，亦以此名。二字張即之書，至今猶存。
>
> 樂事亭　即萬安橋上之亭也。「桃源福地」四字，張樗寮即之公書，為
> 綽懸于橋上，相傳被人竊易，今之所懸者，非即之真筆蹟矣。〔註187〕

從這則著錄可知，「魚塘福地」四字是刻在石柱上的，至今猶存，在桃源鄉的
後市漁塘市，就像今日的漁市場。向月街鳴玉閣慶源門內堂上的「慶源」二字
匾額是張即之所寫，至今猶存。萬安橋上樂事亭有「桃源福地」四字，是張即
之所寫，懸掛橋上，相傳已被偷竊，現在所懸掛者，已非真蹟。

（十）「錫山」等五則著錄書蹟

《乾隆鄞縣志》：

> 建嶴山，縣西南四十五里寶慶志蠹立一十五峰，狀如列戟，鬱然深
> 秀成化志。山有花塔巖龍湫，在其下有寶巖寺，「錫山」二字，宋張
> 即之所書也。當時錫山建嶴通為一山，其地產橘，故有橘柚之園四
> 明山志。〔註188〕
>
> 鄞縣治，故在開明橋北，元改為廉訪分司署。……榜曰：「甘露堂」，
> 摹張即之書。〔註189〕
>
> 蒼雲堂、吳公塘、相公衢，皆張即之書開慶續志。〔註190〕
>
> 蒼雲堂　在郡圃之北。自老香堂為步，廊數十間，周迴而至。前有

〔註186〕〔清〕臧麟炳：《康熙桃源鄉志》（南京圖書館藏清抄本）「里域誌」（無卷
　　　　名），《中國地方志集成・鄉鎮志專輯24》，頁197。

〔註187〕自慶源門起至樂事亭皆載於《康熙桃源鄉志》（南京圖書館藏清抄本）「古蹟
　　　　誌」（無卷名），頁207〜208。

〔註188〕〔清〕錢維喬修；〔清〕錢大昕纂：《乾隆鄞縣志》卷三「山川」，《續修四庫
　　　　全書・史部・地理類・706》，內頁20，總書頁61。

〔註189〕《乾隆鄞縣志》，卷五「公署」，頁19〜20，總書頁106。

〔註190〕《乾隆鄞縣志》，卷二十三「金石」，頁45，總書頁530。

古檜數本，奇甚，疊石佐之。堂額張即之書開慶續志。〔註191〕

育王禪寺　在縣東十五里，阿育王山下，舊名阿育王廣利寺成化志。……寺有妙喜泉，張九成作銘，又有張即之書「普香世界」額。〔註192〕

寶嚴講寺　在縣西南五十里，舊名孝義院。唐元和十二年建，宋大中祥符六年賜今額延祐志。明正統十一年，僧恩溶建法堂、天王殿、著衣亭。國朝康熙三十八年重修，改成「禪林山門」，外有張即之書「錫山」二字浙江通志。〔註193〕

從這則著錄可知，在鄞縣西南四十五里的寶嚴寺，寺內有寶嚴講寺，舊名孝義院，在康熙三十八年重修，改成「禪林山門」，門外有「錫山」二字，是張即之所寫。在鄞縣東十五里有育王禪寺，裏面有張即之所書寫的「普香世界」匾額。在鄞縣縣治中有「甘露堂」榜，是摹寫書蹟不是真蹟，真蹟可能已佚失。鄞縣內還有「蒼雲堂」、「吳公塘」、「相公衢」等匾額，都是張即之所書寫。

（十一）「神妙」

《石渠寶笈續編》第五十三：

「宋徽宗換鵝圖」一卷

〔本幅〕絹本。縱八寸三分，橫五尺五寸三分。淺設色。畫王羲之故事。自題：「右軍本清真，瀟灑在風塵。山陰遇羽客，要此好鵝賓。掃素寫道經，筆精妙入神。書罷籠鵝去，何曾別主人。」宣和殿製書。鈐瓢印、玉壺。又長印：「宣和」。

〔引首〕神妙。鈐印三：「張」圓印、「張」方印、「即之」。

〔後幅〕前人題跋：「臣陳康伯、黃佀寧、吳道一、何仲實、錢子昂，同日拜觀神翰于遠寧閣，四月十一日。」

〔鑒藏寶璽〕八璽全。樂壽堂鑑藏寶。古希天子。壽。八徵耄念之寶。

〔收傳印記〕紹興宏文之印。山輝賞鑑。

〔註191〕《乾隆鄞縣志》，卷二十四「古蹟」，頁10，總書頁536。
〔註192〕《乾隆鄞縣志》，卷二十五「寺觀」，頁13，總書頁567。
〔註193〕《乾隆鄞縣志》卷二十五「寺觀」，頁35，總書頁578。

謹按：陳康伯，字長卿，弋陽人。紹興末右僕射，相孝宗。〔註194〕

從著錄內容可知，張即之這「神妙」二字是在「宋徽宗換鵝圖」的最前面，可說是對這幅圖的評價與讚嘆。

（十二）勝因禪院張即之碑

《雍正寧波府志》卷三十三「寺觀」：

> 勝因禪寺　縣西一十五里，宋寶祐年間建，名勝因院，後改為寺。
>
> 國朝雍正四年重建，寺有張即之碑。〔註195〕

從這則著錄內容，不知道勝因禪院裏張即之碑是何內容，但黃啟江卻說是「勝因院」三字碑。〔註196〕如果「碑」字作動詞用，是可以理解為「勝因院」三字是張即之所寫，再刻在碑石上以作標誌，或許黃氏是這般理解也說不一定。其他黃氏也提出幾處張即之書蹟所在之地，但皆未指出資料來源，在筆者尚未找到之前則持保留態度，不將之納入張即之著錄書蹟之列。

小結

　　張即之書蹟受限於文獻資料的不足，尚有不少傳世書蹟須待考證，再加上其仕宦經歷目前只尋獲兩筆有紀年的經歷，其餘皆無紀年，因此要將其生平與所有書蹟（包括傳世與著錄書蹟）串連，理出一條脈絡，就目前看來實屬不易。目前只處理其與禪僧間的交游情形與書蹟書寫的因緣，其餘則有待文獻資料的進一步發現。今綜輯第三章張即之書蹟之研究成果，筆者依編號、類別、書蹟名稱、紀年、存佚、藏地／著錄文獻等項次，製成一覽表，以茲統整張即之書蹟，便於檢索，如表二所示。

〔註194〕〔清〕張照、梁詩正等纂修：〈張即之書樓鑰汪氏報本庵記〉，《石渠寶笈續編》第五十三「宋徽宗換鵝圖」，《秘殿珠林石渠寶笈‧續編‧石渠寶笈（五）》，頁2645。

〔註195〕〔清〕劉澐修、潘宅仁等纂：《雍正寧波府志》卷三十三「寺觀」，《中國地方志集成7‧浙江府縣志輯‧30》，內頁14，總書頁943。

〔註196〕黃啟江：《一味禪與江湖詩：南宋文學僧與禪文化的蛻變》，頁599之註7。

表二　張即之書蹟一覽表（依出處來源可考者製表）

編號	類別	書蹟名稱	紀　年	存佚	藏地／著錄文獻
01	詩賦類	杜甫〈古柏行〉（大字）	嘉定十三年（1220）35 歲	佚	清陸時化《吳越所見書畫錄》
02		〈酒僊詩〉	淳祐八年（1248）五月十三日 63 歲	佚	清卞永譽《式古堂書畫彙考》
03		杜甫七律二首（大字）	淳祐十年八月（1250）65 歲	存	遼寧省博物館
04		杜甫〈古柏行〉（大字）	淳祐十一年（1251）月七日 66 歲	佚	《石笈寶笈》
05		杜甫〈春日戲題詩〉	淳祐十一年（1251）三月十六日 66 歲	佚	《石笈寶笈（三）》
06		屈原〈九歌〉	無	佚	宋釋道燦《無文印》
07		〈三省示眾手軸〉	無	佚	
08		杜甫〈公孫大娘舞劍行〉（大字）	無	佚	元朱德潤《存復齋文集》卷十
09		杜甫〈樂遊園歌〉（大字斷簡）	無	存	美國麻州 Barnet, Burto 夫婦
10		杜甫〈洗兵馬行〉（大字斷簡）	無	存	日本京都圓光寺
11		杜甫〈黃草〉（大字斷簡）	無	存	日本京都智積院
12		蘇軾〈赤壁〉（大字斷簡）	無	存	日本平凡社《書道全集》第 16 卷
13		李賀〈高軒過詩〉（大字殘卷）	無	存	上海博物館
14		楷書詩翰（大字）	無	存	中國嘉德國際拍賣公司拍賣品
15		杜甫詩刻帖拓片	無	存	廣州市藝術品拍賣有限公司拍賣品
16		宋張即之孔明廟古柏行長卷	無	存	北京保利國際拍賣有限公司拍賣品
17	寫經類	《維摩經》三冊	嘉熙三年（1239）54 歲	佚	《秘殿珠林》
18		《佛說觀無量壽佛經》	淳祐元年（1241）六月一日 56 歲	存	臺北故宮博物院
19		宋刻《法華經》七冊（善本）	淳祐四年（1244）58 歲	佚	《秘殿珠林續編》

20	《金剛經》普林斯頓藏本	淳祐六年（1246）六月一日 61 歲	存	美國普林斯頓大學附屬美術館
21	《金剛經》徐邦達著錄本	淳祐八年（1248）五月十三日 63 歲	存	《古書畫過眼要錄》
22	《金剛經》智積院本	寶祐元年（1253）七月十三日 68 歲	存	日本京都智積院
23	《金剛經》臺北故宮博物院本	寶祐元年（1253）七月十八日 68 歲	存	臺北故宮博物院
24	《金剛經》郁逢慶著錄本	寶祐元年（1253）七月十八日 68 歲	佚	清郁逢慶《書畫題跋記》
25	《金剛經》梁巘著錄本	寶祐二年（1254）69 歲	佚	清梁巘《承晉齋積聞錄》
26	《佛遺教經》	寶祐三年（1255）夏至日 70 歲	存	北京故宮博物院
27	《清淨經》	寶祐三年（1255）70 歲	佚	《秘殿珠林》
28	《金剛經》郁逢慶著錄本	景定四年（1263）四月八日 78 歲	佚	清卞永譽《式古堂書畫彙考》
29	《無量壽經》	無	佚	宋兀庵普甯《兀庵普甯禪師語錄卷中》
30	《道德經》	無	佚	明張寧《方洲集》清楊賓《大瓢偶筆》
31	《度人經》	無	存	北京故宮博物院
32	《楞嚴經》	無	存	臺北故宮圖書文獻處
33	《華嚴經》卷五	無	存	北京故博物院
34	《華嚴經》卷十一	無	存	遼寧省博物館
35	《華嚴經》卷十九	無	存	安徽省博物館
36	《華嚴經》卷三十六	無	存	《古書畫過眼要錄》
37	《華嚴經》卷三十八	無	存	蘇州博物館
38	《華嚴經》卷五十	無	佚	清潘正煒《聽帆樓書畫記》
39	《華嚴經》卷五十八	無	佚	《古書畫過眼要錄》
40	《華嚴經》卷六十四	無	存	日本東京高島菊次郎魂安居
41	《華嚴經》卷六十五第十一	無	存	日本東京博物館
42	《華嚴經》卷六十五「入法界品第三十九之六」	無	存	香港佳士得拍賣品

43		寫經冊頁			北京保利國際拍賣有限公司拍賣品
44	碑拓類	《息心銘》	淳祐元年（1241）九月十七日 56 歲	存	山東城武
45		賀秘監逸老堂碑	開慶元年（1259）七月 74 歲	存	浙江省寧波天一閣
46		《金剛經》焦山刻石梁巘著錄本	康熙年間	佚	清梁巘《承晉齋積聞錄》
47		《金剛經》普林斯頓本	光緒十一年	存	日本平凡社《書道全集》第 16 卷
48		《汪氏報本庵記》	無	存	《初拓續三希堂原本》第四冊
49		〈自遣·用魯山老僧韻〉	無	存	《三希堂法帖》第十七冊
50		〈臘八日漫成答〉	無	存	
51		〈懷保叔寺鏞公〉	無	存	
52	文類	〈祭笑翁和尚〉	淳祐八年（1248）三月二十六日 63 歲	佚	《阿有王山志》
53		《汪氏報本庵記》	無	存	遼寧省博物館
54		《李伯嘉墓誌銘》	無	存	日本藤井有鄰館
55		《待漏院記》（大字）	無	存	上海博物館
56		韓愈《進學解》	無	佚	《御定佩文齋書畫譜》
57		〈張橋寮請笑翁住翠巖書〉	無	佚	宋姚勉《雪坡集》
58		《醉翁亭記》屏風	無	佚	《康熙桃源鄉志》（南京圖書館藏清抄本）
59	書畫題跋	《雙松圖歌》（大字）	寶祐五年（1257）72 歲	存	北京故宮博物院
60		〈司馬光獨樂園圖〉卷後張即之題跋	無	存	《故宮書畫圖錄》第十七冊
61	榜書	龍虎福地	咸淳元年（1265）80 歲	佚	明宋濂《宋學士文集》
62		大義道場	咸淳五年（1269）84 歲（尚待考證）	佚	
63		妙莊嚴海	無	佚	明豐坊《書訣》
64		駐節	無	佚	明郁逢慶《書畫題跋記》

65		直指堂	無	佚	明張岱《西湖夢尋》
66		魚塘福地	無	佚	《康熙桃源鄉志》（南京圖書館藏清抄本）
67		慶源門	無	佚	
68		桃源福地	無	佚	
69		勝因禪院張即之碑	無	佚	《雍正寧波府志》
70～74		錫山、甘露堂 吳公堂、相公衢 普香世界	無	佚	《乾隆鄞縣志》
75～76		江寺、流光堂	無	佚	《乾隆紹興府志》
77～78		景德、永明	無	佚	《秘殿珠林》卷十六
79		神妙	無	佚	《石笈寶笈續編》
80		小峨嵋	無	佚	《光緒處州府志》
81		湖山勝槩	無	佚	《民國杭州府志》
82		勝功德海	無	佚	《民國海寧州志稿》
83～91		方丈、首座、知客 三應、書記、浴司 東西藏、旃檀林 解空室	無	存	日本京都東福寺
92		「半畝」鏡心紙片	無	存	中國嘉德國際拍賣有限公司拍賣品
93	尺牘奏表	〈引年得謝帖〉	無	佚	清卜永譽《式古堂書畫彙考》
94		〈致尊堂太安夫人尺牘〉（〈上問帖〉）	無	存	臺北故宮博物院
95		〈與殿元學士書〉（〈從者來歸帖〉）	無	存	
96		〈與大歇和尚尺牘〉（〈棐茗帖〉）	無	存	日本東京博物館
97		〈與廿二弟知縣承議尺牘〉（〈莊幹帖〉）	無	存	日本東京博物館
98		〈台慈帖〉	無	存	北京故宮博物院
99		〈致公使都運制府書〉	無	存	可能藏於日本
100		珂羅版印張即之《蘇文忠謝翰林表》	無	存	大唐四季拍賣有限公司拍賣品

第四章　張即之書法成就

　　張即之以能書享譽南宋末年書壇，留下不少擘窠大字及寫經之作，影響至今，日本尤其寶愛其書蹟。本章對其書法成就的論述，擬從書學淵源、書藝特色、評價及影響等三個面向進行，期能客觀周全地論述其書法成就。

第一節　書學淵源

　　張即之能自成一家，除其傳承家學之外，亦在其能擷取前代諸賢之長處，而開創出屬於一己之書風，今分兩個面向論述之：

一、承傳張孝祥家學

　　張即之乃張孝祥姪子，雖然孝祥英年早逝，但其書蹟定當成為張氏族人書學之敲門磚。不過，傅申在〈張即之及其大字〉一文中卻不這麼認為：

> 張即之的書風固然與張孝祥有某種關連性，但是查張孝祥（1132～
> 1169）雖是張即之的伯父，然而兩人相差五十四年，幾乎是祖父輩
> 的兩代之隔，最重要的是伯姪二人不但沒有交集，而且張即之出生
> 時，他伯父張孝祥已經去世十七年之久，在張即之少年時代習書時，
> 當然不可能有耳濡目染的機會，或許是透過家中保存其伯父的遺蹟
> 而心摹手追罷了。〔註1〕

〔註1〕傅申：〈張即之及其大字〉，《文藝紹興——南宋藝術與文化學術研討會》，頁
288。

筆者認為傅氏應當是忽略了張即之的父親張孝伯,從第二章第一節對張孝伯仕宦經歷的考證中可知,張孝伯從小與其堂兄生長在一起,他們之間只相差五歲,一直到紹興二十四年(1154)張孝祥離開生長地,應禮部試由高宗親擢為進士第一,這段期間至少有十七年是生活在一起。張孝伯極有可能是與張孝祥一同學書,甚至得到張孝祥親自的指導,且以張孝祥為書學對象。

其次,在 2011 年傅申於發表的文中提及此問題之前,早在 2008 年出版的方愛龍《南宋書法史》中,即已對此問題提出看法:

> 張即之的父親張孝伯(1137～?),字伯子,隆興元年(1163)進士。張孝伯與從兄張孝祥有脊令之誼,其書法也與張孝祥有著密切的淵源關係。從某種意義上說,張孝伯在書法史上的書名,是借助張孝祥與張即之而建立的。從傳世作品看,張孝伯《致叔丈知縣中大札》(又名《伏辱翰札帖》)、《輦下帖》(又名《誤恩帖》)等書札,表現出嚴謹寬厚的結體與敦實遒勁的用筆,與宋人所記張孝祥書法「字畫遒勁,卓然顏魯」的面貌相合。張即之其生既晚,未能得見英年早逝的張孝祥之面,因此他很可能是通過張孝伯學習家法而取法張孝祥書法的。〔註2〕

筆者認為如果傅氏若曾見過方氏書中的說法,應當不至於產生疑惑。而且張氏一族應當不只是張孝祥一人善書,但以張孝祥為書學圭臬的可能性極大,至少從張孝伯書蹟亦可窺見其與張孝祥書風相近之處。如張孝伯〈致叔丈知縣中大尺牘〉(圖57)與張孝祥〈關徹帖〉(圖58)即是一例:

因此,張即之透過其父親張孝伯而學習張孝祥書法的可能性極高,而其族人亦應當有善書者,在張即之以張孝祥書蹟為心摹手追的對象時,可以給予教導。方氏之見與推測合情合理,筆者在這一點上認同方氏之見。

〔註2〕方愛龍:《南宋書法史》,頁216。

圖 57　張孝伯〈致叔丈知縣中大尺牘〉

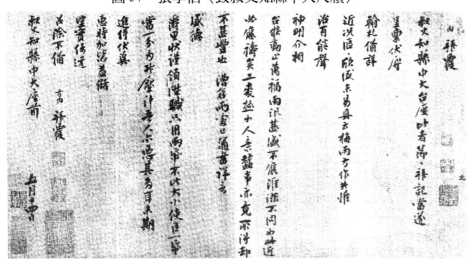

出處：《故宮歷代法書全集》第十三冊，臺北故宮博物院收藏。

圖 58　張孝祥〈關徹帖〉

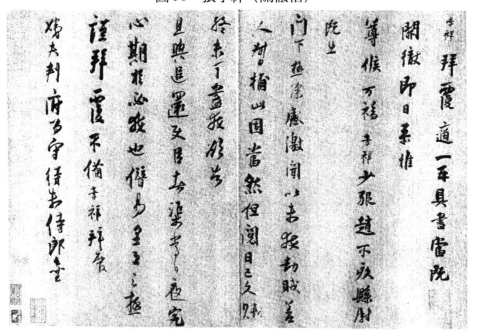

出處：《故宮歷代法書全集》第十三冊，臺北故宮博物院收藏。

　　此外，關於張即之傳承家學之說，最早出自南宋末年的書畫收藏家董史（生卒年不詳），在其著作《皇宋書畫錄》中說：「張即之，字溫夫。安國之後，甚能傳其家學。」明代書畫家文徵明亦承此說而有進一步的闡釋：

即之字溫夫，別號樗寮，參政孝伯之子。……按皇宋書錄，即之安
國之後，甚能傳其家學。安國名孝祥，仕終顯謨閣學士。所謂于湖
先生，孝伯之兄，即之之伯父也。其書師顏魯公，嘗為高宗所稱。
即之稍變而刻急，遂自名家。然安國僅年三十有八，而即之八十餘
歲，咸淳間猶存，故世知有樗寮，而于湖書鮮稱之者。余每見即之
好禿筆，今觀此書，骨力健勁，精采煥發，大類安國所書盧坦河南
尉碑，豈所謂傳其家學者耶？誠不易得也。〔註3〕

文徵明這則在「張即之書樓鑰汪氏報本庵記」後的題跋，與著錄在《《御定佩
文齋書畫譜》中「宋張即之書進學解」的題跋，在介紹張即之這一部分的內容
是一模一樣，只在頭尾句幾話中有些許變化，以配合該書蹟書寫主題，可見文
氏對書家的傳記式介紹有其固定底稿，因此除了張即之所書《汪氏報本庵記》
大類於張孝祥所書的《盧坦河南尉碑》之外，張即之所書《進學解》也是，不
過已經失傳，不然可以一同比較是否如其所說。

文徵明在題跋語中說張孝祥「書師顏魯公，嘗為高宗所稱」，這樁事則以
葉紹翁在《四朝聞見錄》中的敘述較為詳細：

高宗酷嗜翰墨，于湖張氏孝祥廷對頃，宿醒猶未解，濡毫答聖問，
立就萬言，未嘗加點。上訝一卷紙高軸大，試取閱之。讀其卷首，
大加稱獎。而又字畫遒勁，卓然顏魯，上疑其為謫仙，親擢首選。
臚唱賦詩，上尤隽永。張正謝畢，遂謁秦檜。檜語之云：「上不惟喜
狀元策，又且喜狀元詩與字，可謂三絕。」又叩以詩何所本？字何
所法？張正色以對：「本杜詩，法顏字。」檜笑曰：「天下好事，君
家都占斷！」蓋嫉之也。〔註4〕

張孝祥與其伯父張邵、父親張祁，在抗金的態度上都是主戰派，在當時的政
治集團中張孝祥是站在張浚一邊。因此當面對奸詐狹猾主和派秦檜的問題，
張孝祥義正辭嚴的說「本杜詩，法顏字。」杜甫詩人與顏真卿將軍都是憂國
憂民的一代聖賢豪傑，學其詩、學其字正是效法其胸襟氣度與悲天憫人的心
腸。在本杜詩方面則在張孝祥的詞作上表現無遺，如《六州歌頭》、《念奴嬌·

〔註3〕　〔清〕張照、梁詩正等纂修：〈張即之書樓鑰汪氏報本庵記〉，《石渠寶笈續編》
　　　　第五十四「張即之書樓鑰汪氏報本庵記」，《秘殿珠林石渠寶笈·續編·石渠寶
　　　　笈（五）》，頁 2700。
〔註4〕　〔清〕葉紹翁：《四朝聞見錄》卷二「張于湖」，《文津閣四庫全書·第三四六
　　　　冊·子部·小說家類》（北京：商務印書館，2005 年），頁 56。

過洞庭》、《水調歌頭・和龐佑父》、《浣溪紗》等詞篇，多是傷時憂世的情感，風格慷慨淒涼，氣勢奔放，後世稱他為愛國詞人。今從張即之傳世與未傳世書蹟來看，在詩歌方面以屈原〈九歌〉、杜甫〈古柏行〉為多次書寫的內容，而且從道燦與張即之的書信，亦可以體會張即之是將憂國憂世的鬱悶心情，寄寓於翰墨之中，其胸襟氣度亦與屈原、杜甫人格相輝映。因此張即之正是將張孝祥「本杜詩」的信念，成為自己立身處世的標竿，無論在書法上以及待人處世上都以杜甫為學習對象，可以說是對這一信念的具體落實。

在書法上，張孝祥以顏真卿為師法對象，從其傳世書作可見其結體嚴謹寬厚，用筆遒勁紮實，氣勢豪縱，如《朝陽岩記》摩崖題刻拓本、《疏廣傳語碑》等，宛然顏魯面貌。可惜其早年書作並無傳世而難得盡見其對顏體的用功深度。

此外，在曹勛《松隱集》與陳槱《負暄野錄》認為張孝祥亦臨習米芾書蹟，其書風帶有米芾的筆意：

> 展玩數過，……固知風檣陣馬，一日千里，孰不瞠乎若後哉！〔註5〕
> 于湖、石湖悉習寶晉，而各自變體。〔註6〕

「風檣陣馬」是蘇軾對米芾書風的讚嘆之詞，用以讚嘆安國亦說明其具有米南宮書風。陳槱則篤定的說，范成大與張孝祥皆曾臨習米芾書蹟，而後各自變體而成一家。從傳世的張孝祥五帖《臨存帖》、《涇川帖》、《適聞帖》（又名《柴溝帖》）、《台眷帖》、《關徹帖》（又名《拜復札》、《姨夫帖》）以及《盧坦河南尉碑》等書蹟，可以窺見其臨習米芾而變化自成一家的痕跡，其中筆者以為〈適聞帖〉（圖59）米書意味甚濃。

筆者以為張孝祥是以米芾書風中之「奇」的藝術表現元素，改造顏體中正平和氣象，使其書作雖有顏體遒勁厚實的筆力，但亦在謀篇上呈現姿態多變的風格。此外，亦以米芾強勁有力帶有速度感的「刷」之筆法，使原本平穩厚重的顏體產生速度感，結合這兩者而能自成一家。

文徵明以為張即之書《汪氏報本庵記》（圖18，頁105）類似於張孝祥《盧坦河南尉碑》（圖60）書作。筆者以為《汪氏報本庵記》較多秀美輕靈的韻味，而不以遒勁厚實為主體風格。如果要說接近的話，當以張即之所書寫之《雙松圖歌》（圖15，頁102）、《待漏院記》（圖35，頁136）較為接近，可視為其書

〔註5〕〔清〕曹勛：〈跋張安國題字〉，《松隱集》卷三十二，《文津閣四庫全書・第三七七冊・集部・別集類》，頁428。

〔註6〕〔宋〕陳槱：《負暄野錄》卷上「近世諸體書」，《叢書集成初編・1552》，頁7。

學張孝祥的具體代表。不過,也因為以張孝祥為書學的對象,無形中其書法就蘊藏著顏真卿與米芾的風格,而以顏體為主體,誠如顧復、安歧、孔廣陶所說,顏體為其入手之處,宗顏法而肆力學顏。〔註7〕而米書應當為較早取法的對象,致使明人宋濂、豐坊皆認為張即之筆法出於米南宮而變之,〔註8〕但張即之並非以米芾為入手處,而是在有顏體的基礎上,佐以米南宮筆法以變化之,因此在其傳世書作中皆可看見這兩種書體的風格融合在一起,可見張即之在這兩種書體上下了不少的工夫,亦可見其對伯父張孝祥書法的傳承。

圖 59　張孝祥〈適聞帖〉

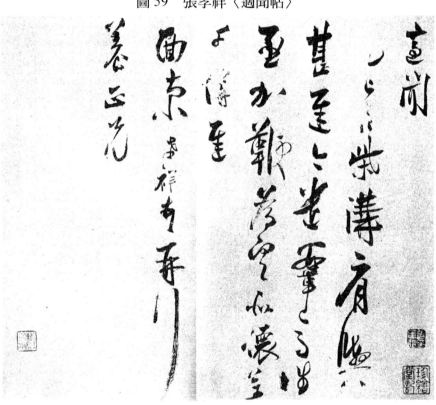

出處:《中華五千年文物集刊·法書篇四》

〔註7〕〔明〕顧復:《平生壯觀》卷三,頁27:「樗寮書從顏入手」;安歧《墨緣彙觀》,頁342:「宗顏法」。孔廣陶:《嶽雪樓書畫錄》卷二,「南宋張樗寮楷書佛遺教經真蹟卷」,內頁36〜45,總書頁55〜59:「樗寮公肆力學顏」。

〔註8〕〔明〕宋濂:〈題張樗寮手帖〉,《宋學士文集》卷二十五,《四部叢刊初編》,頁216:「大抵溫夫筆法出於米南宮,南宮始學沈傳師,後方入大令之室,天馬脫銜,追風逐電,誠有不可控馭,其變至於溫夫極矣!」。又見豐坊《書訣》,頁850:「書學米元章而變以奇勁」。

圖60　張孝祥《盧坦河南尉碑》

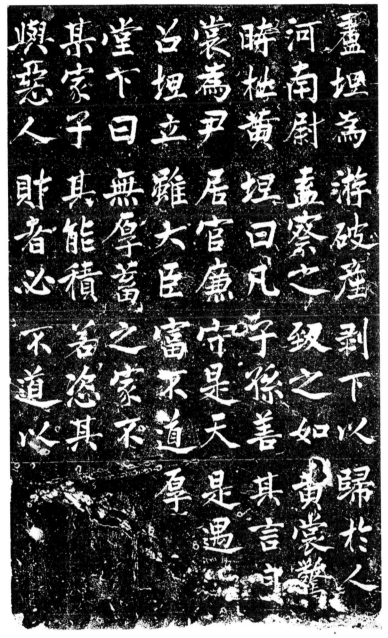

出處：《書法叢刊》一九九二年第四期（總第三十二期），頁72～74。

張孝祥在思想方面崇尚程氏之學，兼容佛老。依韓酉山的研究，張孝祥的伯父張邵與父親張祁都熱衷於佛經的研究，而其妻子時氏更是個虔誠的佛教徒。而張孝祥也很喜歡與僧人往還，在任官期間經常邀請有名的僧人主持

大寺院的經壇。就佛教思想方面，張孝祥崇尚禪宗思想，而在其為王日休《淨土文》所作的序文中說：「阿彌陀佛，即汝性是；極樂國土，即汝身是」，是用禪宗的「佛性說」與「頓悟說」來調和禪宗與淨土宗，使之不再對立而互相攻擊。〔註9〕從張即之與多位禪僧間的交游，一生多次書寫禪宗經典《金剛經》、《法華經》，亦曾書寫淨宗經典《觀無量壽佛經》，除了延續張孝祥對禪淨二宗的融通之外，亦身體力行，致使道燦稱他為「梅花樹下有髮之僧」，其身在江湖而心遊方外，不致力於書藝的多樣表現，而是藉由寫經以弘揚佛法、依教奉行，可以說是一位真出家人。

二、取法唐代諸賢而自成一家

在顏體的基礎上，張即之不僅佐以米芾筆法以求變化，在歷代的書蹟題跋語中，不少鑑賞者亦指出張即之取法於唐代諸賢而變化之：

> 張即之，號樗寮，書法歐陽率更，加之險峭，遂自成家。〔註10〕
>
> 張樗寮金剛經五千餘字，本出于歐而參以褚，結體頗緊。〔註11〕
>
> 此冊筆致雋逸，結體圓勁，似合顏褚為一手者。〔註12〕
>
> 樗寮公肆力學顏，運筆時兼用褚意。〔註13〕
>
> 此卷書佛遺教經，骨力得之顏，風神得之褚，於波折峭勁中，猶可想見唐賢矩度，可寶也。〔註14〕
>
> 樗寮此書勁折得自河南，遒緊沿于季海。〔註15〕
>
> 骨格剛勁，意度調熟，又由顏、褚少變而自成一家。〔註16〕
>
> 張即之蓮花經，楷書，筆意宗歐褚，圓處兼類虞世南。〔註17〕
>
> 此獨傲褚登善，肌理榮枯梓，八角垂芒，光射蕭臺玉局，猶錚錚

〔註9〕 韓酉山：《張孝祥年譜》，頁10~12。

〔註10〕 〔清〕姜宸英：《湛園集》卷八，《四庫全書珍本》第十二集，頁54。

〔註11〕 〔清〕梁巘：《承晉齋積聞錄》，《中國書畫全書》第十冊，頁521。

〔註12〕 〔清〕裴景福：「宋張樗寮書妙法蓮華經第二冊」，《壯陶閣書畫錄》卷五，內頁35~36，總頁309~310。

〔註13〕 〔清〕孔廣陶：「南宋張樗寮楷書佛遺教經真蹟卷」朱之蕃跋語，《嶽雪樓書畫錄》卷二，《續修四庫全書‧子部‧藝術類1085~1086》，內頁36~45，總書頁55~59。

〔註14〕 「南宋張樗寮楷書佛遺教經真蹟卷」張維屏跋語，《嶽雪樓書畫錄》卷二。

〔註15〕 「南宋張樗寮楷書佛遺教經真蹟卷」陳其錕跋語。

〔註16〕 「南宋張樗寮楷書佛遺教經真蹟卷」孔廣陶跋語。

〔註17〕 〔清〕梁巘：《承晉齋積聞錄》，《中國書畫全書》第十冊，頁521。

也。〔註18〕

　　樗寮書出自河南，參用可大（鍾紹京），而能自出新意，不受兩公規
　　繩，故卓然克自立家，足為黃米諸公後勁。〔註19〕

　　溫甫書佻處得之李北海，而以柳河東筋骨行之。〔註20〕

在這些題跋語中，大抵唐代著名書家皆被提及：初唐虞世南、歐陽詢、褚遂
良；盛中唐鍾紹京、李邕、顏真卿與晚唐柳公權，可說是從初唐直到晚唐的
大書家都包括在內，其中以歐陽詢與褚遂良最常提到，可見張即之的書蹟明
顯的有這二位書家的風格。歸納這些題跋語中所指出張即之取法唐代諸書家
的特點，在結體圓勁處取法自虞世南、顏真卿；結體遒緊處取自歐陽詢、褚
遂良、李邕；骨力剛勁處取法自歐陽詢、柳公權、褚遂良；風神新意處取自
褚遂良、鍾紹京、李邕。這些書藝特色則於下節論述，總之，從這些題跋語
可見，張即之的書法風格是雜揉唐代大書家的長處於其一身，古今中外別無
此體，而能自成一家。

第二節　書藝特色

　　張即之的書藝特色，將以書蹟題跋語中，筆者所見的精要之句作為提綱，而
對於當代學者對張即之書藝特色的闡釋，有若合符節者，亦將摘要以幫助理解。

一、筆力剛勁，斬釘截鐵

　　「勁」這一字常常出現在張即之書蹟題跋語中，如「古雅遒勁」〔註21〕、
「波折峭勁」〔註22〕、「勁折」〔註23〕、「骨格剛勁」〔註24〕、「骨力健

〔註18〕　〔清〕張照、梁詩正等纂修：「宋張即之書清靜經一卷」虞淳熙跋語，《秘
　　　　　殿珠林》卷十六「名人書・道氏經卷上等目錄」，《秘殿珠林石渠寶笈》，頁
　　　　　175。
〔註19〕　〔清〕王澍：《虛舟題跋》，《中國書畫全書》第八冊，頁821。
〔註20〕　〔明〕孫鑛：《書畫跋跋》，《中國書畫全書》第三冊，頁935。
〔註21〕　〔明〕郁逢慶：《書畫題跋記》卷四，《景印文淵閣四庫全書・子部・122・藝
　　　　　術類》，頁17。
〔註22〕　〔清〕孔廣陶：「南宋張樗寮楷書佛遺教經真蹟卷」張維屏跋語，《嶽雪樓書畫
　　　　　錄》卷二，《續修四庫全書・子部・藝術類1085～1086》，內頁36～45，總書
　　　　　頁55～59。
〔註23〕　「南宋張樗寮楷書佛遺教經真蹟卷」陳其錕跋語，《嶽雪樓書畫錄》卷二。
〔註24〕　「南宋張樗寮楷書佛遺教經真蹟卷」孔廣陶跋語。

勁」〔註25〕、「筆鋒尖勁」〔註26〕、「結體圓勁」〔註27〕、「如硬弩踏箭，勁鐵屈銀」〔註28〕、「瘦勁古雅」、〔註29〕「矯勁而蒼」〔註30〕、「方勁古拙、斬釘截鐵」〔註31〕等等。

　　而對於這一「勁」字的體會形容，筆者認為以明人詹景鳳（1532～1602）所說的「斬釘截鐵」一詞最為生動貼切，形容這筆力的剛勁程度，能將鋼鐵般的硬度齊整削斷，十分強悍。從這許多題跋語中都有這一「勁」字可以得知，諸多鑑賞者都認為，如斬釘截鐵般的剛勁筆力，是張即之書蹟的主要特色之一，而這也就是文徵明所謂的「刻急」〔註32〕，因為只有剛勁的筆力才能刻畫入骨，其運筆速度亦迅猛有力，致使筆畫挺拔剛勁，毫不拖泥帶水，乾淨俐落。

　　這筆力的表現當以大字書作最為明顯，如《杜甫七律二首》（圖 4，頁 77）、《雙松圖歌》（圖 15，頁 102）、《待漏院記》（圖 35，頁 136）以及大字榜書，皆為代表。今從中擷取字例，以感受一下張即之斬釘截鐵的剛勁筆力，如圖 61 所示：

圖61　張即之書藝特色一之字例

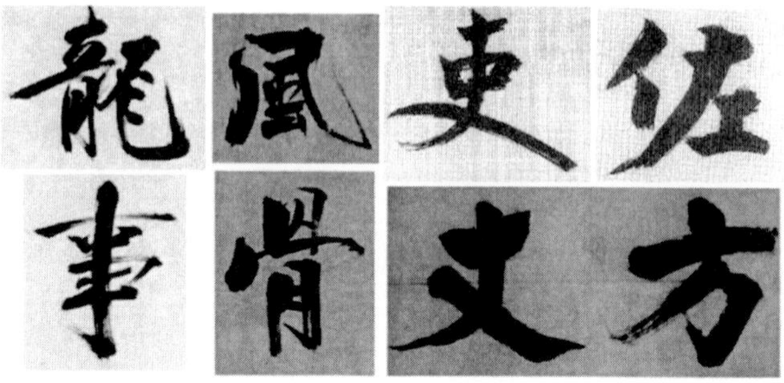

出處：圖 4、圖 15、圖 35、圖 47

〔註25〕〔清〕張照、梁詩正等纂修：〈張即之書樓鑰汪氏報本庵記〉文徵明跋語，《石渠寶笈續編》第五十四，《秘殿珠林石渠寶笈・續編・石渠寶笈（五）》，頁 2700。

〔註26〕〔清〕裴景福：「宋張樗寮書妙法蓮華經第二冊」，《壯陶閣書畫錄》卷五，內頁 35～36，總頁 309～310。

〔註27〕「宋張樗寮書妙法蓮華經第二冊」金安清跋語，《壯陶閣書畫錄》卷五。

〔註28〕〔清〕陸時化編：「宋張樗寮古柏行冊」，《吳越所見書畫錄》卷三，《歷代書畫錄輯刊・7》，內頁 1～2，總書頁 357～359。

〔註29〕〔明〕郁逢慶：「宋張樗寮正書金剛經」，《書畫題跋記》卷四，《景印文淵閣四庫全書・子部・122・藝術類》，內頁 17，總書頁 816～646。

〔註30〕「宋張樗寮正書金剛經」，《書畫題跋記》卷四，頁 306。

〔註31〕「題陳廷尉所藏張即之墨蹟」，《書畫題跋記》卷四，頁 247。

〔註32〕〔清〕張照、梁詩正等纂修：〈張即之書樓鑰汪氏報本庵記〉文徵明跋語，《石渠寶笈續編》第五十四，《秘殿珠林石渠寶笈・續編・石渠寶笈（五）》，頁 2700。

　　張即之之所以能夠如此，從上一小節「取法唐代諸賢而自成一家」中的引文可以得到一些消息：姜宸英認為是「書法歐陽率更，加之險峭」；梁巘認為其「本出于歐而參以褚」；裴景福認為「筆致雋逸，結體圓勁，似合顏褚為一手者」；陳其錕以為其「勁折得自河南」；張維屏認為其「骨力得之顏，風神得之褚，於波折峭勁中，猶可想見唐賢矩度」等等，總不離歐陽詢、褚遂良、顏真卿這三家。儘管張即之皆取法自三家，但在筆力剛勁上得力最多的，筆者認為當屬歐陽詢，如其《皇甫誕碑》（圖62）與〈卜商帖〉（圖63），筆力峭勁，有斬釘截鐵之勢。

圖 62　歐陽詢《皇甫誕碑》片段

出處：《書藝珍品賞析‧晉隋唐五代系列‧歐陽詢　虞世南》

圖63　歐陽詢〈卜商帖〉

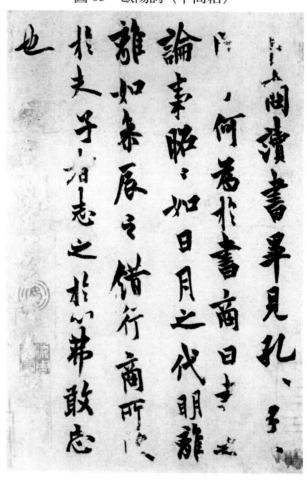

出處：《書藝珍品賞析‧晉隋唐五代系列‧歐陽詢　虞世南》

　　歐體之字筆畫挺拔險峭，剛勁入骨，張即之取法之又加以迅捷的速度，這應當是參以米芾「刷筆」的技法，如其〈蜀素帖〉（圖64）等中的運筆技巧，將兩者結合在一起而產生如此刻急的筆力。施隆民教授〈張即之及其書藝〉一文中，對結合歐體與米芾筆法的作法有獨到的見解：

　　張即之寫字用筆非常爽快，乾淨俐落，線條挺峭有力，不拖泥帶水。姜宸英湛園題跋說：「張即之書楞嚴經，書法歐陽率更，加之險峭。」文徵明、陳繼儒也稱他「稍變而刻急」、「稍變而刻意」也是這個意思。歐體之字，筆畫挺拔剛勁，即之由他變化而來，行筆迅勁，挺峭強力，「刻急」、「刻意」也是這個意思。尤其即之書中有些橫畫，始筆之處，重力落筆，橫刷而過，用米芾筆法，力強千鈞，而其收

筆處又一煞而止，頓挫有致；捺筆雁尾短促聚斂，也是此意。〔註33〕
張即之的字，骨力剛勁來自歐陽詢，而剛勁之餘之所以能不遲滯，便是結合了
米芾的「刷筆」，使得他用筆乾淨俐落、爽快，力強千鈞卻具有速度感，不因
厚重而呆板。施教授舉「橫畫」為例，生動地描述整個用筆的過程，可以此類
推細觀其餘筆畫的用筆，自然能得下手之處。

　　此外，如其寫經之作，雖是中楷小字，若將其掃瞄成圖檔，在電腦中放大
觀看賞析，亦能明顯感受到其剛勁迅猛的筆力，可見其書寫功力即令寫小字亦
如同寫大字一般的可觀。筆者認為其寫經之書蹟則以揉合歐陽詢、褚遂良與顏
真卿三家書風為主，米芾書風較不突顯，當是受限於寫經中的烏絲界格，以及
為使受持讀誦者易於靜心的緣故，顛狂的米芾書風自然是不適合了。

圖64　米芾〈蜀素帖〉片段

出處：《書藝珍品賞析22・兩宋系列・米芾》

二、遒緊寬綽，古拙雋逸

　　從特色一中所引用的題跋語中，亦可歸納出張即之在結體與書風上的特
色，即來自於孔廣陶：「勁折得自河南，遒緊沿于季海」、梁巘：「本出于歐

〔註33〕施隆民：《張即之及其書藝》，頁6。

而參以褚，結體亦緊」、裴景福：「筆致雋逸，結體圓勁，似合顏褚為一手者」、郁逢慶：「古雅遒勁」、「瘦勁古雅」、詹景鳳「方勁古拙」等評語，再加上當代學者所提出的「布局寬綽」之特色，筆者將之歸納為「遒緊寬綽，古拙雋逸」作為張即之書藝的特色之一。

就「遒緊」來說，是針對「結體」而言，一方面是指其取法自歐陽詢、褚遂良在結體上中心緊結的特徵，另一方面亦是指其字的結構嚴謹，具有法度，無一筆鬆懈。這些在其傳世書蹟上普遍可見，大字、中楷寫經之作皆是如此。然而，在這遒緊的結體之外，施隆民教授〈張即之及其書藝〉一文中則進一步指出其「布局寬綽」的特色：

> 葉昌熾語石卷七說：「張即之，書中之畸士也，好用側筆，望之如矮松偃蓋，婆娑可愛，其運筆以收為縱，又如長房縮地，咫尺有千里之勢。」這段乃是確評。所謂「長房縮地」，便是有謹嚴的結構，但是「咫尺千里之勢」卻又有寬綽的餘裕，使字形不致顯得偪迫，但又不會寬鬆無當。這種感覺非常特殊，也因此形成即之獨特的面目，所謂「書中畸士」，誠然妙喻。〔註34〕

「結體遒緊」與「布局寬綽」在字面上是相互對立而矛盾的，但在藝術的表現上，卻能帶來很大的張力，使得字體看似寬闊而又十分的聚焦，給人一種特殊的視覺感受。這種藝術表現筆者以為當以《李伯嘉墓誌銘》（圖23，頁113）為最突顯，其次如《佛遺教經》（圖13，頁99）、寶祐元年智積院本《金剛經》（圖9，頁84）亦可作為代表。今舉《李伯嘉墓誌銘》中幾個字例，以見其特色，如圖65所示。

圖65　張即之書藝特色二之字例

出處：圖23

這可視為以顏真卿寬闊的結體特徵為其基底，融入了歐陽詢、褚遂良字體中心緊結的特徵；就歐體而言即如上前述，就褚體而言，筆者以為《雁塔

〔註34〕施隆民：《張即之及其書藝》，頁6～7。

聖教序》（圖66）可作為結體中心緊結與書風雋逸的代表作品。張即之進而再配合筆畫上的輕重變化，而營造出如此的特殊視覺效果，形成個人獨特的藝術風格。

圖66　褚遂良《雁塔聖教序》片段

出處：《書藝珍品賞析22‧晉隋唐五代系列‧褚遂良》

　　其次就「古拙雋逸」而言，筆者之所以不取題跋語中較常出現的「古雅」一詞，在於「古雅」與「古拙」涵意相近，但以「古拙」較為生動貼切，較合張即之的書藝特色。就書風而言，「古拙」與「雋逸」是相對反的風格，但皆巧妙的融合在張即之的書蹟之中。

　　以張即之承傳顏體的家學而言，本自具有顏體的古樸無巧、沉穩厚重的風格，之後臨習米芾、褚遂良而使書風帶有速度感，無形中則將原本對反的風格結合在一起，而表現在書蹟書作之中。

　　就大字而言，以古拙意味較高，而帶有米芾沉著痛快的速度感；就中楷寫經而言，則以雋逸的意味較濃，以褚體的輕靈為主，輔以顏體的古拙，在靈動

之中不落輕浮，在無巧之際不致呆板，使得張即之的寫經之作遠遠勝出於唐人寫經。唐人寫經千篇一律，橫筆恒細，豎筆恒粗，如鍾紹京《轉輪聖王經》（圖67），張即之寫經之作則完全改變這種書寫上的習氣，為寫經之作開啟具有個人獨特藝術風格的新頁。

圖 67　鍾紹京《轉輪聖王經》片段

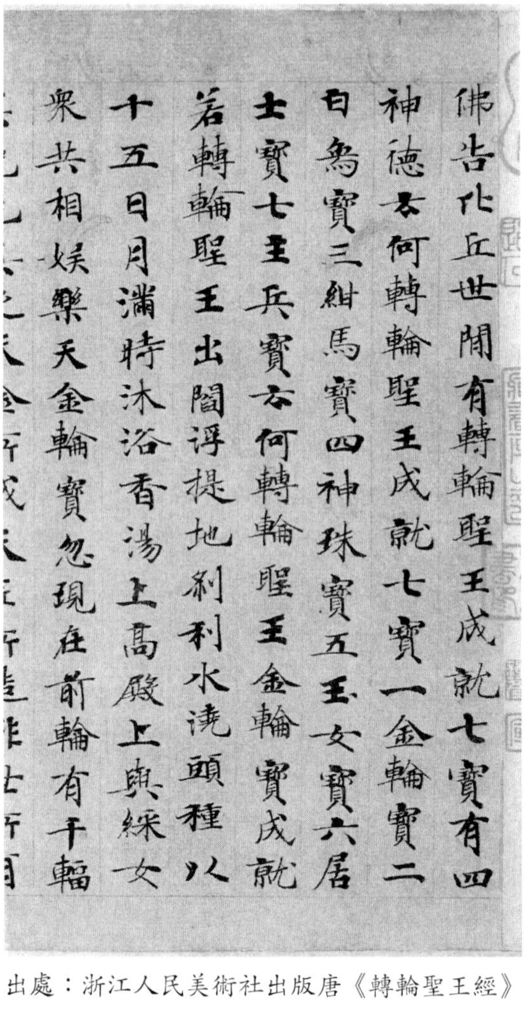
佛告比丘世間有轉輪聖王成就七寶有四
神德云何轉輪聖王成就七寶一金輪寶二
白象寶三紺馬寶四神珠寶五玉女寶六居
士寶七主兵寶云何轉輪聖王金輪寶成就
若轉輪聖王出閻浮提地刹利水澆頭種以
十五日月滿時沐浴香湯上高殿上與婇女
衆共相娛樂天金輪寶忽現在前輪有千輻

出處：浙江人民美術社出版唐《轉輪聖王經》

三、粗細互作，意度調熟

明人顧復認為「樗寮書從顏入手，其粗細互作，一矯南渡諸公之法，可云創調。」〔註35〕而如前引文中，文徵明說其「骨格剛勁，意度調熟」，張寧

〔註35〕〔明〕顧復：《平生壯觀》卷三，頁27。亦見《中國書畫全書》第四冊，頁910。

也說其「轉折作止之態如老生作禮，雖骨格強硬而意度調熟，見之者自當歎重」；〔註36〕因此，筆者以「粗細互作，意度調熟」作為張即之的書藝特色之一。

所謂「粗細互作」即指張即之書蹟中在筆畫上輕重虛實的變化，張即之在其書法的布白上，往往呈現輕重粗細落差很大的現象，時而左重右輕、右粗左細；時而上重下輕、下粗上細；又時而外細內粗，內重外輕；又或全字是粗，全字是細；又或全字只有一筆重、只有一筆輕，無有定律，而自然的形成一種不規則的律動，給視覺感官帶來一種立即式的感受，能吸引眾人目光，又使書蹟因粗細輕重的變化而帶來立體感，彷彿書蹟就活生生的在你眼前躍動，讓人目不暫捨。這些藝術表現都是張即之匠心獨到之處，能將粗細輕重兩相對反的元素，巧妙的結合在一起，予人一種全新的體驗。筆者以為大抵張即之的傳世書蹟皆具有此種特色，今以《雙松圖歌》中的片段為例，以見此生動的書藝特色，如圖 68 所示：

圖 68　張即之書藝特色三之字例

出處：《故宮博物院藏文物珍品全集——宋代書法》

梁巘認為張即之之所以能夠粗細互作，忽瘦忽肥，在於其「皆提筆書」〔註37〕。孔廣陶亦說：

> 樗寮此書勁折得自河南，遒緊沿于季海。香光論結字須提得筆起，貴懸腕，□藏鋒，斯言真得書家三昧，觀此良不虛矣。〔註38〕

〔註36〕　〔清〕孫岳頒等奉敕撰：「宋張即之大字」，《御定佩文齋書畫譜》卷七十八「歷代名人書跋九」，《景印文淵閣四庫全書・子部・125〜129・藝術類》，內頁 65，總書頁 822 之 389。

〔註37〕　〔清〕梁巘：《評書帖》，《華東師範大學圖書館藏稀見叢書匯刊》（北京：北京圖書館出版社，2006 年），內頁 13〜14，總書頁 151〜152。

〔註38〕　〔清〕孔廣陶：「南宋張樗寮楷書佛遺教經真蹟卷」，《嶽雪樓書畫錄》卷二，《續修四庫全書・子部・藝術類 1085〜1086》，內頁 36〜45，總書頁 55〜59。

可見「提筆書」是「懸腕」的書寫方法，這確是的論。惟有「懸腕」，即腕不枕在桌面上，如此才有足夠的使轉空間，才能蓄勁腕中依力量大小提按。如果是枕腕則使轉空間受限，而力量亦分散至桌面，更不如懸腕來得有力。因此，懸腕才能表現出強筆與弱筆，而帶來粗細的變化。

「搭鋒」亦是張即之書藝特色之一，朱履貞於《書學提要》中說：

> 書法有折鋒、搭鋒，乃起筆處也。用強筆者多折鋒，用弱筆者多搭鋒，如歐書用強筆，起筆處無一字不折鋒。宋之張樗寮、明之董文敏用弱筆，起筆處多搭鋒。[註39]

「搭鋒」尤其表現在豎畫之後的橫畫，往往輕輕橫刷過去，猶如搭在下一筆畫的起筆之處一般，如《李伯嘉墓誌銘》中，「君」字中的「尹」、「口」的寫法、「見」字中「目」的寫法、「語」字中「言」部「口」的寫法、「相」字中「目」的寫法、「日」字的寫法，都是「搭鋒」的代表字例。

圖69　張即之書藝「搭鋒」字例

出處：日本京都藤井有鄰館藏本

這種筆畫要能輕刷橫搭，自然要力量放輕而用弱筆，但張即之的書蹟，以《李伯嘉墓誌銘》而言，弱筆、強筆互用，弱筆即如前述橫刷而過又戛然煞住，而其強筆的表現往往是重力落紙，因此，雖是弱筆而筆畫硬挺尖峭；雖是強筆而氣力沉著剛勁，整體看來具有嚴整法度，精采煥發而揮灑自如；這即是「意度調熟」的具體表現。

「意度」即指藝術風格，張即之這種粗細輕重互作互用的筆法，已然嫻熟在心，不假思索，信手拈來，皆是佳作。施隆民教授稱這種特點，即是應用老子「重為輕根」、「大盈若沖、其用不窮」的哲理，而做到了「黑白相生，舉重若輕」的高明境界。[註40]因此，在指導筆者臨寫張即之字帖時，便要筆者好好體會「舉重若輕」的技法，以期能臻於如此高明的境界。

此外，筆者認為張即之這種粗細互作而筆致輕靈的風格，應當亦得力於褚遂良《陰符經》（圖70）。儘管有學者指出《陰符經》為偽作，但其將褚體風格

〔註39〕〔清〕朱履貞：《書學捷要》卷下，《叢書集成初編・1625》，頁31。
〔註40〕施隆民：《張即之及其書藝》，頁7。

表現得淋漓盡致則不能否認，不失為一學習褚體風格之範本。褚遂良《陰符經》的輕重筆畫與舞動般的姿態，應當給予張即之不少的啟發，而使其能在書作上有所發揮。

圖70　褚遂良《陰符經》片段

出處：《書藝珍品賞析22・晉隋唐五代系列・褚遂良》

第三節　評價與影響

　　張即之書法雖享譽當世，但至元代則大受抨擊。元代書壇由於受趙孟頫（1254～1322）崇尚魏晉的書學觀影響，而呈現出全面復古的趨勢，繼而延續至明清兩代。

一、負面評價

　　對張即之書法的貶抑較早的有袁桷〈師友淵源錄〉中的一句話：「書法之壞，自張始。」〔註41〕其次是趙孟頫的學生輩虞集（1266～1341），在〈題吳傳朋書并李唐山水跋〉一文中，從宋元書法發展風氣的演變，說明趙氏在改變

〔註41〕　〔元〕袁桷：〈師友淵源錄〉《清容居士集》卷三十三，《四部叢刊初編集部》，頁492。

書風上的重要影響：

> 大抵宋人書自蔡君謨以上，猶有前代意。其後坡、谷出，遂風靡從
> 之，而魏晉之法盡矣。米元章、薛紹彭、黃長睿諸公方知古法，而
> 長睿所書不逮所言；紹彭最佳，而世遂不傳；米氏父子書最盛行，
> 舉世學其奇怪。不惟江南為然，金朝有用其法者，亦以善書得名，
> 而流弊南方特盛，遂有張于湖之險，至於即之之惡，謬極矣。至元
> 初，士大夫多學顏書，雖刻鵠不成，尚可類鶩，而宋末知張之謬者，
> 乃多尚歐陽率更書，纖弱僅如編葦，亦氣運使然耶！自吳興趙公子
> 昂出，學書者始知以晉名書。〔註42〕

由於蔡襄書學虞世南而上窺二王，因此虞集認為宋人自蔡襄以上尚能恪守古
法，繼承前人筆法。然而自從蘇東坡、黃山谷之後，從顏真卿、楊凝式而上窺
二王，又主張書法創作當自出胸臆，真實地表現書家人格，於是書壇為之風
靡，從此再也無人遵循魏晉古法。米芾推崇大令，集古而自成一家；薛紹彭
純學王羲之，得力於《定武蘭亭》；黃伯思初仿歐、虞，後乃規摹鍾、王，著
有《東觀餘論》；此三人尚知魏晉古法，可說是元代復古之中介。然黃長睿所
書不及所論；薛道祖最佳，書作竟不傳於後世；米元章父子書風最為盛行，
其行草書沉著痛快，跌宕不羈，體態多變出奇，不受魏晉古法拘束，故而風
靡當代，即使是敵對的金朝，亦有因善學其書而獲書名者。這股風氣至宋室
南渡之後更加盛行，致使有張孝祥迅疾險夷的書風，直至張即之則更加醜惡，
簡直是荒謬到了極點。元代初年，士大夫多學顏書，雖未能盡得精髓，但亦
不致相差太遠，而宋末知張即之荒謬者，則指出其多取法自歐陽詢書法，其
細筆如編葦般纖細軟弱，正反映出南宋王朝奄奄一息的氣數。直到吳興趙孟
頫出現，學書者才知應以魏晉書法為學習之對象。

　　從虞集的這番話看來，宋代書法發展到張即之身上可說是完全喪失魏晉
古法，到了十分荒謬的地步，從張即之的書法竟可聯想到南宋即將覆滅的氣
運，可說是十分牽強，而這也正是虞氏為了突顯出趙孟頫在書史上的重大影響
力而導致。

　　趙孟頫之所以能夠影響元代書壇，在於其書法主張。趙氏有感於有宋一代
無不牢籠於顏書的學習，即使到了南宋亦多以北宋四大家為學習對象，因而主

〔註42〕〔元〕虞集：〈題吳傳朋書并李唐山水跋〉，《道園學古錄》卷十一，《文津閣四
　　　庫全書・第 403 冊・集部・別集類》，頁 332。

張：「當則古，無徒取於今人也。」〔註43〕所謂的「今人」即指南宋書家而言。
而「則古」即是以二王為學習對象。因此趙氏書法即由法鍾繇而上追二王，其
論書也推尊魏晉，使元代書壇在書法觀念上，又重新確立以王羲之為主流的書
法傳統。而在提倡學本古人之際，趙孟頫亦認為變化創新當建立在古法的基礎
上，無論如何求新求變，古法不可廢棄。這觀念即是其在《蘭亭序十三跋》中
「結字因時相傳，用筆千古不易」的著名論點：

> 學書在玩味古人法帖，悉知其用筆之意，乃為有益，右軍書蘭亭，
> 是已退筆，因其勢而用之，無不如志，茲其所以神也。
> 書法以用筆為上，而結字亦須用工。蓋結字因時相傳，用筆千古不易。
> 右軍字勢，古法一變，其雄秀之氣出于天然，故古今以為師法，齊梁間
> 人結字非不古，而乏俊氣，此又存乎其人，然古法終不可失也。〔註44〕

趙氏認為古人用筆之意需從仔細體味古人法帖，通過臨摹學習而求得；至於結
字體勢則因個人性情天資的不同，總在力求表現自己的面目。因此趙氏認為書
寫的筆法是永久不變，可從規模古人而得；結字體勢則受時代思潮與個人情志
而與時俱變，故而通過筆法與結字要求繼承與創新的結合。這兩者又以古法最
為重要，是可通過後天的努力而學得，人的天資稟賦有高下不同，若有如王羲
之般的天賦，自能產生高妙的書法。因此趙氏論書最重筆法、字形，其大量的
書法作品，反映出趙氏從創作中體現天資與學力兼而有之的特點。

　　趙孟頫的書論主張為元代書家所尊崇，大多主張通過學習古人法帖，使書
法能合乎法度，意欲以之矯正宋人追求自出胸臆的風尚。趙氏書論主張籠罩元
代書壇八十八年，直至元代覆滅，因此，宋代書家多成為元代書家的批判對象，
身為南宋書家張即之更不例外，其中以理學家鄭杓《衍極》的抨擊最為猛烈。

> 吳說、張孝祥、范成大法乎？曰：此而法，天下無法矣。然則張即
> 之諸人，其彌降乎？曰：吁！礫裂塗地矣。……曰：張即之、陳讜
> 之書，一時籍甚豐碑鉅刻，散流江左，迨今書家尚祖餘習。曰：速
> 勿為所染，如深焉，雖盧扁無所庸其靈矣。〔註45〕

〔註43〕〔元〕韓性：《書則序》，《歷代書法論文選續編》（上海：上海書畫出版社，
　　　　1993年），頁196。
〔註44〕〔元〕趙孟頫：《蘭亭序十三跋》（趙孟頫墨迹精品選）（長春：吉林文史出版
　　　　社，2009年1月初版），頁22～23（快雪堂刻本）。
〔註45〕〔元〕鄭杓：〈古學篇〉，《衍極》卷下，《景印文淵閣四庫全書·子部120·藝
　　　　術類》，頁15。

在鄭杓的眼中張即之書法不僅「磔裂塗地」;「磔」是古代一種分裂身體的殘酷
刑罰,鄭杓此句之意是視張即之為罪人,因其令書法風格如此低劣;而且一旦
長久學習張即之書法,則即使神醫再世也無可救藥。

　　為何鄭杓如此痛斥張即之書法?而連吳說、張孝祥、范成大等書家皆受
牽連。外國學者 Amy McNair〈Buddhist Literati and Literary Monks:Social and
Religious Elements in the Critical Reception of Zhang Jizhi's Calligraphy〉一文
對此的看法如下:

> In short, severl factors bout these calligraphers could have offended the
> Confucian sensibilities of Zheng Shao. A religious factor was their
> involvement with Buddhists. A political factor was their having served
> under the discreditde Southern Song. An artistic factor was that Fan
> Chengda and Zhang Xiaoxiang imitated Mi Fu and Yan Zhenqing,
> respectively, meaning that did not found their styles on direct study of the
> classical style of Wang Xizhi. This tradition emphasizes a smooth,
> modulated, graceful line and character compositions that fan out to the right.
> Indeed, it is commonly noted that most calligraphers of the late Southern
> Song did not return to a classical source for their inspiration, but based
> themselves on masters of the Tang and Northern Song dynasties. Using such
> comparatively recent models went out ot fashion in the early fourteenth
> century, when the influential artist and official Zhao Mengfu （1254-1322）
> led a revival of the classical Wang style in calligraphy. If Zheng Shao
> subscribed to the visual principles of smooth brushwork and dynamic
> compositional balance of this classical revival, then his condemnation of
> Zhang Jizhi and the others on stylistic grounds for participating in the
> decadent aesthetic horizon of the Southern Song seems an honest opinion.
> If to him"having method"meant possessing the the stylistic attributes of the
> classical tradition, then, indeed the comparatively modern styles of Wu Yue,
> Zhang Xiaoziang, and Fan Chengda have no method. I wonder, however, if
> Zheng Shao was not using arguments about style as a code for a Confucian
> standard of criticism. [註46]

[註46] Amy McNair, "Buddhist Literati and Literary Monks: Social and Religious

（總而言之，有幾個關於這些書法家的因素，可能觸怒了鄭杓的儒家敏感度。其中一個宗教因素就是他們與佛教徒的往來。另一個政治因素是，他們在不受認可的南宋朝廷為官。在藝術方面的因素則是，范成大和張孝祥師法米芾及顏真卿，相對的意指他們並未依照正統的王羲之風格，來建立他們的書法風格。這個傳統強調一個平滑、調合及優雅的線條，而且字體的組成必須符合正道。事實上可以普遍的注意到的是，大多數南宋末期的書法家並未回歸到正統，來尋找他們創作靈感，而是到唐代或是北宋的大師上建立他們創作的基礎。使用相對上較為近代而在十四世紀初期退了流行的典範，當具有影響力的藝術家及官員趙孟頫（1254～1322），在書法上領導一個復興王羲之正統派的陣營。如果鄭杓認同於平滑筆刷及動態結構平衡的視覺效果的敵對陣營，那他對於張即之及其他南宋致力於頹廢美學派書法家的譴責，就是一個誠實的評價了。如果對他來說，「此而法」意指著擁有古典傳統的風格屬性，那麼相對上較為現代風格的吳說、張孝祥和范成大就真的是沒有方法了。我訝異的是，鄭杓並沒有使用有關於風格的論證，來當做儒家批評標準的準則。）

由此可見鄭杓的批評是基於其身為理學家的立場，其《衍極》及劉有定的注文中所表現的書論主張，具有強烈的儒家中庸思想。因此，鄭杓論書的準則即是尊古尚法，要求做到不偏不倚，允厥執中，而其尊古的對象即是王羲之書法。雖然在其論顏真卿書法時極表崇揚之意：「顏真卿含弘光大，為書統宗，其氣象足以儀表衰俗。」〔註47〕但對於北宋書家多以平原為入手之處，卻獨取蔡襄一人，於蘇、米皆不取。依鄭氏的標準即認為蘇、米變亂古法而自立新調，劉有定在注文上更是說道：

> 況至宋朝，書法之備，無如蔡君謨，今乃置而不論，獨取蘇、米二人何耶？讀至篇末，又有濃纖間出之言，此正米氏字形也。此體流敝，至張即之之徒，妖異百出，皆米氏作俑也，豈容廁之顏、柳間

Elements in the Critical Reception of Zhang Jizhi's Calligraphy"See Marsha Weidner., Culture Intersections in Later Chinese Buddhism（Honolulu: University of Hawai'I Press, 2001），pp. 78。

〔註47〕〔元〕鄭杓：《衍極》卷上〈至朴篇〉，《景印文淵閣四庫全書・子部 120・藝術類》，內頁 6，總書頁 814 之 445。

哉？〔註48〕

可見鄭杓、劉有定皆反對米芾這種濃纖間出的字形，進而反對張即之，因其正從米氏所從出。這正是 Amy McNair 文中所說，鄭氏是認同王羲之這種「平滑筆刷及動態結構平衡的視覺效果」；凡非此種線條皆是低劣乃至「礫裂塗地」。

其次，理學之奠定在於反禪宗思想在北宋期間的盛行，始有周惇頤、二程建立道統及儒家的宇宙觀、形上觀、功夫論等，至南宋朱熹集其大成，然而與朱熹同時的陸九淵則另闢蹊徑，而至明代王陽明學說藉由講學活動興起進而推翻朱子官學，成為明代理學主流。因此鄭杓對佛教徒的排斥正在於其為儒家學者的身份，故而對張即之如此痛斥。但誠如 Amy McNair 所說，鄭杓並未使用有關於風格的論證，來當做儒家批評標準的準則。因此，鄭杓的批評是十分主觀，並非客觀地從儒家書法美學立場進行批判，如此評價失之偏頗而見人見智。

附和鄭杓之見者為明人楊慎（1488～1559），其在《墨池瑣錄》中說：

> 鄭子經論張即之、陳謹書曰：「速無為，所染如深焉，雖盧扁無所庸其靈矣。」然則，其自知耶，知則不為，此論足以砭俗。〔註49〕

楊慎於書最重風韻，其所推崇的是魏晉人物清談蕭散風流的氣度，與虛曠澄澹的胸襟：

> 法書惟風韻難及，唐人書多粗糙，晉人書雖非名法之家，亦自奕奕有一種風流蘊藉之氣，緣當時人物以清簡相尚，虛曠為懷，修容發語，以韻相勝，落筆散藻，自然可觀，可以精神解領，不可以語言求覓也。〔註50〕

因此其論書崇尚晉人而貶抑唐宋人之書，認為書法之壞自顏真卿始，因缺乏晉人風韻：

> 書法之壞自顏真卿始，自顏而下終晚唐，無晉韻矣，至五代李後主始病之，謂顏書有楷法而無佳處，正如扠手併腳田舍翁耳。〔註51〕

楊慎推崇趙孟頫，認為自唐以後唯一能繼踵鍾、王者惟有趙氏，因此借劉靜能

〔註48〕《衍極》卷下〈造書篇〉，內頁9，總書頁814之459。
〔註49〕〔明〕楊慎：《墨池瑣錄》卷一，《叢書集成初編·1631》，頁1。
〔註50〕《墨池瑣錄》卷一，頁7。
〔註51〕《墨池瑣錄》卷一，頁1～2。

之口表達一己之見：

> 劉靜能曰：鍾王不能變乎蔡邕，蔡邕不能變乎籀古，今古雖殊，其
> 理則一。鍾王雖變新奇，而不失隸古意；庾謝蕭阮守法而法在，歐
> 虞褚薛竊法而法分。降而為米黃諸公之放蕩，猶持法外之意，周吳
> 輩則慢法矣，下而至張即之，怪誕百出，書怪極矣，不有子昂，誰
> 能迴瀾乎？〔註52〕

由此可見楊慎與鄭杓相同，皆是推崇趙孟頫，並以王羲之的晉人風韻為書法正
統，因此自顏真卿始，直至張即之，皆在楊氏的批判行列，主觀之見從其書論
主張可見其根由。其他如汪砢玉《珊瑚網》〔註53〕，同是為推尊趙氏而發，茲
不再列舉。

二、正面評價

　　書壇推尊趙孟頫的潮流，一直延續到明、清兩代，這期間逐漸有欲擺脫
趙書籠罩書壇風氣的書家，如李應楨、解縉、祝枝山、文徵明、王世貞、徐
渭等人，但其書風或失之放誕，或仍留有餘習，而未全然擺脫趙氏的影響，
直到晚明董其昌取法顏真卿、柳公權、楊凝式、米芾等唐宋人筆意而上溯二
王，提倡「以奇為正」、以「生」為尚的主張，而改變自元代以來守規矩法度
的書法風尚。

　　清代由於康熙推崇董書，乾隆偏愛趙書，再加上考據學興盛而注重篆、
隸及南北朝碑刻的藝術價值，因此書論主張各派紛呈，不再拘泥於趙氏一家，
〔註54〕於是對張即之不再一味的抨擊貶抑。這期間肯定張即之書藝者，如吳
寬、解縉、董其昌、王文治、全祖望、何紹基等等，其見解看法可平反元人
對張即之的低劣評價。如清全祖望《鮚埼亭集》卷三十八「逸老堂碑跋二」，
明白表達不認同袁桷的說法：

> 清容以為書法之壞自樗寮始，謂其晚年人益奇，書亦益放。今觀是碑，
> 何放之有？予所見樗寮墨跡甚多，並不見其如清容所云者。〔註55〕

〔註52〕《墨池瑣錄》卷一，頁8。
〔註53〕〔明〕汪砢玉：《珊瑚網》，《中國書畫全書》第五冊，頁902、981、985、986。
〔註54〕本節對書法理論發展之敘述主要參考王鎮遠《中國書法理論史》、黃惇《中國
　　　　書法史・元明卷》等書。
〔註55〕〔清〕全祖望：《鮚埼亭集》卷三十八「逸老堂碑跋二」，《四部叢刊初編》，頁
　　　　404～405。

明書家解縉則在《春雨雜述》中指出趙孟頫學書從張即之入手而得米芾之傳：

> 以逮南渡，小米傳其家法，盛行於世。王廷筠以南宮之甥，擅名於
> 金，傳子澹游，至張天錫。元初，鮮于樞伯機得之。獨吳興趙文敏
> 公孟頫始事張即之，得南宮之傳，而天資英邁，積學功深，盡掩前
> 人，超入晉魏，當世翕然師之。〔註56〕

而相同的說法亦見於明鑒藏家汪砢玉《珊瑚網》：

> 米南宮芾，蔡端明襄，卓然為時名家，蘇舜欽、薛紹彭繼之。以逮
> 南渡，小米傳其家法，盛行于世。王庭筠，米南宮之甥，擅名于金，
> 傳子淡游，至張天錫，元初鮮于樞伯機得之。獨吳興趙文敏公孟頫
> 始事張即之，得南宮之傳，而天資英邁，積學功深，盡掩前人，超
> 入魏晉，當時翕然師之。〔註57〕

關於趙孟頫書學張即之的說法，明詹景鳳亦持相同之見：

> 張樗寮書，昔人謂為蟲魚篆之變，趙承旨子昂嘗從受筆法，其未易
> 議可知已。〔註58〕

這些書論家提出趙孟頫初始學書從張即之下手，平反元人一般以為趙孟頫學
宗王羲之的觀點，極具震撼力。由此看來趙孟頫初學字時是從張即之書法下
手，並從中得到米芾真傳。一般書法史如張光賓《中華書法史》、黃惇《中國
書法史‧元明卷》等並未提及這點〔註58〕，大多說明趙孟頫初學字時從智永千
字文下手，後學鍾繇、宋高宗進而上溯二王，最後留意李邕而自成家。從目前
趙孟頫的書蹟來看，確實不易看見有學習過張即之筆法的痕跡，但這並不能說
明趙氏從未接觸過，要完全改變書風是可以靠後天的努力而做到，更何況趙氏
練字相當勤奮，更是不在話下。筆者以為假使趙氏從未臨習過宋人書法，又如
何能看見宋人書法衰微的流弊而提倡學古人不學今人？因此，在論及趙氏書
學的淵源時，筆者認為論者不應當忽略上述這幾則文獻資料，而能有較為全面
合理的論說。

自趙孟頫書風不再獨尊書壇，而顏真卿書風又逐漸為書家所接受之際，給

〔註56〕 〔明〕解縉：〈書學源流詳說〉，《文毅集》卷十五，《四庫全書珍本‧四集‧1208
～1213》，頁19。

〔註57〕 〔明〕汪砢玉：《珊瑚網》，《中國書畫全書》第五冊，頁981；第六冊，頁65。

〔註58〕 〔明〕詹景鳳：「題陳廷尉所藏張即之墨跡」，《東圖玄覽編》卷四，《美術叢
書‧21》，頁247。

〔註58〕 張光賓：《中華書法史》（臺北：臺灣商務印書館，2007年），頁252。黃惇：
《中國書法史‧元明卷》（南京：江蘇教育出版社，2009年），頁18。

予張即之書法正面評價也隨之增多，並表現在其書作題跋上，如吳寬《待漏院記》跋文中說：

> 樗寮在宋書名甚盛，然好用禿筆作大字，遂為後來醜怪惡札之祖。
> 噫！不得其意而強效之，其弊至於縛草如帚，以燥為工，是真所謂醜怪者也。〔註60〕

言下之意是批評張即之好用禿筆作大字，以致於為後來醜怪惡札之祖，隨後李東陽的跋語則認為批評過嚴。細察吳寬之語，並不是將批評的焦點放在張即之身上，而是藉著已然的事實，用以責備後世書學張即之者，「不得其意而強效之」，以致於帶來不少流弊，「縛草如帚，以燥為工，是真所謂醜怪也。」可見從這觀點出發亦可了解，當時不少人書學張即之，但由於張即之書法不易學，以為用已退鋒芒的禿筆，就能寫出帶有飛白蒼勁的筆勢，結果畫虎不成反類犬，反使字變得醜怪無比。可見張即之健勁的筆力，非一日可蹴。因此，文徵明稱讚他：「老筆健勁，大類安國，稍變刻急而自名家」，誠非虛言。

而對於用禿筆而被批評為醜怪惡札之祖，王芝林則提出反駁的意見：

> 作書用禿筆，醜則有之，怪則從體出。此書筆端有芒棱之若將觸手，
> 而結體用筆兼宗唐宋諸大家，並無怪意；筆雖禿，以縱橫正反出之，
> 外似醜而中妍自在。〔註61〕

所謂用禿筆之醜，筆者認為是在於其鋒芒畢露，筆畫較不能圓美，落筆之處多開叉，運筆之際易有飛白的現象，在於筆中鋒的筆毛掉落不少，是自然現象，因此相對於用新筆自然為醜。而怪則在於張即之的結體粗細互作，無有定律，是匠心獨到之處。王氏認為如此結體兼有唐宋諸大家之長處，非有心搞怪，而是在前人的基礎上創新，何怪之有呢？而雖用禿筆，但藉由粗細互作、高低長短的變化，外似醜怪而卻是中妍自在，讓人愈看愈喜愛。又如前文第三章第二節《法華經》中所引用明人安世鳳的題跋語，其說：「樗寮昔人斥為惡札，今詳其筆意，亦非有心為怪。惟象其胸懷，元與俗情相違逆」，亦與王氏之見相近，不再視樗寮書蹟為醜怪惡札之祖，進而欣賞其書風。

在這些題跋當中，筆者認為給予較為高度評價的是何紹基所題跋之七絕

〔註60〕〔明〕吳寬（1435～1504）：〈跋張樗寮墨蹟〉，《家藏集》卷五十五，《景印文淵閣四庫全書・集部・194・別集類》，內頁18，總書頁1255之511。

〔註61〕中國古代書畫鑑定組編：《中國古代書畫圖目》第二冊，頁44：「滬1-0074」。書蹟後題跋。

一首：

> 焦山石壁寶貞珉，吳會欣逢手澤新。
>
> 拔戟蘇黃米蔡外，寫經規矱接唐人。
>
> 余嘗謂樗寮楷書嚴整峭削，不似有宋諸名家全以行草破楷法也。珍
>
> 重珍重。〔註62〕

這是何紹基在蘇州鑑賞張即之《華嚴經》墨蹟之後所寫的題跋詩。最重要的是這兩句：「拔戟蘇黃米蔡外，寫經規矱接唐人。」依筆者之理解，何氏倒不是認為張即之的書藝成就超越北宋四大家，而是在南宋書壇籠罩在北宋四大家，以行草書體為其創作的主要表現型式之際，張即之卻以楷書為創作主體，獨樹一幟，故能「拔戟於蘇黃米蔡外」，「不似有宋諸名家全以行草破楷法也」。此外，張即之的書蹟又以寫經為大宗，其寫經書作嚴整的法度更是能有別於北宋四大家，而承接唐楷重法度的書風。

北宋四大家並非是否定唐楷，而欲以晉人書風，以及當時流行的禪宗思想來出奇創新、自出新意，表現個人風格。相反地，是在有紮實的楷書功夫基礎之下而求自出胸臆，寫出具有生命力及個人色彩的書法創作。〔註63〕然而，大多數的書家卻是以行草書體為主要表現型式，與唐人端楷截然不同而無法接續，惟有南宋書家張即之以楷書為表現主體，才能在被一般書論家稱為「尚意」的宋代，保有一席重法度而能承接唐人書風的重要地位。筆者認為這正是張即之書藝於宋代書壇的重要價值所在，然而卻往往被一般寫書法史者給忽略，甚至予以嚴厲抨擊，實教人倍感痛惜。

總而言之，書家書風評價無有定評，受一代書風之祈尚而有正負兩極化之評價，更在於能否得一解人，為其存在道出其真實意義與價值之所在。

此外，從書蹟題跋上亦可看見，張即之受到當時宰官文士，以及後代禪僧們喜愛的情形，如寶祐三年書寫之《清淨經》，末後樓鑰、鄭清之等人題跋〔註64〕；淳祐八年為妻薦福所寫之《金剛經》，末後元代禪僧們的題跋〔註65〕，

〔註62〕徐邦達著，故宮博物院編：《古書畫過眼要錄·晉隋唐五代宋書法：3》，頁 913。

〔註63〕對此一論題的見解，筆者除自己的體認之外，亦參見莊千慧：〈論北宋尚意書風的法度意涵〉(《南師語教學報》第三期，2005 年 4 月，頁 63～89) 一文。

〔註64〕〔清〕張照、梁詩正等纂修：《秘殿珠林·卷十六·名人書·道氏經卷上等目錄》，《秘殿珠林石渠寶笈》，頁 175。

〔註65〕徐邦達著，故宮博物院編：《古書畫過眼要錄·晉隋唐五代宋書法：3》，頁 907～909。

都是不著意於書藝高下，而以之書寫內容讚嘆其學問涵養與佛法修持。然而這些題跋內容多藉書蹟以談黃老清靜之理及佛家般若空義，涉及哲學義理的思辯，不在本文論述的範疇之內，故不再贅文敘述。

三、對日本書壇之影響

　　儘管張即之書法有兩極化的評價，然仍有書學張即之者，目前於文獻著錄可查考者有宋代禪僧無文道燦、元代楊鎮、明代鄒魯遺、道士黃裳、清代裘曰修與王文治等人，而以王文治成就較大，已於前文概述。〔註66〕此外，根據傅申〈張即之及其大字〉一文中的研究，張即之書蹟之所以能流傳至日本，實歸功於無準師範（1178～1249）。由於無準師範為宋代著名禪僧，徑山萬壽寺三十四世住持，不少從日來華僧人拜入門下，而其中以日本東福寺開山祖師聖一國師（圓爾辨圓，1202～1280；1235入宋）為最著名。因聖一國師與張即之禪友西巖了慧為同門，在回國之際帶回日本的書籍中，有張即之所書《金剛經》、《法華經》和《觀經》，皆記錄在〈聖一國師將來目錄〉中。〔註67〕張即之書法即從此刻起傳至日本。

　　又據韓天雍《日本書法經典名帖・禪宗墨迹》所述，張即之書法為圓爾辨圓所繼承，書學張即之。且在他回國之後，無準師範又寄贈「方丈」書蹟給他，成為傳存於東福寺的匾額題字之一：

　　　　「方丈」被譽為張即之匾額題字的代表作。老筆紛披，清逸遒健。
　　　　這是東福寺（臨濟宗東福寺大本山京都五山之一）的開山祖師圓
　　　　爾弁圓（聖一國師，1202～1280）歸國後，其師無準師範（1178～

〔註66〕無文道燦、王文治書學張即之已於文中提及，其餘則見於以下文獻：
　　　〔元〕夏文彥：《圖繪寶鑒》卷四，《中國書畫全書》第二冊，頁875：「楊鎮字子仁，嚴陵人，自號中齋，節度使蕃孫之子，尚理宗周漢國公主。平居少飲，喜觀圖史，書學張即之」。
　　　〔清〕沈辰：《書畫緣》，《中國書畫全書》第十冊，頁135：「黃裳，字丹霞，號塵外道人。讀書明理，善詩章。習張即之字，上虞縣道士。」頁149：「鄒魯遺，餘姚人。善署書，法張即之，入能品。」
　　　〔清〕晏棣：《國朝書畫名家考略》，《中國書畫全書》第十一冊，頁660：「裘曰修，號漫士，江西新建人。乾隆己未進士，官至工部尚書，謚文達。書學張即之，形神畢肖，高宗以內府所藏即之華嚴經殘本，命文達補書，諸臣無有能辨之者。」
〔註67〕傅申：〈張即之及其大字〉，《文藝紹興——南宋藝術與文化學術研討會》，頁277。

1249）由中國寄贈給他的，是傳存於東福寺的匾額題字之一。京
都禪宗寺院「方丈」懸額，即是根據這幅「方丈」的題字忠實模
刻下來的。〔註68〕

由此可見，此「方丈」二字成為日本京都禪寺重要書蹟。除此之外，尚有「三
應」、「知客」、「首座」、「書記」等匾額留存於東福寺。

韓氏亦提到，由中國禪僧入日籍的蘭溪道隆，亦是書學張即之者：

蘭溪道隆（大覺禪師，公元 1213～1278）於 1246 年率同弟子義翁
紹仁等數人赴日，這是中國禪僧赴日的第一個代表團。……他的楷
書墨迹在當時禪僧中尤為出色。現藏在神奈川常盤山文庫的《諷誦
文》和京都大德寺所藏的《金剛般若波羅密經》，極其酷似張即之
的書法，點畫精到穩健。〔註69〕

蘭溪道隆書學張即之，並有極酷似張即之書風的《諷誦文》與《金剛般若波羅
密經》，足見其對日本書壇與禪林帶來莫大的影響。

此外，在日本正傳禪寺，亦有傳為兀菴普寧所題「正傳」、「禪寺」兩幅匾
額，書風酷似張即之：

「正傳」「禪寺」額字　二幅　這是揭摹正傳禪寺伽藍額字的原本。
傳為兀庵普寧筆迹，但無確證。然其書風是屬南宋張即之書風一路，
也可能是出自當時禪院的能書家之手。……這也是現存禪院額字中
最為優秀的作品。〔註70〕

透過韓氏的介紹說明，大抵可以了解張即之書法在日本禪宗寺院受歡迎的情
形。同時，相對地也產生不少偽仿張即之的書作，故有傳申對此進行考證。在
某一意義上也反映出張即之書法對日本書壇所帶來的影響。

〔註68〕韓天雍編著：《日本書法經典名帖‧禪宗墨迹》（杭州：中國美術學院出版社，
2002 年），頁 11。
〔註69〕《日本書法經典名帖‧禪宗墨迹》，頁 3。
〔註70〕《日本書法經典名帖‧禪宗墨迹》，頁 42。

第五章 結 論

　　經由前面各章繁複的論述考證，今歸納出幾個大項，以作為此次研究的
心得與成果：

一、補《宋史》本傳之不足

（一）祖籍與出生地

　　即之《宋史》有傳，不言何處人，又不為孝伯立傳。今經一番考證可確
定，張孝伯為歷陽人，是否為蕭山人則有待文獻資料的進一步發現才能考證。
此外，據《乾隆紹興府志》知與張孝祥為從兄弟關係，故進一步查考張氏一
族的代代先祖，以及張孝伯與張孝祥間的關係。至於張氏一族是否為張籍的
後代，在無文獻資料可證明之前，則只存在著可能性而已。後來張氏一族隨
宋室南渡遷徙至浙江省鄞縣，張孝伯出生於鄞縣桃源鄉，是浙江鄞縣人，安
徽歷陽只能說是他的祖籍。雖然目前無法證明張即之出生於鄞縣桃源鄉，卻
有不少文獻資料記載，可以說明張即之長期生於此的事實。最後，製作張氏
一族世系分支圖，說明其間的關係。

（二）張孝伯仕宦經歷

　　《宋史》不為孝伯立傳，故據文獻查考其生平，並依第二章第一節查考過
程，將其生平事蹟整理如下：

　　張孝伯字伯子，號篤素居士。

　　宋高宗紹興七年（1137）出生

　　宋孝宗隆興元年（1163）登第，同進士出身。

　　宋孝宗淳熙元年（1174）以文林郎任縣丞，重建丞廳。

　　宋孝宗淳熙九年（1182）知江寧縣事，蒞政即訪視民間疾苦，奏停年租與額外的徵收，並首立養濟院，又上奏體恤建康遇大水饑荒的人民。

　　宋孝宗淳熙十六年（1186）任幹辦諸軍審計司；八月張郯過逝，丁父憂。

　　宋光宗紹熙五年（1194）十一月十一日除國子監丞。

　　宋寧宗慶元元年（1195）八月任吏部侍郎兼侍講；十月除監察御史。

　　宋寧宗慶元二年（1196），任起居郎兼權刑部侍郎。

　　宋寧宗慶元四年（1198）正月，任權刑部侍郎兼實錄院同修撰；八月任吏部侍郎。

　　宋寧宗慶元五年（1199）十月權禮部尚書並兼實錄院同修撰。

　　宋寧宗嘉泰二年（1202）二月，勸韓侂胄（1152～1207）弛偽學之禁，以杜他日報復之禍。

　　宋寧宗嘉泰二年（1202）閏十二月張孝伯自華文閣學士朝議大夫知鎮江府。

　　宋寧宗嘉泰三年（1203）十月，自華文閣學士知鎮江府召除同知樞密院事。

　　宋寧宗嘉泰四年（1204）四月，自同知樞密院事除，任參知政事；八月二十八日，以臣僚論列放罷。「晚歸桃源，領祝釐十餘年，康強壽考，是生檉寮。」（袁桷〈以辟穀圖壽張治中并識其後〉）

　　宋寧宗嘉定八年（1215）六月一日逝世，享壽七十八歲，葬於浙江省鄞縣翠巖山境內翠山講寺。

（三）非進士是舉人

　　張即之以父恩授承務郎之後，《宋史》本傳即接著說：「銓中兩浙轉運司進士舉」，此究何所指？諸多方志中的毛自知榜中皆無張即之之名，則張即之非進士出身的可能性極大，故筆者依《桃源鄉志》與《民國鄞縣通志》等文獻資料進行考證，再經由查考諸多方志、辨明科舉考試與詮試之不同、考察所任之官職等幾個面向，可以說明《宋史》本傳所謂「銓中兩浙轉運司進士舉」，有可能是將「銓」字誤植，實際上是「中兩浙轉運司進士舉」，為發解試的進士，不過是舉人而已。此外，在此基礎下，補證無紀年的仕宦經歷。

（四）交游、性情為人與簡表製作

　　《宋史》本傳對張即之的交游情形可以說是隻字未提，目前對這方面的研究，僅有黃啟江〈南宋書家張即之的方外遊〉一文，故張即之與禪僧的交游對

象，依黃氏之考證簡明扼要一一說明。張即之為人除《宋史》本傳所記的一則
義行之外，大多散見於無文道燦、物初大觀與希叟紹曇等人與張即之往來的書
信之中，尤其是物初大觀《物初賸語》一書，故配合書蹟題跋語，以及《宋史》
本傳對張即之義行的記載，具體整理出張即之的三大項性情為人與義行。最
後，依可考紀年之事蹟與書作，製作「生平事蹟與書作簡表」，為瑣碎繁雜的
考證過程，給出一個具體成績。

二、修訂文獻、學者之誤

在考證過程中，因比對多則文獻資料與學者之見，故能發現不符合事實與
不合理之處，進而修訂錯誤。然而，這些修訂皆是隨文論述而提出指正，而文
繁細瑣，不易尋討。今依論述先後例舉幾則，以窺一二：

（一）文獻《光緒江埔埤乘》之誤

《光緒江埔埤乘》卷二十三「人物二」「張鄰」條下，說張同之為張孝伯
之子，經考證確定此則文獻記載是錯誤的，張即之是孝伯唯一兒子，張同之則
是張孝祥的兒子。

（二）學者黃啟江之誤

黃啟江在〈南宋書家張即之的方外遊〉一文中說：「張即之，字溫夫，號
樗寮，……因祖先從四明鄞縣移居歷陽，遂為歷陽人」，恰恰將事實說反了，
而且也未提出事證。經由考證可知，歷陽只能說是他們的祖籍，實際上他們是
鄞縣人，不是歷陽人。

黃啟江在《一味禪與江湖詩：南宋文學僧與禪文化的蛻變》中說：「根據
目前可見之宋以後的法書目錄、歷史論述，張即之雖抄寫過《無量壽佛經》一
冊，而且將其贈送給笑翁妙堪」，但張即之贈送給笑翁妙堪的是《佛說觀無量
壽佛經》，這是於法書目錄、歷史論述中找得到的書蹟，而張即之寫《無量壽
佛經》則只出現在〈樗寮字阿彌陀經書偈送最明寺殿〉這一首詩偈中，可見，
黃氏是將《觀無量壽佛經》與《無量壽佛經》兩者搞混了。

（三）學者傅申之誤

傅氏在〈張即之和他的中楷〉一文中推論，張即之可能在七十歲以後書寫
《李伯嘉墓誌銘》，這是錯誤的。經由對張即之仕宦經歷的考證，張即之於五
十一歲時引年致仕，比傅氏所推測更早九年；既然張即之自適園池之樂三十

年，可見生活十分優閑，時間相當寬裕，一篇在淳祐四年（1244）即寫好的墓誌銘，張即之卻要等到七十歲（1256）時才來書寫呢？這並不合常理。又《李伯嘉墓誌銘》書風別樹一幟，與六十八歲所寫的《金剛經》、七十歲所寫的《佛遺教經》截然不同。因此，筆者傾向於認同西林昭一的說法，此書當在李氏卒後一、二年時所寫。

傅申在〈張即之及其大字〉一文中認為，張即之出生時，他伯父張孝祥已經去世十七年之久，在張即之少年時代習書時，當然不可能有耳濡目染的機會，或許是透過家中保存其伯父的遺蹟而心摹手追罷了。經考證，張氏一族不只是張孝祥一人善書，但以張孝祥為書學圭臬的可能性極大。而張孝伯從小與其堂兄張孝祥只相差五歲，他們之間至少有十七年是生活在一起，張孝伯極有可能是與張孝祥一同學書，且以張孝祥為書學對象，從傳世的張孝伯書蹟亦可窺見，其與張孝祥書風相近之處，張即之便是透過其父親張孝伯學習家法，承傳家學。

三、書蹟的全面性與書家形象

目前對張即之書蹟多著眼於傳世書蹟，本研究則除了傳世書蹟外，還有拍賣網站上書蹟，並翻找不少文獻，將著錄書蹟分類介紹，最後製作「張即之書蹟一覽表」以利檢索。

從這些書蹟來看，張即之在未致仕前，多次書寫屈原〈九歌〉與杜甫詩，在面對南宋末年如此動盪腐敗的世局，既無能為力又不願同流合污，故將心中孤悶、憂國憂世的心情，寄託於翰墨之中。

五十一歲時致仕，與母隱居翠巖山，里居三十年。由於佛教信仰，多與禪僧有所來往，其中與笑翁妙堪情如兄弟，而笑翁法嗣無文道燦則視張即之如父，書學張即之。而從《無文印》及物初大觀的諸多書信中可以認識到張即之的高尚人品、廣博學問、精善校書，以及慷慨為人。由於對佛法虔誠的信仰，一生書寫大量佛教經典，尤其是《金剛經》多次書寫，而寫經書蹟的數量可說是佔了絕大部分。因此，對張即之認識最深的無文道燦，稱他為「梅花樹下有髮之僧」。清代書學張即之的王文治，說他「以翰墨為佛事」、「于文字布施可謂精進頭陀矣」，都是對張即之書家形象的最佳形容。

四、對書藝特色的具體歸納

張即之承傳張孝祥本杜詩、法顏字、習米芾、崇尚禪宗思想之家學，又取

法唐宋諸賢而自成一家。因此其書法筆力剛強，斬釘截鐵；遒緊寬綽，古拙雋逸；粗細互作，意度調熟，綜合以上種種成為其書藝特色。其寫經之作更勝出於隋唐人寫經，具有獨特的個人藝術風格。由於其以楷書為創作的主要表現型式，有別於以行草書為主體的北宋四大家，故能獨樹一幟，承接唐楷重法度的書風，在有宋一代書壇上具有重大的意義。

五、解釋書法評價兩極化現象

張即之書法兩極化評價的現象，決定於當代書壇所推崇的對象。於元代極力推崇趙孟頫，故而大力抨擊張即之。至明代晚年董其昌推崇顏真卿、米芾之後，趙孟頫不再獨尊書壇，而對張即之書蹟有漸多的讚揚與平反之見。因此，書家書風的評價無有定評，論者應當客觀周全的審視，不致偏頗一方。張即之書法除後世不少學宗其書者，亦因禪僧的流傳而影響至日本，為日本書壇所寶愛。

引用書目

一、專書

（一）古籍（依朝代先後順序排列）

1. 〔宋〕王象之原著；李勇先校點：《輿地紀勝》，成都：四川大學出版社，2005 年。

2. 〔宋〕李心傳：《建炎以來朝野雜記甲集》，《百部叢書集成‧二十七‧聚珍版叢書》，出版地不詳：藝文印書館，1969 年。

3. 〔宋〕周必大：《廬陵周益國文忠公集》，《宋集珍本叢刊》，北京：線裝書局，2004 年。

4. 〔宋〕姚勉：《雪坡集》，《景印文淵閣四庫全書‧集部‧二二一》，臺北：臺灣商務印書館，1984 年。

5. 〔宋〕胡榘、羅濬纂修：《寶慶四明志》，《續修四庫全書‧史部‧地理類》，上海：上海古籍出版社，2002 年。

6. 〔宋〕徐自明：《宋宰編年錄》，《文津閣四庫全書‧第一九七冊‧史部‧地理類‧職官類》，北京：商務印書館，2005 年。

7. 〔宋〕徐夢莘：《三朝北盟會編》，《四庫全書珍本》，臺北：臺灣商務書局，1974 年。

8. 〔宋〕陳櫟：《負暄野錄》，《叢書集成初編‧1552》，北京：中華書局，1985 年。

9. 〔宋〕陳傅良：《止齋集》，《景印文淵閣四庫全書‧集部‧164》，臺北：臺灣商務書局，1986 年。

10. 〔宋〕陳騤：《南宋館閣續錄》，《宋代傳記資料叢刊》第 43 冊，北京：北京圖書館出版：2006 年。

11. 〔宋〕張孝祥：《于湖居士文集》，《四部叢刊初編》，臺北：臺灣商務印書館，1967 年。

12. 〔宋〕張津等：《乾道四明圖經》，《宋元地方志叢書・八》，臺北：大化書局，1980 年。

13. 〔宋〕陸游：《渭南文集》，《景印文淵閣四庫全書・集部・一八六》，臺北：臺灣商務印書館，1986 年。

14. 〔宋〕楊萬里：《誠齋集》，《文津閣四庫全書・第三八八冊・集部・別集類》，北京：商務印書館，2005 年。

15. 〔宋〕董史：《皇宋書錄》，《知不足齋叢書》第十六集，臺北：興中書局，1964 年。

16. 〔宋〕樓鑰：《攻媿集》，《景印文淵閣四庫全書・集部・167～169》，臺北：臺灣商務印書館，1986 年。

17. 〔宋〕潛說友：《咸淳臨安志》，臺北：大化書局，1980 年。

18. 〔宋〕歐陽修、宋祁等撰：《新唐書（三）》，《百衲本二十四史》，臺北：臺灣商務書局，1988 年。

19. 〔宋〕盧憲：《嘉定鎮江志》，《宋元地方志叢書・五》，臺北：大化書局，1980 年。

20. 〔宋〕羅濬：《寶慶四明志》，《景印文淵閣四庫全書・史部二四五・地理類》，臺北：臺灣商務印書館，1983 年。

21. 〔宋〕釋道燦：《無文印》，《宋集珍本叢刊》第八十五冊，北京：線裝書局，2004 年。

22. 〔元〕朱德潤：《存復齋文集》，《四部叢刊續編》，臺北：商務印書館，1966 年。

23. 〔元〕袁桷：《延祐四明志》，《四庫全書珍本》，臺北：臺灣商務書局，1976 年。

24. 〔元〕袁桷：《清容居士集》，《四部叢刊初編集部》，臺北：臺灣商務印書館，1967 年。

25. 〔元〕夏文彥：《圖繪寶鑒》，《中國書畫全書》第二冊，上海：上海書畫出版，1997 年。

26. 〔元〕脫脫：《宋史》，北京：中華書局點校本，1975～1981 年。

27. 〔元〕虞集：《道園學古錄》，《文津閣四庫全書・第 403 冊・集部・別集類》，北京：商務印書館，2005 年。

28. 〔元〕鄭杓：《衍極》，《景印文淵閣四庫全書・子部 120・藝術類》，臺北：臺灣商務書局，1983 年。

29. 〔元〕趙孟頫：《蘭亭序十三跋》（趙孟頫墨迹精品選），長春：吉林文史出版社，2009 年。

30. 〔元〕韓性：《書則序》，《歷代書法論文選續編》，上海：上海書畫出版社，1993 年。

31. 〔明〕文琇集：《增集續傳燈錄四卷》，《明版嘉興大藏經》第三十三冊，臺北：新文豐出版公司，1987 年。

32. 〔明〕王世貞：《弇州四部稿》，《景印文淵閣四庫全書・集部 218～223・別集類》，臺北：臺灣商務印書館，1983 年。

33. 〔明〕宋濂：《宋學士文集》，《四部叢刊初編》，臺北：臺灣商務印書館，1967 年。

34. 〔明〕李日華：《味水軒日記》，《中國書畫全書》第三冊，上海：上海書畫出版社，1997 年。

35. 〔明〕吳寬：《家藏集》，《景印文淵閣四庫全書・集部・194・別集類》，臺北：臺灣商務印書館，1983 年。

36. 〔明〕汪砢玉：《珊瑚網》，《中國書畫全書》第五冊，上海：上海書畫出版社，1997 年。

37. 〔明〕郁逢慶：《書畫題跋記》，《景印文淵閣四庫全書・子部・122・藝術類》，臺北：臺灣商務印書館，1983 年。

38. 〔明〕凌迪知：《萬姓統譜》，《景印文淵閣四庫全書・子部・262～263・類書類》，臺北：臺灣商務書局，1983 年。

39. 〔明〕孫鑛：《書畫跋跋》，《中國書畫全書》第三冊，上海：上海書畫出版社，1997 年 4 月初版。

40. 〔明〕陶宗儀：《書史會要》，《景印文淵閣四庫全書・子部・120・藝術類》，臺北：臺灣商務印書館，1983 年。

41. 〔明〕張丑：《清河書畫舫》，《中國書畫全書》第四冊，上海：上海書畫出版社，1997 年。

42. 〔明〕張丑:《真迹日錄》,《中國書畫全書》第四冊,上海:上海書畫出版社,1997 年。

43. 〔明〕張岱:《西湖夢尋》,《叢書集成續編·64·史部·地理類》,上海:上海書店,1994 年。

44. 〔明〕張寧:《方洲集》,《四庫全書珍本》,臺北:臺灣商務印書館,1972 年。

45. 〔明〕郭子章纂;〔清〕釋畹荃續補:《阿育王山志》,《中國宗教歷史文獻集成·藏外佛經·第二十二冊》,合肥:黃山書社,2005 年。

46. 〔明〕楊慎:《墨池瑣錄》,《叢書集成初編·1631》,北京:中華書局,1991 年。

47. 〔明〕詹景鳳:《東圖玄覽編》,《美術叢書·21》,臺北:藝文印書館,1975 年。

48. 〔明〕蕭良幹、張元忭等纂修:《萬曆紹興府志》,《四庫全書存目叢書·史部·199～201·地理類》,臺南:莊嚴文化,1997 年。

49. 〔明〕豐坊:《書訣》,《中國書畫全書》第三冊,上海:上海書畫出版社,1997 年。

50. 〔明〕顧復:《平生壯觀》,臺北:漢華文化事業股份有限公司,1971 年。

51. 〔清〕丁耀亢:《天史》,《續修四庫全書·子部·雜家類·1176》,上海:上海古籍出版社,2002 年。

52. 〔清〕卞永譽:《式古堂書畫彙考》,《景印文淵閣四庫全書·子部·藝術類133～135》,臺北:臺灣商務印書館,1983 年。

53. 〔清〕孔廣陶:《嶽雪樓書畫錄》,《續修四庫全書·子部·藝術類 1085～1086》,上海:上海古籍出版社,2002 年,內頁 36～45,總書頁 55～59。

54. 〔清〕王文治:《快雨堂題跋》,《國家圖書館藏古籍藝術類編 17～18》,北京:北京圖書館,2004 年。

55. 〔清〕王澍:《虛舟題跋》,《中國書畫全書》第八冊,上海:上海書畫出版社,1997 年。

56. 〔清〕全祖望:《鮚埼亭集》,《四部叢刊初編》,臺北:臺灣商務印書館,1967 年。

57. 〔清〕安歧:《墨緣彙觀》,《中國書畫全書》第十冊,上海:上海書畫出版社,1997 年。

58. 〔清〕朱大紳修、高照纂:《光緒直隸和州志》,《中國地方志集成・4・安徽府縣志輯:7》,南京:江蘇古籍出版社,1998 年。

59. 〔清〕朱履貞:《書學捷要》,《叢書集成初編・1625》,北京:中華書局,1985 年。

60. 〔清〕余麗元等纂修:《光緒烏程縣志》卷九「職官」,《中國地方志集成・7・浙江府縣志輯・26》,上海:上海書店出版,1993 年。

61. 〔清〕李佐賢:《書畫鑑影》,《續修四庫全書・子部・藝術類 1085～1086》,上海:上海古籍出版社,2002 年。

62. 〔清〕李亨特修;〔清〕平恕、徐嵩纂:《乾隆紹興府志》,《中國地方志集成 7・浙江府縣志輯》,上海:上海書店出版,1993 年。

63. 〔清〕李圭修;許傳霈纂;劉蔚仁續修;朱錫恩續纂:《民國海寧州志稿》,《中國地方志集成・7・浙江府縣志輯・22》,上海:上海書店,1993 年。

64. 〔清〕吳榮光編:《歷代名人年譜(四)》,《國學基本叢書四十種》,臺北:臺灣商務印書館,1956 年。

65. 〔清〕沈辰:《書畫緣》,《中國書畫全書》第十冊,上海:上海書畫出版社,1997 年。

66. 〔清〕阿克當阿修;〔清〕姚文田、江藩等纂:《嘉慶重修揚州府志》,《中國地方志集成・1・江蘇府縣志輯・41～42》,南京:江蘇古籍出版,1991 年。

67. 〔清〕阮元:《石渠隨筆》,《叢書集成初編》,北京:中華書局,1991 年。

68. 〔清〕侯宗海、夏錫寶纂:《光緒江埔埤乘》,《中國地方志集成 1・江蘇府縣志輯・5》,南京:江蘇古籍出版社,1991 年。

69. 〔清〕姜宸英:《湛園集》,《四庫全書珍本》第十二集,臺北:臺灣商務印書館,1981 年。

70. 〔清〕孫岳頒等奉敕撰:《御定佩文齋書畫譜》,《景印文淵閣四庫全書・子部・125～129・藝術類》,臺北:臺灣商務印書館,1983 年。

71. 〔清〕徐松纂輯:《宋會要輯稿》,臺北:新文豐書局,1976 年。

72. 〔清〕徐時棟:《四明六志校勘記》,《中國邊疆史志集成・海疆史志・1》,北京:全國圖書館文獻縮微複製中心出版,2005 年。

73. 〔清〕晏棣:《國朝書畫名家考略》,《中國書畫全書》第十一冊,上海:上海書畫出版社,1997 年。

74. 〔清〕陳廷桂纂輯：《歷陽典錄（二）》，《中國方志叢書‧華中地方‧229》，臺北：成文出版社，1974 年。

75. 〔清〕陳廷桂纂輯：《歷陽典錄（三）》，《中國方志叢書‧華中地方‧229》，臺北：成文書局，1974 年。

76. 〔清〕陳璚修；王棻纂：《民國杭州府志（一）》，《中國地方志集成‧浙江府縣志輯1》，上海：上海書店，1993 年。

77. 〔清〕陸心源：《穰梨館過眼錄》，《續修四庫全書‧子部‧藝術 1087》，上海：上海古籍，2002 年。

78. 〔清〕陸心源：《儀顧堂續跋》，《國家圖書館藏古籍題跋叢刊‧第十九冊》，北京：北京圖書館出版社，2002 年。

79. 〔清〕陸時化編：《吳越所見書畫錄》，《歷代書畫錄輯刊‧7》，北京：北京圖書館出版社，2007 年。

80. 〔清〕康有為：《廣藝舟雙楫》，《續修四庫全書‧子部‧藝術類‧1089～1093》，上海：上海古籍出版社，2002 年。

81. 〔清〕曹勛：《松隱集》，《文津閣四庫全書‧第三七七冊‧集部‧別集類》，北京：商務印書館，2005 年。

82. 〔清〕梁同書：《頻羅庵遺集》，《續修四庫全書‧集部‧別集類》第 1145 冊，上海：上海古籍出版社，2002 年。

83. 〔清〕梁巘：《承晉齋積聞錄》，《中國書畫全書》第十冊，上海：上海書畫出版社，1997 年。

84. 〔清〕張照、梁詩正纂修：《秘殿珠林石渠寶笈》，臺北：國立故宮博物院，1971 年。

85. 〔清〕張照、梁詩正纂修：《秘殿珠林石渠寶笈‧續編》，臺北：國立故宮博物院，1971 年。

86. 〔清〕張照、梁詩正纂修：《秘殿珠林石渠寶笈‧三編》，臺北：國立故宮博物院，1969 年。

87. 〔清〕嵇曾筠：《浙江通志》，《文津閣四庫全書‧第一七六冊‧史部‧正史類》，北京：商務印書館，2005 年。

88. 〔清〕楊賓：《大瓢偶筆》，《中國書畫全書》第八冊，上海：上海書畫出版社，1997 年。

89. 〔清〕葉紹翁:《四朝聞見錄》,《文津閣四庫全書・第三四六冊・子部・小說家類》,北京:商務印書館,2005 年。

90. 〔清〕劉儼修、張遠纂:《康熙蕭山縣志》,《中國地方志集成・7・浙江府縣志輯・11》,上海:上海書店,1993 年。

91. 〔清〕劉溶修、潘宅仁等纂:《雍正寧波府志》,《中國地方志集成・7・浙江府縣志輯・30》,上海:上海書店,1993 年。

92. 〔清〕裴景福:《壯陶閣書畫錄》,臺北:臺灣中華書局,1971 年。

93. 〔清〕鄭鍾祥等修;龐鴻文等纂:《江蘇省重修常昭合志(三)》,《中國方志叢書・華中地方・153》,臺北:成文書局,1974 年。

94. 〔清〕魯駿:《宋元以來畫人姓氏錄》,《中國書畫全書》第十三冊,上海:上海書畫出版社,1997 年。

95. 〔清〕臧麟炳:《康熙桃源鄉志》(南京圖書館藏清抄本),《中國地方志集成・鄉鎮志專輯24》,上海:上海書店出版,1992 年。

96. 〔清〕臧麟炳,〔清〕杜璋吉著,龔沸烈點注:《桃源鄉志》(上海圖書館藏書),北京:方志出版社,2006 年。

97. 〔清〕潘正煒:《聽帆樓書畫記》,《中國書畫全書》第十一冊,上海:上海書畫出版社,1997 年。

98. 〔清〕潘紹詒修;周榮椿纂:《光緒處州府志》,《中國地方志集成・7・浙江府縣志輯・63》,上海:上海書店:1993 年。

99. 〔清〕錢大昕:《潛研堂金石文跋尾》,《中國書畫全書》第十四冊,上海:上海書畫出版社,1997 年。

100. 〔清〕錢維喬修;〔清〕錢大昕纂:《乾隆鄞縣志》,《續修四庫全書・史部・地理類・706》,上海:上海古籍出版社,2002 年。

101. 〔清〕繆荃孫撰:《雲自在龕隨筆》,《中國學術名著・第六輯:讀書劄記叢刊・第二集・第 38 冊》,臺北:世界書局,1963 年。

102. 張傳保修;陳訓正、馬瀛纂:《民國鄞縣通志》,《中國地方志集成7・浙江府縣志輯・16～18》,上海:上海書店出版社,1993 年。

103. 不著撰人:《兩朝綱目備要》,《文津閣四庫全書・第一一四冊・史部・編年類》,北京:商務印書館,2005 年。

(二)近人專著(依筆畫先後順序排列)

1. 二玄社編:《蘭千山館書畫(書蹟)》,東京:二玄社,1978 年。

2. 下中邦彥編集：《書道全集·第十六卷·中國 II　宋 II》，東京：株式會社平凡社，1980 年。

3. 中國古代書畫鑒定組編：《中國古代書畫圖目》第一冊，北京：文物出版社，1994 年。

4. 中國古代書畫鑒定組編：《中國古代書畫圖目》第二冊，北京：文物出版社，1995 年。

5. 中國古代書畫鑒定組編：《中國古代書畫圖目》第六冊，北京：文物出版社，1988 年。

6. 中國古代書畫鑒定組編：《中國古代書畫圖目》第十二冊，北京：文物出版社，1993 年。

7. 中國古代書畫鑒定組編：《中國古代書畫圖目》第十五冊，北京：文物出版社，1997 年。

8. 方愛龍：《南宋書法史》，上海：上海古籍出版社，2009 年 4 月再版。

9. 王連起主編：《故宮博物院藏文物珍品全集——宋代書法》，香港：商務印書館，2001 年。

10. 白馬精舍印經會：《大藏新纂卍續藏經》，臺北：白馬精舍印經會，未詳出版年月。

11. 北京圖書館金石組編：《北京圖書館藏中國歷代石刻拓本匯編》，鄭州：中州古籍出版社，1990 年。

12. 何傳馨主編：《文藝紹興：南宋藝術與文化·書畫卷》，臺北：國立故宮博物院，2010 年。

13. 吳哲夫總編輯；楊美莉主編：《中華五千年文物集刊·法書篇五》，臺北：中華五千年文物，1985 年。

14. 沈滌蓀發行：《初拓續三希堂原本》，臺南：華夏圖書出版社，1971 年。

15. 辛更儒：《張孝祥于湖先生年譜》，臺北：五南圖書出版股份有限公司，2003 年。

16. 何忠禮、徐吉軍著：《南宋史稿》，杭州：杭州大學出版社，1999 年。

17. 吳榮光：《歷代名人年譜》，《國學基本叢書四十種》，臺北：臺灣商務印書館，1956 年。

18. 徐邦達：《古書畫過眼要錄·晉隋唐五代宋書法：3》，北京：紫禁城出版社，2005 年。

19. 株式會社同朋舍社、文物出版社編集:《中國真蹟大觀　宋・金》,東京:株式會社同朋舍出版,1995 年。

20. 孫寶文編:《南宋名家墨迹選》,長春:吉林文史出版社,2009 年。

21. 書譜社:《書譜叢帖第三輯・南宋張即之書杜詩》,香港:書譜社,無出版年月。

22. 國立故宮博物院圖書文獻處:《張即之書金剛經》,臺北:故宮博物院,1981 年。

23. 國立故宮博物院編:《故宮歷代法書全集》第十三冊,臺北:國立故宮博物院,1982 年。

24. 國立故宮博物院編輯委員會編:《大風堂遺贈名跡特展圖錄》,臺北:國立故宮博物院,1983 年。

25. 國立故宮博物院:《國立故宮博物院善本舊籍總目(上)》,臺北:國立故宮博物院,1983 年。

26. 國立故宮博物院編輯委員會編:《蘭千山館法書目錄》,臺北:國立故宮博物院,1987 年。

27. 國立故宮博物院編輯委員會編輯:《故宮書畫圖錄(十七)》,臺北:國立故宮博物院,1998 年。

28. 張光賓:《中華書法史》,臺北:臺灣商務印書館,2007 年。

29. 陳根民:《書藝珍品賞析 25・兩宋系列・張即之》,臺北:石頭出版有限公司,2005 年。

30. 曹寶麟:《中國書法史・宋遼金卷》,南京:江蘇教育出版社,2009 年。

31. 傅申:《書史與書蹟──傅申書法論文集》,臺北:國立歷史博物館,1996 年。

32. 黃啟江:《泗州大聖與松雪道人──宋元社會菁英的佛教信仰與佛教文化》,臺北市:臺灣學生書局,2009 年。

33. 黃啟江:《一味禪與江湖詩:南宋文學僧與禪文化的蛻變》,臺北:臺灣商務印書館,2010 年。

34. 黃惇:《中國書法史・元明卷》,南京:江蘇教育出版社,2009 年。

35. 楊仁愷:《楊仁愷書畫鑒定集》,鄭州:河南美術出版社,1998 年。

36. 楊仁愷:《國寶沉浮錄:故宮散佚書畫見聞考略》,上海:上海古籍出版,2007 年。

37. 劉正成主編:《中國書法全集 40 宋遼金　趙構　陸游　朱熹　范成大　張即之》,北京:榮寶齋出版社,2000 年。

38. 劉建超編:《宋張即之書杜詩》,天津:天津楊柳青畫社,2005 年 9 月初版。

39. 劉建超主編:《宋張即之書佛遺教經》,天津:天津楊柳青畫社,2005 年。

40. 熊宜敬編:《典藏古美術》第 115 期,臺北:典藏雜誌社,2002 年。

41. 遼寧省博物館編:《中國書蹟大觀第四卷·遼寧省博物館》,北京:文物出版社;日本東京:株式會社講談社,1992 年。

42. 盧輔聖主編:《張即之汪氏報本庵記》,上海:上海書畫出版社,2002 年。

43. 韓天雍編著:《日本書法經典名帖·禪宗墨迹》,杭州:中國美術學院出版社,2002 年。

44. 韓酉山:《張孝祥年譜》,安徽:安徽人民出版社,1993 年。

45. 龔延明:《宋代官制辭典》,北京:中華書局,2007 年。

二、單篇論文（依刊登先後順序排列）

1. 南京市博物館:《江浦黃悅嶺南宋張同之夫婦墓》,《文物》1973 年第 4 期（總 203 號）,北京:文物出版社,1950 年。

2. 凌竟歐:〈拔戟蘇黃米蔡外,寫經規矱接唐人——南宋書法家張即之〉,《東南文化》1995 年第二期總第 108 期,南京:《東南文化》雜志社,1995 年。

3. 施隆民:《張即之及其書藝》,北市師院語文學刊第四期抽印本,1996 年,6 月。

4. 啟功:〈鑒定書畫二三例〉,《文物》第 6 期總 301 號,北京:文物出版社,1981 年 6 月。

5. 徐邦達:〈釋張即之書《報本庵記》被挖改之謎〉,《文物》第 6 期總 325 號,北京:文物出版社,1983 年 6 月。

6. 黃寬重:〈宋代四明士族人際網絡與社會文化活動——以樓氏家族為中心的觀察〉,《中央研究院歷史語言研究所集刊》,臺北:中央研究院歷史語言研究所,1999 年 9 月。

7. Amy McNair, "Buddhist Literati and Literary Monks: Social and Religious Elements in the Critical Reception of Zhang Jizhi's Calligraphy"See Marsha Weidner., Culture Intersections in Later Chinese Buddhism, Honolulu:

University of Hawai'I Press, 2001.

8. 周伯益：〈舟齋藏古代名家翰墨〉，《書法叢刊》，北京：文物出版社，2005年1月。

9. 莊千慧：〈論北宋尚意書風的法度意涵〉，《南師語教學報》第三期，2005年4月。

10. 黃啟江：〈南宋書家張即之的方外遊〉，《漢學研究》第26卷第四期，2008年12月。

11. 傅申：〈張即之及其大字〉，《文藝紹興——南宋藝術與文化學術研討會》，臺北市：國立故宮博物院，2010年11月。

12. 朱紹甫：〈南宋張即之書《度人經》重複字變化淺析〉，《中華書道》72期，臺北：中華書道學會，2011年6月。

三、網路資源

1. 根據「寧波現存舊志之綜合志目錄」所記載：21.《桃源鄉志》八卷，〔清〕臧麟炳、杜璋吉纂，清康熙二十七年修民國二十三年油印本。這項記載參見網頁：http://www.cnbsz.gov.cn/big5/News_view.aspx?ContentId=341&CategoryId=39
   相關於《桃源鄉志》的資訊亦可參見以下網頁：
   http://news.artxun.com/chaoben-685-3420611.shtml、
   http://yzsz.nbyz.gov.cn/art/2010/7/13/art_9128_235639.html
   上述網頁的瀏覽日期為 2011 年 6 月 29 日

2. 秦傑〈古舊書刊拍賣十年回顧與思考〉http://big5.china.com.cn/chinese/archive/331009.htm，2011 年 9 月 12 日瀏覽。其他相關的報導亦可參看以下網址：
   http://www.dashuhua.com/zixun/40004560.html、http://yz.sssc.cn/index/item?id=1122316&past=true
   http://big5.xinhuanet.com/gate/big5/news.xinhuanet.com/collection/2004-08/08/content_1735748.htm、http://art.big5.enorth.com.cn/system/2002/04/25/000320148.shtml

3. 關於余晦與王惟忠事蹟的敘述，除相關史籍之外，在網路資源上亦參考〈王惟忠之死——南宋的一樁人為慘案〉一文 http://wenku.baidu.com/view/a8f184d4195f312b3169a5f5.html，於 2011 年 10 月 17 日瀏覽。

附錄一　南宋紹興以後階官表 [註1]

官　別		官秩	官　名	品　級	章　服
朝官	舊為侍從官	1	開府儀同三司	從一品	服紫佩金魚袋
		2	特進		
		3	金紫光祿大夫	正二品	
		4	銀青光祿大夫	從二品	
		5	光祿大夫		
		6	宣奉大夫	正三品	
		7	正奉大夫		
		8	正議大夫	從三品	
		9	通奉大夫		
		10	通議大夫	正四品	
		11	太中大夫	從四品	
	卿、監	12	中大夫	正五品	服緋佩銀魚袋
		13	中奉大夫	從五品	
		14	中散大夫		
		15	朝議大夫	正六品	
	正郎	16	奉直大夫		
		17	朝請大夫	從六品	
		18	朝散大夫		
		19	朝奉大夫		

[註1] 附錄一中的「官別」、「官秩」、「官名」依〔元〕脫脫:《宋史》卷一百六十九《職官九》所製,頁4065～4066。「品級」依卷一百六十八《職官八》所製,頁4014～4017。「章服」依卷一百五十三《輿服五》所製,頁3563。

員外郎	20	朝請郎	正七品		
	21	朝散郎			
	22	朝奉郎			
京官	23	承議郎	從七品		
	24	奉議郎	正八品		
	25	通直郎			
	26	宣教郎	從八品		
	27	宣議郎			
	28	承事郎	正九品		
	29	承奉郎			
	30	承務郎	從九品	服綠	
選人	31	承直郎	從八品		
	32	儒林郎			
	33	文林郎			
	34	從事郎			
	35	從政郎			
	36	修職郎			
	37	迪功郎	從九品		
假版官	未入流	通仕郎	無品級		
		登仕郎			
		將仕郎			

附錄二　地方通志、府志、鄉鎮縣志 開禧元年毛自知榜（例舉）

一、《江南通志》[註1]

［註1］　任繼愈、傅璇琮總主編：《江南通志》卷一百二十，《文津閣四庫全書·第一七二冊·史部·地理類》，頁102。

二、《江西通志》〔註2〕

以下為《江西通志》所載科第名錄，依三欄（開禧元年乙丑毛自知榜、嘉定元年戊辰鄭自誠榜、嘉定三年庚午鄉試）分列：

開禧元年乙丑毛自知榜	嘉定元年戊辰鄭自誠榜	嘉定三年庚午鄉試
虞仲傑 南昌人新昌是余林城挍	歐陽和 南昌人和胡炎	葉歙榮
王武子 奉新人王武子	蕭嘉獻	趙崇信 南城人李
朱必得 南城人禄必典	曾光廟 黃安仁李清羅應龍	熊明禮 南昌人高 趙希高 新城 黃彌明
劉旦 和城人劉旦	劉必肇 新城嚴遜 楊時英 陳楚王圭	連惠通 豐城彭 蠡 新豐周作周 章漢彭
陳羅夢科 羅溫卿陳應富	陳士龍 奉新 白夏起 楊桂榮 劉有源	彭張 潤 新鍾國傑 傳梅叟 新州見永新
黃曾璧 黃驛卿	黃從之 劉若木 李夢登 張毅旦	蠡 新州周心賢廖顯祖
曾必敢 嚴師韓劉益龍	曾天錫 許君誠 王克開 李夢粟	段昌武 廬陵 張 新 劉寇年 廬陵廖年
梁維新 陳應龍 陳宗之	解炎 楊鳳麟 劉文煥	劉邦鳳 廬陵 胡 娃 永豐 白夏起 左
項林龍 馮大任 旅應龍	賀宗吉 錢烈 歐陽夢登	羅有開 廬陵彭 劉世臣 永新州曾
李 燁 頼三傑	李如金 王兗開 歐陽夢得 葛麟	劉級 廬陵 李如金 州曾天錫永
廖應高 蘇伯溫 丁延世 張大中 陶仁升	毛大本 李一霄 曾文唯夾陽人簡人蔡東史	張洽 清江人趙師仞州高世賢 胡必大 新江趙師仞
吳大正 劉 楊元人	嘉定元年戊辰鄭自誠榜	萬岳 奉新人彭 章漢彭
廖夢得 頼公爲 羅君賢 戴公溫	游諤 新淮人 黃珏奉新	洪洽 洪宗烈 李嗣良廬城 洪有瑞
歐陽時和 朱德章 李林春 黃豹	游靜 姚寶卿 汪閏中胡孫人史	許宓 洪易 余得一方伯瑞 夏符
謝開 黎發 朱清卿 彭處仁 曾公爲 彭應富	黃塘 廖士正中州人 董夢得	萬應模 董東川 劉升遠 劉天使永 郭夢升
董可以 陳安節 萬年	毛炳 陳松年 鍾惟德 史人	胡孫人一之吉 胡夢白 劉正卿 新 夏符
程南可 許祖 許逸	趙汝塞 彭東夾城 平樂人鄭夢龍州人	陳尚詩 永淵年 嚴景孟 新 吳 灼
游祖武 夏應期 熊仲熊	鄭夢龍 董敬 汪相如陳古城 張敬德	蕭岳龍 白夏起 劉 正卿 嚴天荒 蕭鳳渡
董夢程 史人 許宏	余右卿 周士義福人 王闈一	王誠之 白夏起 嚴景孟 余得一
萬孝恭 鄒盆友劉和	李炳 彭 黃士羹孫 周復潤城人	王榮 新行 劉夢源人 許 俊 劉正卿永 曾
吳宏龍 游武城人	李燾 周士寧新州 黃珏奉新	歐陽文龍 白夏起 尹如松人 陳克登
吳元霜 西南城人 鄒益友史人	余右卿 徐天興福黃夢石 黃甲夾	譚夢賢 陶應之 龍景永 蕭 渡
張曲池 程南可	黃珏 鄭夢龍 董古城	蕭幽林 鍾戴子成 古應名 徐 秘 黃
熊應乾	黃坪 劉元 曾秉之	劉歙閣 鍾子成 黃履 雷申
余挍 林城挍 鄒孟卿	李復 新城 黃士羹孫	彭龜年 廬陵 王起炎 劉萬石
許桂 許逸 程惟 董夢程	趙汝塞 余天錫余天錫	賀慶長 伍作哲 譚夢賢
趙汝琦 余必泳人	許陛 樂平人夏萬鍔左	左夢高 新周士寧 劉萬石
趙延猷 程巽卿	廖洽 彭建極	劉振文 新周士寧 羅先誠
蕭麟 譚經 王紹登	復廬城人 黃村 陳鑑	彭阮年時江人 蕭伯起 毛五鳳
曾瑞 饒復廬城人	夏應期 熊仲熊	孫訊度 蕭蘩龍 管如龍 徐 秘
廖壽翁 劉伯正 陳希閔 趙希珀	黃塘 甘夢元人 劉坪人賀 趙希幹人 曾秉之	黃塘 甘夢元人 劉坪人賀 趙希幹
彭震 趙希放 陳艾軍新		
徐彥 余伯珍		
開禧三年丁卯解試		

三、《浙江通志》〔註 3〕

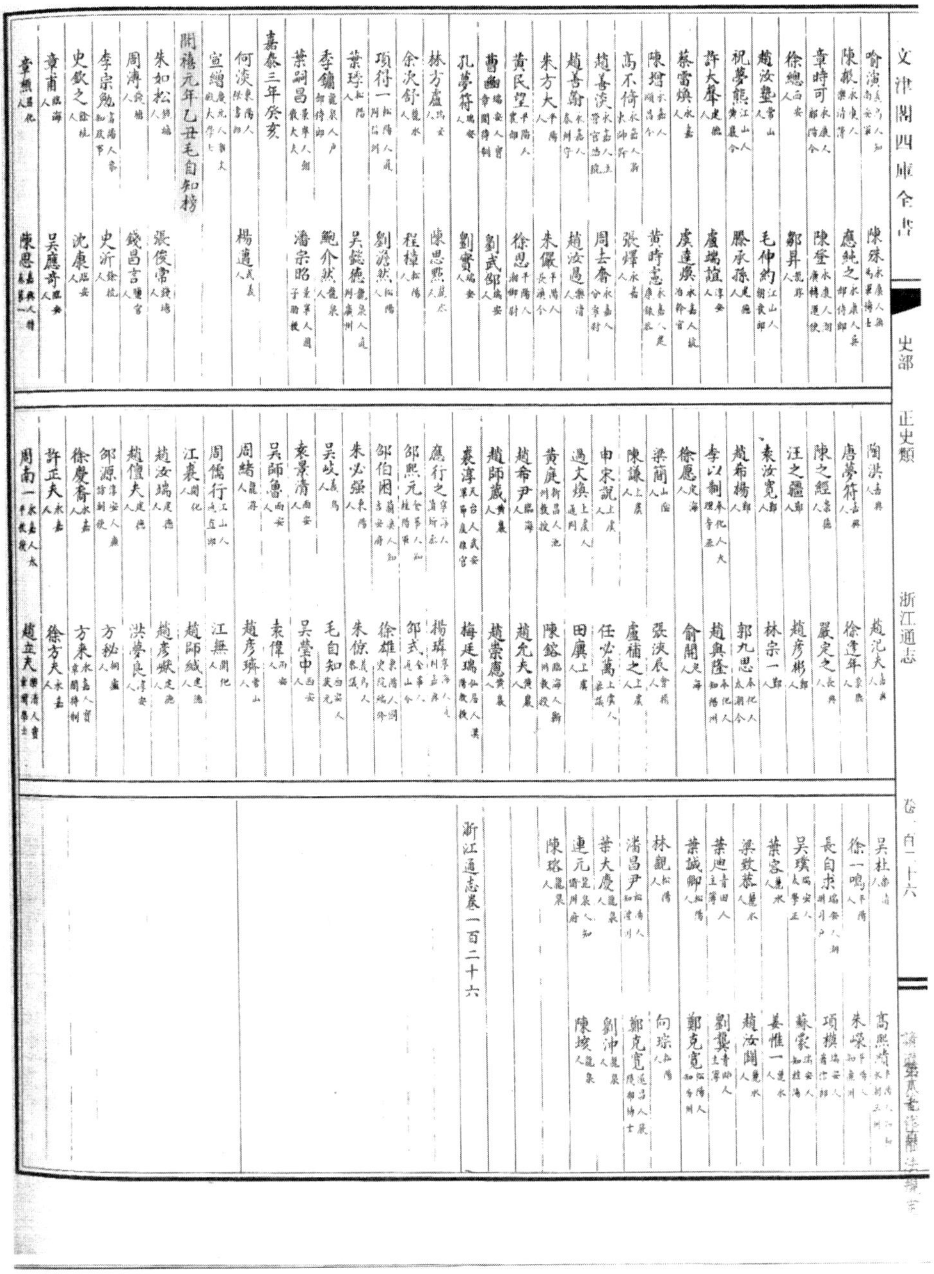

喻演 義烏人知南安軍　陳殊 永康人
陳敉 永康人樂清簿　應純之 永康人兵部侍郎
章時可 永康人鄱陽令　陳登 永康人湖廣轉運使
徐總 西安人　鄒昇 龍游人
趙汝塾 常山人　毛仲約 江山人朝散郎
祝夢熊 江山人黃巖令　滕承孫 建德人
許大犨 建德人　盧端誼 淳安人
蔡雷煥 永嘉人　虞逢辰 永嘉人
陳增 永嘉人順昌令　黃時憲 永嘉人
高不倚 永嘉人　張爗 永嘉人
趙善淏 永嘉人主管官告院　周去奢 永嘉人分寧尉
趙善鉥 永嘉人泰州守　趙汝愚 樂清人
朱方大 平陽人　朱儼 平陽人長溪令
黃民望 平陽人　徐思 平陽人湘御尉
曹豳 瑞安人寶章閣待制　劉武郊 瑞安人
孔夢符 瑞安人　劉實 瑞安人
林方盧 瑞安人　陳思點 泰順人
余次舒 麗水人　程樟 松陽人
項衍一 松陽人　劉滂然 松陽人
葉琢 松陽人　吳鎡德 龍泉人通判廣州
季鏞 龍泉人戶部侍郎　鮑介然 龍泉人
葉嗣昌 景寧人朝散大夫　潘宗昭 景寧人國子助教

嘉泰三年癸亥

何淡 東陽人秘書郎　楊適 武義人
宣繒 慶元人參政大學士

開禧元年乙丑毛自知榜

朱如松 錢塘人　張俊當 錢塘人
周溥 錢塘人　錢昌言 錢塘人
李宗勉 富陽人參知政事　史沂 餘杭人
史欽之 餘杭人　沈康 臨安人
章甫 臨海人　吳應奇 臨安人
章熙 昌化人　陳思 嘉興人

陶洪 嘉興人　趙汜夫 嘉興人
唐夢符 嘉興人　徐逢年 崇德人
陳之經 崇德人　嚴定之 長興人
汪之疆 鄞人　趙彥彬 鄞人
袁汝寬 鄞人　林宗一 鄞人
趙希揚 鄞人　郭九思 奉化人太湖令
李以制 奉化人大理寺丞　趙與隆 奉化人知揚州
徐愿 定海人　俞闡 定海人
梁簡 山陰人　張渙辰 會稽人
陳謙 上虞人　盧楠之 上虞人
申宋說 上虞人　任必萬 上虞人
過大煥 上虞人通判　田廣 上虞人
黃庚 新昌人池州教授　陳鎔 臨海人新州教授
趙希尹 臨海人　趙允夫 黃巖人
趙師葳 黃巖人　趙崇應 黃巖人
袁淳 天台人武安軍節度推官　梅廷瑞 仙居人
應行之 寧海人　楊璉 寧海人
邵熙元 金華人　邵式 金華人
邵伯困 蘭溪人　徐雄 東陽人
朱必強 東陽人　朱倞 義烏人
吳岐 義烏人　毛自知 西安人狀元
袁景清 西安人　吳瑩中 西安人
吳師魯 西安人　袁偉 西安人
周緒 龍游人　趙彥璡 常山人
周儒行 江山人　江無 開化人
江袤 開化人　趙師絨 建德人
趙汝瑞 建德人　趙彥槱 建德人
趙僖夫 建德人　洪夢良 淳安人
郎源 淳安人　方秘 桐廬人
徐慶裔 永嘉人　方來 永嘉人寶章閣待制
許正夫 永嘉人　徐方夫 永嘉人
周南一 永嘉人　趙立夫 樂清人

吳杜 常山人　高熙績 平陽人
徐一鳴 平陽人　朱嵘 平陽人知處州
長自求 瑞安人　項模 瑞安人
吳璞 瑞安人太學正　蘇蒙 瑞安人知桂陽
葉客 麗水人　姜惟一 麗水人
梁致恭 麗水人　趙汝闆 麗水人
葉廸 青田人主簿　劉冀 青田人主簿
葉誠卿 松陽人　鄭克寬 松陽人知梧州
林觀 松陽人　向琮 松陽人
潘昌尹 松陽人知漳州　鄭克寬 遂昌人
葉大慶 龍泉人　劉沖 龍泉人
連元 龍泉人知衢州府　陳垓 龍泉人
陳琭 龍泉人

浙江通志卷一百二十六

〔註 3〕《浙江通志》卷一百二十六，《文津閣四庫全書．第一七六冊．史部．正史類》，頁 872。

四、《福建通志》〔註 4〕

文津閣四庫全書　史部　地理類　福建通志　卷三十五

林時中　陳元修　林景莊　王榕
兩優釋褐林垌
童子科陳巖翁
開禧元年乙丑毛自知榜
閩縣周鼎來　楊公俊　陳璐　劉炳文
黃灝　林執善　陳季麟　連聰　李萬傳
林應行　陳域　羅鎰　林鈞　作公玉
林子晶　儲天祐　梁成大　陳韡
李起巖　侯官縣吳應龍　林公紹　謝伯
蔡　黃從　曾應甫　姚自　楊宏中
黃公謹　阮登　懷安縣曾鼎　余震
姚默　卓山甫　鄭志學　陳甲　長樂縣鄭選
陳歷　福清縣邱師陶　劉龐　姚直夫
吳當可　羅源縣陳達　閩清縣葛
從龍　黃膺　許東　陳愷　永福縣陳王度
黃容
宗子正奏趙汝雲　趙師詹　趙彥𨁏　趙必廣
趙汝玖　趙伯豫　趙汝墩　趙汝固　趙彥侗
趙汝嗣　趙汝倍
特奏名辛昱　韓輝卿　余伺　鄭寧卿
張萬　黃端　馬春卿　杜錫百　林百順
王默　魯鉤美　陳存中　林見獨　鄭震　陳
絢　林歸　顧行之　陳震　余憲　丁似　楊繼
先　楊魯　李奕之　鮑景　郭成章　潘遊　李

觀　黎良能　高評　陳安石　余子韶
武舉陳子衛　施國成　鄭公佩　林管
鄭嗣之　章德高　林巖起　吳繼仲
林登
武舉特奏名林復之　程君舉　蕭翼　陳天驥
莆田縣林起辰　姚直夫　方大琮
蔡衡　林起初　陳諠卿　林彌大　仙遊縣
陳拱之　鄭子刀　林復之　蔡寫　郭速
林宜可　陳篤　興化縣陳國高
宗子狀應趙不儀
特奏名黃琮　吳錫　黃槃　方蔡　蘇子牧
黃起白　傅汝霖　陳林　陳選
晉江縣羅知古　陳翊　曾治鳳
王有聲　陳德新　徐挺　趙備大　陳亨辰
黃尹　陳亨衛　楊景隆　吳彬　趙彥能
黃應甲　趙汝褒　趙汝音　施夢説
蘇凱之　永春縣顏埔　鄭瑒
特奏名鄭南一　徐浩　蔡子衡　吳寅
鄭子春
博學宏詞科留元剛
武舉張虎臣
龍溪縣趙希侒　趙汝襲
特奏名林杞　王炎　孫彰先　顏敦剛
漳浦縣廖渭　沙縣鄧炎　尤溪縣鄭淵　吳中

紀洲
建安縣鄭友直　卓田　李檝　朱復之　甌寧縣
呂播叔　杜桂　劉升　崇安縣詹甫　李仲光
陳雲　趙汝邦
邵武縣黃順之　龔宗顯　泰寧縣鄒應博
長汀縣趙汝求
特奏名李璵　張煥
長溪縣陳時　鄭璵　蔣衡　鄭邦俊　甯德
縣黃畸
特奏名劉燦明
開禧三年丁卯
釋褐趙子充
嘉定元年戊辰鄭自誠榜
閩縣許應龍　吳賁卿　朱起章　任應
龍　鄧復　黃德洪　連德嘉　周霖　鄭
仲路　林少從　陳震　陳時舉　陳子
是　葉棠　陳元之　陳公益
侯官縣黃桂　徐範
曾夢傳　黃順卿　陳元震　鄭
自誠　朱伯叟　懷安縣鄭斯立　鄭
閩珍　陳道卿　長樂縣陳朴　陳有聲
陳景仁　福清縣孫德輿

〔註 4〕《福建通志》卷三十五，《文津閣四庫全書．第一七八冊．史部．地理類》，頁 528。

五、《四川通志》〔註5〕

右側書口：文津閣四庫全書　史部　地理類　四川通志　卷三十三　精選……第一〇一六頁上

上欄（自右至左）：

任衡　史邢儁
樂漢姁　楊上行
景少師　張繪
史克明　楊克夫
史元　史益
葛巳年　劉大衡
楊蘭瑞　呂原
楊㴞　孫叔豹
餘慶　楊再之
畢寅　任震巳
宋夢鴽　史錫
宋過　楊秦之
程仲雙　石墨卿
楊時復　孫千之
石東震　趙知幾
史起子　張存中
趙炳　徐伯龍（聖與進士）
石鄉　宋鈇
呂球　史仲下
宋中和　孫宓
宋午　李黔
任敏中　蘇昴
任受　李叔豹
史訓　劉鎮
劉訓　李叔豹
蘇洗　楊庭
袁深　李午震
唐英　成思永
楊暉　楊子茂
任庭寳　史夏
宋常　楊方
宋趙　劉知仁（上俱進士）
范菶　楊大

中欄（自右至左）：

陳堯輔
史春卿　史春卿
張寅　王唐俊
程豐孫　蘇良
任沂孫　任叔獄
楊鑑　程澤民
周國良　楊仲
文人叔　史吉
王舟　張師夔
史天覺　王復
孫若　楊堯俞
蒲榮　孫復
杜士珫　張天祐
史華祖　趙炎
宋華甫　史炎
宋中行　任興孫
宋希祖　黎溫
趙江夫　家興
趙興　劉子野
史奮仲　孫炎
賀炎　任大諒
孫炎　劉定之
史中之　史定之
史良傳　史元一
史炎　劉迷
史中之　任
孫�　史元一
楊庚　史定之
史學仲　史全
伍松年　程學子良
孫日南　李昌齡
史復　蘇大任
陳良熊　趙彥尚
石辰之　楊震仲
宋黑誠　石行之
家之常　孫時敘

下欄（自右至左）：

史師定
王芝　任慶厚
任慶厚　趙彥谷
家于范　楊光
呂嘉言　劉次明
楊　劉仲海
任仲任　宋華祿
宋仲榮　張子儀
楊君佾　孫搢坤
楊史　史大正
彭遇成　呂昌吉
史祖郁　張興祖
親正中　史慬光
楊鈗　史孫
楊齊英　侯仲常
杜宿之　孫汝光
楊思惠　李廙辰熙興進士
李廙辰（熙興進士）　李廙
任大衍　李夏
宋祖郁　孫汝光
宋仲榮　史震
宋仲任　楊景傑（上俱慶元進士）
宗德尊　黃正寅
黃行中　程炎
石鳥　史起
吳再伸　史震
孫俊　史震
史之　文東寅
任炎佐　王叔子（泰進士）
蔡朱　王潯
李純之　蒲文紀
史志孫　史志輔
張顥祖　王東寅
史貞禾（上俱慶進士）

〔註5〕《四川通志》卷三十三，《文津閣四庫全書・第一八七冊・史部・地理類》，頁1016。

六、《廣東通志》〔註6〕

文津閣四庫全書　史部　地理類　廣東通志　卷三十一　第四一一頁

上欄（自右至左）

紹興十八年戊辰王佐榜
謝守約　海陽人　石仲集　潮州
陳武　揭陽
紹興二十年庚午　王重祐　高要
紹興二十四年甲戌張孝祥榜　林大受　揭陽　鄧國翰　海陽
周錦人　趙　荊州　寧宗誇　英州
趙荊人　陳華　連州　盧　建
紹興二十七年丁丑王十朋榜　張宗興
隆興元年癸未木待問榜　歐陽辰　建州
乾道二年丙戌蕭國梁榜　鄧大同　英州
乾道五年己丑鄭僑榜　趙師宣　潮州
乾道八年壬辰黃定榜
陳應俟　潮州　黃少顏
秦唐卿　趙師正　潮州
李申甫會
劉少集
淳熙二年乙未詹騤榜　謝時臣　潮州　林庚　南海
林昂　南海　莫秀發　南海
王興墓　潮州　段碩輔　潮州
黃大中　韋君載　南海
淳熙四年丁酉　歐陽新
盧儞之　潮州　許　宣　潮州
淳熙五年戊戌姚穎榜　許　寫　潮州

中欄（自右至左）

陳敷臣　南海　曾　南海
淳熙八年辛丑黃由榜
馬希驥　南海　楊原興　南海
淳熙十一年甲辰衛涇榜　陳宏甫　南海
李　南海
淳熙十四年丁未王容榜
陳思念　保昌　李　南海
紹熙元年庚戌余復榜　吳壽卿
周干才　保昌　朱　南海
慶元二年丙辰鄒應龍榜　李　保昌
劉　潮州　郭安仁　海陽　譚廷堅
慶元五年己未曾從龍榜　何　南海
紹熙四年癸丑陳亮榜　李成之　潮州
尊　嘉泰元年辛酉　李遠　南海
嘉泰二年壬戌傅行簡榜
劉鎮　南海　蘇應龍　南海　曾　保昌
陳　保昌　黎翔宗　南海
開禧元年乙丑毛自知榜
吳文奎　潮州　蕭　興寧
鄭李臣　保昌　住　建
嘉定元年戊辰鄭自誠榜
楊　惠州　姚　惠陽
蔣俊　南海
嘉定四年辛未趙建大榜　孔紹旦　保昌
彭自明　保昌　吳　天祐　南雄
嘉定七年甲戌袁甫榜　羅復興　新會　讀東莞
徐加龜　南海　羅後興　新興

下欄（自右至左）

羅呈石　崖山　鄧希顏　保昌
陳　格　南海
嘉定十年丁丑吳潛榜　曾　保昌
梁百揆　南海
嘉定十三年庚辰劉渭榜
楊汪　南海　李昂英　番禺　溫若春
黃仕謙　南海　彭　南海　李應趯
嘉定十六年癸未蔣重珍榜
黃文奎　連州　趙雲坡　南海　劉赤闇　保昌
寶慶二年丙戌王會龍榜
海次陸　南海　吳　南海
吳仁傑　保昌　胡維嘉　南海
洪天南　保昌
紹定二年己丑黃朴榜　何　南海　陳　洪　連州
紹定五年壬辰徐元杰榜　趙　南海　陳桂　南海
趙與鈞　南海　楊大震　南海
許　龍川　余亨人　南海　吳大震
端平二年乙未吳叔告榜
張達年　南海　趙與雜　南海　王　僎　保昌
羅恩修　南海　金　亨　南海
居　炳　新會　姚　新會
嘉熙二年戊戌周坦榜　胡季正　保昌　馬　連江
封海寒人　姚汝夫　南海　梁　南海
嘉熙四年庚子　姚應龍　南海　陳　現　南海
王書　南海　梁　現　保昌
淳祐元年辛丑徐儼夫榜　乾惠炎　南海　陳　南海
陳起人　崖山　李元中人　保昌　鐘敏初人
淳祐七年甲辰張淵微榜　李元中　保昌　蔡亨書

〔註6〕《廣東通志》卷三十一，《文津閣四庫全書·第一八八冊·史部·地理類》，頁411。

七、《廣西通志》〔註7〕

八、《雍正寧波府志》〔註8〕

629

九、《乾隆紹興府志》〔註9〕

徐三畏　會稽人
杜思恭　上虞人平樂令

周之瑞　上虞人荊門教授
應　燮　翰林承旨

郭　綽　翰林俱嵊縣人承旨
黃克仁

石宗萬　宗耶弟俱新昌人兵部侍

紹熙元年庚戌余復榜

莫子緯　叔光子
潘　方　會稽人

陸唐老　諸暨人

諸葛安節　志作鄆人山陰人通

紹興府志　卷之三十一　選舉志二　　宝

劉宗問

紹熙四年癸丑陳亮榜

朱权壽　嵊人
許　閎

王　庶　會稽人
趙師古　上虞人

慶元二年丙辰鄒應龍榜

莫子純　山陰人豫以第二人
曾　助

王　淑　山陰人

方乘成　會稽人
楊拱辰　俱會稽人

馮景中　特敏
黃　仲　嘉禮子暨人

陳無損
馮大受　山陰人

趙汝洙
陳居大　上虞人

趙汝炎

石宗魏　進士　教授
王夢龍　侍郎戶部

石宗玉　器衡會孫俱新昌人

慶元五年己未曾從龍榜

傅　誠　俱元孫
張撫辰　宗仲沂孫禧詞侍

曾　鑄　山陰人上虞人
李知新

胡　衡　卿俸姚人
姑　駢　安福縣丞

王復明　宗耶

嘉泰二年壬戌傳行簡榜

呂沖之　荊人大字弟
石孝溥　子

方秉晉　弟秉文

楊　轟　侍禮部郎

張　炳　俱蕭山人
袁一之　太平教授縣令俱新昌人

江　滸　特奏

紹興府志　卷之三十一　選舉志二　　宝

陳堯卿　上虞人

開禧元年乙丑毛自知榜

梁　簡　仲寶珎
張淶辰　宗仲子

盧補之　山陰人

申宋說
任必萬　嵊人

田　廙　廣人上

過文煥　通判弟新昌人
陳　謙　特奏上虞人名

黃　庭　池州教授

嘉定元年戊辰鄒自諒榜

諸葛與　山陰人
黃　笈　諸暨人知

企一奭　安福丞
周之章　嵊之瑞弟

713

〔註9〕　〔清〕李亨特修;〔清〕平恕、徐嵩纂:《乾隆紹興府志》卷三十一,《中國地方志集成7·浙江府縣志輯·39～40》,頁16。

十、《嘉慶重修揚州府志》〔註10〕

（上圖：《嘉慶重修揚州府志》卷之三十九「選舉一」書影，頁十六）

（下圖：《嘉慶重修揚州府志》卷之三十九「選舉一」書影，頁十五）

690

〔註10〕〔清〕阿克當阿修;〔清〕姚文田、江藩等纂:《嘉慶重修揚州府志》卷三十九「選舉一」,《中國地方志集成1·江蘇府縣志輯·41～42》,頁14。

十一、《嘉慶新修江寧府志》〔註11〕

年次	姓名	籍貫
招熙元年	錢有嘉	六合人
招熙四年	劉樞	上元人
	耿戡	上元人
	孔藍	同
	李大句	上元人容
	李巖	上元人寶
	李秀	上元人
	汪瀛	元人
慶元五年	孫修	六合
調元元年	卜伯光	上元人元
嘉泰二年	成遜	上元人
	胡景愈	上元人
嘉定三年	鄭震	上元
嘉定四年	衛燨	上元
	王晉	上元
	鄭遠	上元人
	王南	上元
嘉定七年	朱應龍	上元人
	吳潤	有朱采
		傳史勝于人
嘉定十年	潘棻征	上元人
	李芥	上元
	吳潛	上元次人

重刊江南府志　卷之二十九　科貢表　八

年次	姓名	籍貫
	陳埙	史子有狀元人
嘉定十年	楊成大	本人起見元
嘉定十三年	沈先庚	上元
	許思齊	上元人見郡宋翰人
	周省官	士翰林
	劉鳳	裕文高官
	陳熙	士學林
招定五年	元宋興	上元人
嘉熙二年	陳仲謀	上元
重刊江南府志		
嘉熙七年	吳季申	元
	胡景申	元
	吳琪寶	上元
	包秀	上
	陳晟	上元
	陳昂	上
	洪心振	上元
淳祐元年	吳慶龍	上人元
淳祐十年	傳文會	上元
	潘孜	世璟四分官孫
淳祐元寶年	李璽	

重刊江南府志　卷之二十九　科貢表　九

268

〔註11〕〔清〕呂燕昭修；〔清〕姚鼐纂：《嘉慶新修江寧府志》卷二十九「科貢表」，《中國地方志集成1·江蘇府縣志輯·1》，頁8。

十二、《同治蘇州府志》〔註12〕

蘇州府志【卷五十九】

姚宜中　常熟
潘興嗣　福唐
沈喻顏　俱崑山特科
陳貴誼　寫見流
救陶孫　寫見流
顏權瑚　中榜
衞沂　權奧

嘉泰二年壬戌傳行簡榜
宋文英　縣俱吳
趙汝矞
方賜復　傳有
胡榮聵
曹幽潛　武
趙黔夫
姜京
趙汝瑮
高不倚
趙琳　俱有
選舉一　三五

嘉泰三年癸亥以幸學恩授上州文學
顏叔開　景容特科
曹大昌　常熟卿
楊昕　稍
沈誠蒲　俱崑山
尖埒　江吳
「林洧　昜仁」俱
天瑞臨安

開禧元年乙丑毛自知榜
周深原　府太縣
陳后
鄒孝祚　俱吳
江先　大于明朝滿人于嘉州迴刑
嘉德傳　俱崑山
遽　嘉德傳俱崑山　阿永常熟
顏叔璵　之端
蔡衡
鄒啟
趙汝湾　芝权
顏汝淳　允权

蘇州府志【卷五十九】

嘉定元年戊辰鄭自誠榜
衞价
唐伯粲
徐鼎臣　魯叔右
衞洗　司郎中
鄭斅　台丞休俱崑山特科天
陳德林　生舍
李竈　傳有
趙時讜
孟繼顯
辛忠嗣　縣俱吳
衞洽　权晉
袁宗魯　司徒道特科贈
趙濤夫　常德進科
施振
李䛒　傳有
顏復　縣俱吳
選舉一　二八

嘉定四年辛未趙建大榜

嘉定七年甲戌袁甫榜
稽原上　子長
胡天選　敕授特科栄州
方萬里　寫見流
吕獻叔　特科再舉
張震發　元
王尚輔
顏儼
衞洙　俱崑山
王泉卿　俱崑山特科
趙豐高　縣俱吳
黃必大　郎昌卿府列
趙汝藍
顏復　縣俱吳

嘉定十年丁丑吳潛榜
王泉卿
麋擂
趙塙晉
趙浦夫

600

〔註12〕〔清〕李銘皖、譚鈞培修;〔清〕馮桂芬纂:《同治蘇州府治》卷五十九「選舉一」,《中國地方志集成1・江蘇府縣志輯・7～10》,頁25。

十三、《光緒嘉興府志》〔註13〕

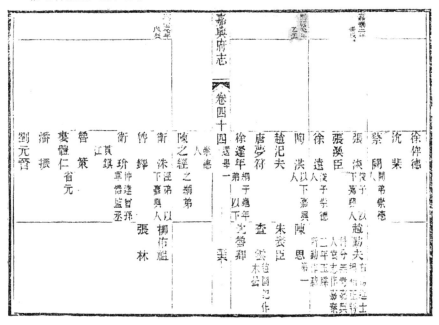

191

〔註13〕〔清〕許瑤光修；〔清〕吳仰賢等纂：《光緒嘉興府志》卷四十四「選舉一」，《中國地方志集成7·浙江府縣志輯·12～14》，頁36。

十四、《寶慶四明志》〔註14〕

〔寶慶〕四明志　卷一〇

慶元二年鄒應龍牓
葛容　孫大定　王洙　曾孫　王燭
童居善　孫大定
張處善　姪孫良　史彌遜　天下大采朝曰賦高祖寬明而仁
趙汝适　子善待　趙善湘　姚師虎　弟師羋
張珩　異曾孫　葉子高　趙時穆
樓汶　孫　董仁澤　鄭襄之　姪若谷　趙師侂　師偁弟師偁
章禹圭　孫　趙逢吉　趙師侂
趙師宜　叔希言　趙汝洪
趙彥樞　　桂萬榮　袁洽　世孫
馮理　　屠明發　王休
蔣峴　孫琉曾　馮自彊
武舉　鍾元達　潘伯恭　盧元吉
慶元五年曾從龍牓　袁蕭　癸子　史彌謹　浩姪　劉叔向
藏格　愷弟　皇甫曄　王曁　煇姪貫
汪文中　大猷弟賁　姜邈　充弟開封　趙善潼　開封善湘
趙汝稠　姪上舍琥　王大醇　姪孫　趙崇術
趙汝稠　姪　趙崇劭　王珽　伯琿

慶元五年曾從龍牓（下欄）
陳棨　孫承曾
嘉泰二年傅行簡牓　傅行簡　春旗篋伏齊詩薦衞外
嘉泰二年傅行簡牓　林惟忠　上舍惟　施琮
楊琮　兄琭從姪　胡鑑
嘉泰二年武學釋褐　楊良輔
嘉泰三年兩優釋褐　范良輔
宣繪
開禧元年毛自知牓　趙彥杉　大猷孫　郭九思
李以制　袁汝寬　徐愿
汪之彊　姪大猷孫　趙彥杉
趙與龍　趙希揚　林宗一　惟忠子貫湖州
嘉定元年鄭自誠牓　王宗道　時會　郭德暢　從九叔思　王塾　孫明發
趙汝憚　姪　范楷　棨孫　薛師點　曾朋孫尚向　王厚南
張起巖　仁澤從孫　胡剛中　朋龜　劉厚南　姪以制
董仁聲　從澤孫　陳公益　李詵伯　叔以制
吳晞甫　姪化鵬

一五三

〔註14〕〔宋〕胡榘、羅濬纂修：《寶慶四明志》卷十「郡志一」，《續修四庫全書·史部·地理類》，頁11。

十五、《咸淳臨安志》〔註15〕

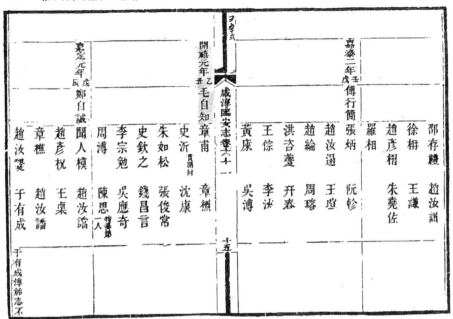

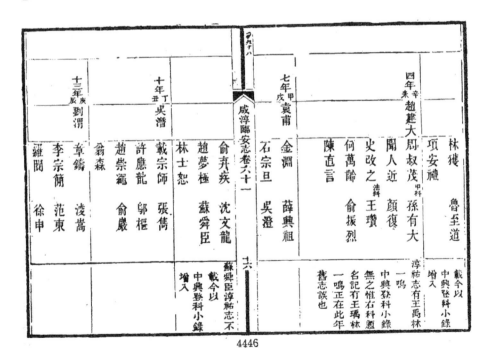

〔註15〕〔宋〕潛說友：《咸淳臨安志》卷六十一（臺北：大化書局，1980年），頁15～16。

十六、《康熙鄞縣志》〔註16〕

（康熙）

鄞縣志　卷十

嘉泰三年癸亥科　兩優釋褐狀元　嘉靖郡志缺
　宣繪
開禧元年乙丑科　毛自知榜
　汪之彌〔大猷從孫〕　趙彥彬　袁汝寬　林宗一〔惟忠子〕　趙希揚
嘉定元年戊辰科　鄭自誠榜
　王埜〔明發琮弟〕　趙汝懌　范楷〔楙弟〕　胡剛中
嘉定四年辛未科　趙建大榜　〔嘉靖郡志全缺此科〕
　薛思點　陳公益　趙希琛　趙時愷　樓淮〔异曾孫〕　黃定
　張起巖　吳曦甫　俞疇　趙希合　陳誼　楊希珣
嘉定七年甲戌科
　袁甫〔狀元〕　愛子　趙師籛

十六

鄞縣志　卷十

嘉定十年丁丑科　吳潛榜
　豐翔　史彌應〔彌忠弟〕　范光〔楷子〕　趙雅夫〔公遷孫〕
　趙溧夫〔俱胄夫弟〕　汪立中〔大猷子〕　趙紋夫〔胄夫子〕　趙時益
　趙時擇〔胄夫子〕　葉爽　趙與敬　趙與聆　陳韡〔嘉靖郡志缺〕　趙希致
　劉著　陳塤〔省元〕　趙汝穮〔善湘子〕　鄭次中　莊鎮
　鄭清之　林挺　史彌鞏〔彌忠弟〕　樓采〔汝從子〕
　趙澋夫　史巖之〔彌忠子〕　趙汝稗〔善祖子〕　趙希侖〔師備子〕
　趙珎夫〔公遷孫〕　趙希敢　趙瓃夫〔公遷孫〕
　趙時深〔瑺夫從子〕　汪之秀〔之彌弟〕

十七

392

〔註16〕張傳保修、陳訓正、馬瀛纂:《康熙鄞縣志》附入於《民國鄞縣通志》卷十,《中國地方志集成7‧浙江府縣志輯‧16～18》,頁16。

十七、《乾隆鄞縣志》〔註17〕

續修四庫全書　史部　地理類

鄞縣志　卷九　選舉表上

五年　己未　袁燁　發子　史彌謹　浩孫子
劉叔向
藏格　有傳
吳甫錢
王莖　間沆子
汪文中　大臨從子
王大醇　璡從孫
王廷　伯庫孫
趙崇俼
趙崇衍
嘉泰　二年　胡榘
三年
傅行簡　狀元
繆師旦　教官
宜繒　狀元有傳　林惟忠　上舍孝先兄范良輔　武舉釋褐

鄞縣志　卷九　選舉表上

元年　乙丑　趙彥彬
袁汝寬
趙希揚
林宗一　貫忠子
王堃　町發孫
嘉定　元年　戊辰　趙汝懽
范師點　明蟲官
薛師點　明蟲官
張起巖
胡剛中
陳公益
陳誼
趙希勁
趙希孫
趙希瑑
袁甫　有傳　狀元
橫淮　異曾孫
趙希合　師備子
俞時貫　湖州
英晞甫　化鵬從
黃定　上舍　林拱
葉貞　上舍
四年　辛未
七年　甲戌　史彌忞　彌忠弟
史彌翔　彌忠子
童蒙正

〔註17〕　〔清〕錢維喬修；〔清〕錢大昕纂：《乾隆鄞縣志》卷九「選舉表上」，《續修四庫全書‧史部‧地理類‧706》，頁14～15。

十八、《光緒江陰縣志》〔註18〕

339

〔註18〕 〔清〕盧思誠、馮壽鏡修；〔清〕季念詒、夏煒如纂：《光緒江陰縣志》卷十三「選舉」，《中國地方志集成1‧江蘇府縣志輯‧25》，頁15。

十九、《光緒石門縣志》〔註19〕

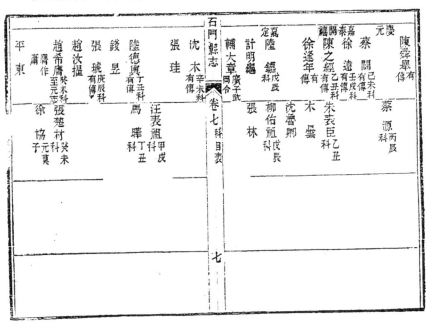

〔註19〕〔清〕余麗元等纂修：光緒《石門縣志》卷七「科目表」，《中國地方志集成7·
　　　　浙江府縣志輯·26》，頁7。

二十、《民國杭州府志》〔註20〕

杭州府志《卷一百七 選舉一》 二十五

張邁 闕化賁換
潘剛中 錢唐人
俞崇 仁和人
孫儀 臨安人
戴經 仁和人 成化志
陳舜臣 居成化志作武
丁暉 錢塘人 仁和志作輝
趙希懌 臨安人宗室武
吳衍 錢塘人
趙希錧 陵軍本名希詰居錢塘安德度使信安郡公宋
趙至道 仁和人
羅懋 臨陵人軍
趙善湘 文殿學士居餘杭載
史本 傳

按乾隆志云成化萬曆志萬曆新城志二年周虎榜有注應龍考咸淳志虎應龍皆是年右科更正

五年己未實從龍榜

尹光庭 中科人
邵存禮 錢塘人
徐朴 錢塘人
趙汝諟 志作汝楫居錢杭康熙
凌次英 錢唐人
趙彥悟 官
王諶 鹽官人三江
羅相 錢塘人興丞
朱堯佐 鹽官
倪嗣宗 鹽官人

名錄後

按康熙志增張寅寶官人乾隆志從之今考咸淳志為特奏

嘉泰二年壬戌傅行簡榜

張炳 於潛人
趙汝遹 於潛
阮胗 於潛人
王瑄 於潛人

杭州府志《卷一百七 選舉一》 二十六

開禧元年乙丑毛自知榜

章甫 臨安
黃床 輔子居杭人
王㥦 仁和人
洪咨夔 於潛人
趙綸 於潛
李宗勉 富陽人谱 殿試第二
史欽之 餘杭人
朱如松 錢塘人
史沂 居封
章惲 昌化人 玉
沈康 臨安人
吳涣 富陽人
開春 仁和人
李淁 錢塘人
周琮 於潛人
周溥 錢唐
吳應奇 臨安人
錢昌言 鹽官
張俊常 錢唐人
吳溥 富陽人

嘉定元年戊辰鄭自誠榜 成化萬曆志作自成

陳思志 錢唐人乾隆志特奏第一
趙汝諿 居餘杭人知溫州
趙汝諼 居錢杭史名汝礪
王棐 臨安宋史名知湖州軍
聞人模 錢唐人通
趙彥祝 官居
章樵 散郎知處州
趙汝譓 志溫作漫
趙汝潘 居錢杭
王桌

按咸淳志云咸祐志不載今以中興登科小錄增入考嘉定赤城志載于有成甯海人字君錫始以台之甯海隸為杭之海甯也當創

于有成
林獲 仁和人
魯至道 仁和人

914

〔註20〕〔清〕陳璂修;〔清〕王棻纂;屈映光續修;陸懋勳續修;齊耀珊重修;吳慶坻重纂:《民國杭州府志》卷一百七「選舉一」,《中國地方志集成7·浙江府縣志輯·1～3》,頁26。

二十一、《光緒江浦埤乘》〔註21〕

徐林傳有張邵傳

紹興二十四年

隆興元年　張孝祥〔邵從子有傳〕

張孝伯〔邵從子附〕張孝忠〔張邵傳〕

張邵之〔孝伯子附張邵傳〕

元年欽定

於敬傳有

江浦埤乘《卷二十選舉上》　二

明

按自明以後皆以鄉試科年寫綱其有會試中式者詳載科分於其人之下

洪武二十九年丙子科

莫英〔陞教諭〕

建文元年己卯科

王輔〔吳智府志按書官雖建文元年吳智八十七名劉槻傳有史雄傳有史雄開科英智八十六名云〕

科。按江浦有商鹽六十三名者江史輔雄之先誤為江浦圖內本也雖隰中然載雄定六名是……

山十集一江浦有商鹽百六十式者……

智輔是其失智瑪邑……莫人錄呂可役府郡以江浦史志圖有所……

六年壬午科

天順三年己卯科　蔣達〔知縣〕

王徽〔登天順四年庚辰進士有傳〕郁珍〔有傳〕莊昶〔成化二年戊戌科羅倫……〕

七年丙子科　王榜〔登進士有傳〕

景泰四年癸酉科　周廣〔陞崇府伴讀〕

正統六年辛酉科　張瑄〔登七年壬戌科進士有傳〕

江浦埤乘《卷二十選舉上》　三

魏榮傳有

七年壬子科

宣德四年乙酉科

周瑜〔任鄆州安州訓導……今據按周瑜諭舊志作倫間善調問陞府教授　謝卓〕

六年戊子科　王廣〔任大冶縣如縣陞山克州府通判　王恕　李鉉〕

王信〔知潤縣〕

永樂三年乙酉科

〔註21〕〔清〕侯宗海、夏錫寶纂：《光緒江埔埤乘》卷二十「選舉上」，《中國地方志集成1·江蘇府縣志輯·5》，頁2。